【中小学教师科研入门丛书】

席玉虎 主编

小学英语教师科研入门

首都师范大学出版社
CAPITAL NORMAL UNIVERSITY PRESS

图书在版编目（CIP）数据

小学英语教师科研入门/席玉虎主编．—北京：首都师范大学出版社，2014.8
ISBN 978-7-5656-2052-2

Ⅰ.①小… Ⅱ.①席… Ⅲ.①英语课—教学研究—小学 Ⅳ.①G623.312

中国版本图书馆 CIP 数据核字（2014）第 207183 号

中小学教师科研入门丛书
XIAOXUE YINGYU JIAOSHI KEYAN RUMEN
小学英语教师科研入门
席玉虎　主编

责任编辑　马　岩　欧家作　　　　责任设计　王征发
责任校对　李佳艺　　　　　　　　责任印制　何景贤
首都师范大学出版社出版发行
地　址　北京西三环北路 105 号
邮　编　100048
电　话　68418523（总编室）　68982468（发行部）
网　址　www.cnupn.com.cn
北京集惠印刷有限责任公司
全国新华书店发行
版　次　2014 年 9 月第 1 版
印　次　2014 年 9 月第 1 次印刷
开　本　710mm×1000mm　1/16
印　张　21.25
字　数　340 千
定　价　49.00 元

总序

我们的教育总是强调如何培养学生的创新思维，提高学生的创新能力。法国教育家卢梭说：“在你敢于担当培养一个人之前，一定要把自己塑造成那样的人。”因此，“传道，授业，解惑”的教师更要勤于思考，善于总结，把问题当作课题，把教学当作研究。作为英语周报社的社长兼总编辑，我长期从事教育出版工作，为中小学外语教学提供资源服务，为中小学教师的专业化发展提供平台支持，深知教学科研对中小学教师的必要性和重要性。

从作者的角度看，没有一大批精心钻研本职工作的中小学教师，像我们《英语周报》，以及《语文报》和《数理报》这样的报纸岂不成了无源之水、无根之木？只有老师们都来关注科研，自身创新能力都提高了，我们的报纸才能拥有一大批既具备丰富教学经验且懂科研的高水平的作者队伍，才有可能不断地创新，才能真正办出精品报纸。

从编者的角度看，我们衷心希望我们的读者，能通过我们的努力，真正地提升自身的能力。一点一滴的知识传授当然需要，但能力的提升和方法的掌握，可以改变一个人的命运。作为编者，我们当然希望我们的读者能力越来越强，人生的路越走越宽。

从读者的角度看，花钱订阅某个报刊，不仅仅只是想学到具体的知识，更是希望能从中受到启迪，找到思路，从而真正达到提升自己能力、改变自己命运的目的。

正是出于上述种种思考，我们才决定静下心来，认认真真、踏踏实实地打造了这套“中小学教师科研入门丛书”。衷心祝愿这套丛书的每一位读者，在专业化发展的道路上立身有道，自尊自强，读有所得，学有所成，入科研之门，成栋梁之材！

席玉虎

2011年10月

“中小学教师科研入门”丛书编委会

写在前面

不论是迫于评定职称的要求，还是基于“科研兴校”的形势，如今的中小学一线教师，不做点科研，不写点东西，似乎已是交代不过去了。然而，真要铺开稿纸，提起笔来，不少教师又不由一脸茫然：写什么呢？怎么写呢？

因为工作的关系，我们和中小学一线教师有着不少联系，比较了解他们的生存状态。老师们大多十分辛苦，真是两眼一睁，忙到天黑；回到家里已是筋疲力尽，还有几人能再展卷长读、掩卷长思？偶尔有次脱产学习，也大多是为了应付什么“考核”“达标”，并没有时间真正去读书、写作。至于假期，名校大多要组织旅游，让紧张一学期的老师们放松一下；普通学校的老师们则忙着讲课、编题、家教……以便挣点小钱——恐怕都没有什么时间静下心来钻图书馆、查学术信息、做科学研究。华东师范大学教育学博士生导师郑金洲教授坦言，一线教师的教育研究与专业研究者的教育研究应该说是有区别的（详见所著《教师如何做研究》一书，华东师范大学出版社2005年出版）。这种区别固然是由其专业水准造成的，但也是由其生存状态造成的。

一方面是必须做研究，一方面是无从（主观和客观）做研究，这就有了矛盾。而只有不断地解决矛盾，人类才能持续前行。那么，具体地说，怎样解决一线教师面临的这一困境呢？在思考这一问题时，我不由回想起自己初学历史时读到日本学者山根幸夫先生编著的《中国史研究入门》（中译本，社会科学文献出版社1994年出版）时的兴奋与感叹。兴奋的是，那是一部一下子能把你带到科研“前沿阵地”的书，那是一部内容丰富、容量极大、需要时时翻览的案头之书；感叹的是，这样一部中国历史的“研究入门”书，居然是由日本人完成的。如果我们能为时间不足、信息有限、思路匮乏的广大一线教师也编些内容具体又十分丰富的入门之书、案头之书，不是多少可以为一线教师着手科研，尽一点绵薄之力吗？这一设想得到了领导的支持、专家的鼓励，得以实现。

我们编写这套书的原则，就是务实再务实，具体再具体，一定要紧密结合一线教师的学习与生活，让他们读了上手就能做，做了就能成。一句话，这套书固然是一线教师从事科研的入门指南，但更是一线教师初涉研究的实战手册！

作　者

2014年7月于首都师范大学

本书说明

一、本书是以初涉小学英语研究的广大一线小学英语教师为主要对象编写的，也可供对小学英语教学感兴趣的其他读者参考。

二、本书分为上、中、下三篇：

上篇为“方法篇”，用尽可能浅白有趣的语言，讲述研究的一般程序、方法等。仿佛是开设了一个关于小学英语科研的“百家讲坛”。

中篇为“读书篇”，介绍了适合一线教师尤其是小学英语教师阅读的教育书籍。仿佛是给出了一部小学英语教师专用的“书目答问”。

下篇为“论文篇”，阐述了具体的研究课题及相关思路。仿佛是编撰了一本精心打造的“例题精讲”。

各篇既相互联系又互相独立，可按顺序通读也可分开使用。具体情况可参阅各篇说明。

三、本书所征引的文献，大体为2007年以后，2007年新课标卷的出现，标志着新课改进入了一个新的阶段。但好书、好文也不受其限。

目　录

中篇　读书篇

下篇　论文篇

上篇

方法篇

本篇说明

做什么事情都要符合客观实际的要求。有多少米煮多少饭，有什么菜成什么席。国家改革，要符合国情；学校发展，要办出特色；老师科研，也要首先抓住自己的特点，依据自身的条件。

做任何事情都要有一个过程。“大跃进”不是没有成功的例子，但恐怕很难成为普遍现象。想一蹴而就，往往结局是欲速不达。

做任何事情都要有一个程序。先做什么，后做什么，就如同计算机开机一样，先登录后开电源是行不通的。违背这个程序，也不是说会有多么可怕的结果，但肯定会做许多无用功。而一线教师最缺的，经不起折腾的，就是时间。

基于上述种种，我们在本篇内分别讲述了中小学一线教师科研的特点、过程和步骤。用心平气和的态度去讲，用浅白有趣的语言来说，希望对大家多少有些帮助。

一

中小学一线教师科研的特点

华东师范大学教育学博士生导师郑金洲老师非常敏锐地指出，一线教师的教育研究与专业研究者的教育研究应是有区别的（详见所著《教师如何做研究》一书，华东师范大学出版社2005年出版）。那么，一线教师的科研与专业研究者的科研究竟有什么区别呢？换言之，中小学一线教师的科研又有些什么特点呢？

（一）初级性

如果拿盖房来打比方，中小学一线教师搭建的大多是经济适用房，而不是高档别墅；如果拿做饭来打比方，中小学一线教师烹制的大多是家常炒菜，而不是满汉全席。初级性，这是中小学教师科研的第一个特点。

拿选题来说，比较“高级”一点的论文一上来往往是讲研究史，讲对这一课题前人有哪些研究，讲自己的研究与前人有些什么不同。一线教师的科研当然也可以讲研究史，但并不严格，甚至可以说并无必要。试想，一位一线教师要写一篇关于人教版语文第一册第2课的教学体会，有必要一上来就交代什么“研究史”吗？

拿查重来讲，比较正规的论文，在动笔前怎么也得有个查重的过程：看别人是否写过。但试问，一位一线教师要写一篇关于做学生工作的心得，有必要去查什么重吗？这个题目肯定有人写过，但只要是有真情实感，那一定是别人有别人的心得，自己有自己的心得。

拿写作来讲，比较严格的论文，要有一个国际通行的、基本的写作模式，不能随心所欲。而一线教师的所谓“科研”论文，却可谓百花齐放。写成正儿八经的学术论文当然可以，以教案、案例、笔记等“原生态”形式发表，也无不可。一些一线教师的“科研”文章，在专业人员看来只能算是随笔、杂文。案例、笔记、杂文也算科研，这在正规的科研院所实在是难以想象的。当然了，如《黄侃手批白文十三经》《梁方仲读书札记》一类的公开出版物，近年来也偶有所见，但那得是多大的“腕儿”，至少是某一学科的泰斗级人物，才做得到吧？

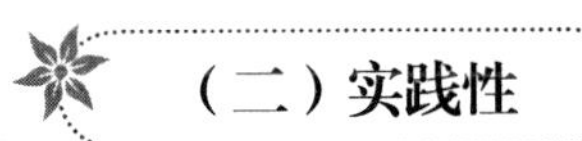

（二）实践性

冉乃彦老师曾谈及中小学一线教师搞科研的优势，列举了三条：

“教师生活在科研的本源之中”“教师具有深入研究和反复实验的最佳条件”“教师能进入学生的内心世界”（《中小学教师如何做研究》，第20～25页，人民教育出版社2006年出版）。这三条要用一句话概括，就是一线教师具备更多的实践经验和实践条件。这一特点深刻地影响着一线教师科研的选题、评价等诸多方面。

从选题来说，一线教师已越来越认识到，只有从自己所熟悉的生活中选题，才更有可能写好，才更有可能促进自己的学习与工作，才更有可能真正达到“科研兴教”“科研兴校”的目的。华东师范大学郑金洲教授也坚定地指出，中小学需要大力推进和开展的，是那种“以提高行动质量、解决实际问题为首要目标”的科研，是那种“以研究过程与行动过程的结合为主要表现形式”的科研（引文见所著《教师如何做研究》，第27、33页，华东师范大学出版社2005年出版）。一句话，就是从实践中来，到实践中去。用时下的词汇讲，就是要大力开展校本研究。冉乃彦老师早就讲过：“当前学校开展科研，应该以校本研究为主要形式。”（《中小学教师如何做研究》，第47页，人民教育出版社2006年出版）所谓“校本”，“一是为了学校，二是在学校中，三是基于学校。”（郑金洲《校本研究指导》，第4页，教育科学出版社2002年出版）。

从评价来看，越来越多的一线教师对那种大而无当、隔靴搔痒式的“科研”越来越不感兴趣。做过多年高中教师的顾坚毅老师就很感叹国内普遍存在的“教育学家不教学生，教学生的不研究教育”（见所著《在澳洲做家教：一个澳籍华人的教育手记》，第154页，福建教育出版社2001年出版），顾老师指出：

> 教育学家提出了不少新思想，也有一些新方法，可这些新方法可操作性极差，从而对于发展教育的影响极微。

反过来说，只有那种可操作性极强的科研成果，才会在教育实践中大放异彩，才会受到一线教师的普遍好评。《礼记·学记》云：“是故学然后知不足，教然后知困。”如果“科研”了半天，仍是解不了“困”，那么再长篇大论，也是于事无补。或许正是在这一意义上，郑金洲老师指出，一线教师“是在实践中研究，通过实践研究，为了实践研究的。”（《教育的思考与言说——一位教育学者的演讲录》，第

60页，福建教育出版社2007年出版）。用一线教师的话说，就是“教不研则浅，研不教则空”。

事实上，也不妨把“实践性”看成一线教师从事教育科研的一个优势。诚如张家胜老师所言：

> 我始终认为，教育研究不是在讲台上“讲”出来的，而是伏下身子到一线学校做出来的。做语文教育研究的最好办法，就是看语文老师怎样做教育研究。（《语文教育研究导论》，后记，科学普及出版社2007年出版）

不过，具有了丰富的实践经验，同时又注意理论学习，才会真正形成竞争优势。任勇老师对这一点深有感触，他回忆说：

> 20年前，我撰写的一篇经验文章在一次地区级的学术会上交流。当时的省教研室林铭荪主任看见我那么年轻，又写了那样一篇充满激情（当然也充满稚气）的文章，笑着对我说：“年轻人，你写得很有特色，从现在开始进行教育科研，将来一定大有出息。”说者可能无意，但我却听了进去。
>
> 于是，我一边学习教育科学理论，一边就在学校里搞起教育科研来。我首先根据心理学对智力的阐述开展对趣味数学与智力发展的研究，撰写了《趣味数学与智力发展》一文，很快被华东师大《数学教学》刊用，这是我的处女作，我兴奋、激动，我感到了自己的力量。接着，我又运用教育心理学的规律，在教学中注意激发学生学习数学的兴趣。浓厚的学习兴趣是学好数学的前提，学生有了兴趣，他们的智慧就会迸发出光芒，在此基础上引导学生去探索新知识，让学生自觉去获取知识、发展能力。我把这些实践活动总结成一篇论文——《培养初中生学习数学兴趣的几点做法》（发表于湖北大学《中学数学》）。1984年10月，我带着这篇论文参加了全国数学教学研究会学术年会，作为会议中最年轻的正式代表，我第一次受到数学教育界的注意。（任勇著《中学数学学习指导的研究与实践》自序，航空工业出版社2002年出版）

任勇老师说，随后他以每两周一篇稿子的速度向报刊投稿，然而大量的退稿信也随之而来。无情的现实使他冷静下来，陷入了深深的思索。他逐渐悟出了这样的道理：科研需要默默地探索，长期积累，偶然得之。教育理论如果没有实践的基础，便会失去它的价值，而教育实践如果没有理论做指导，便会导致盲目的实践。必须走理论与实践相结合之路！论文不是“写”出来的，而是不断实践、不断研究、不断探索出来的。

（三）艰苦性

马克思早就说过，科学研究不是一条平坦的道路。搞科研要能吃苦，舍得下苦功。但考虑到中小学老师的工作性质，他们要从事科研工作，似乎要吃的苦更多。

事实上，凡是真正想做一点科研工作的人，就要比别人多付出、多吃苦。

例如生活上的苦，安徽师范大学潘啸龙老师曾回忆自己年轻时的生活和学习条件。他说：

> 我开始研究生学习生活时已34岁，几乎已过了人生创造的“黄金时期”。家中有独扛生活重担的妻子和不到4岁的幼儿。妻子在凤台一家成衣厂做工，有时白天“让电”、晚上上班，只能让幼儿在车间玩耍，累了就睡在空余的工作台上。一次幼儿竟对电闸发生了兴趣，上去就要扳动，把我妻子吓得惊呼。我毕业留校后依然夫妻分居，家中的事务和小儿的教育，全由妻子承担。由于经济拮据，妻子营养不良以致患急性肝炎。我从数百里外渡过长江、淮河，赶回县里探望妻子，看着她孤苦无助地躺在隔离室里，家中的幼儿只能托邻居照顾，就不禁泪水涔涔。后来妻子终于调来学校，全家住在20多平方米的狭小居室中，一间外室就成了我的工作间兼“接待室”，还得给儿子让出一角读书、做作业的空间，这样的生活持续了8年。我担负着繁重的教学任务，特别是科研和写作，常是在酷热的暑期或飞雪凛冽的冬夜完成的。我写《九歌六论》，是赤着膊、背披湿毛巾，在三十八九度的高温中完成

> 的。毛巾烘干了再拧冷水，带汗的手濡湿了稿子。写《楚文化和屈原》则在除夕之夜，妻子给我做了些菜放在冰箱里，带着孩子回沪探亲，以便留给我一个安静的写作环境。我拨些菜就着煮面条吃，在映窗的雪光和远远近近的爆竹声中，写我的论文，就这样度过了整个春节。（黄中模、王雍刚主编《楚辞研究成功之路——海内外楚辞专家自述》，第131页，重庆出版社2000年出版）

有同样的生活经历，甚至比潘老师更苦的中小学老师，恐怕不在少数吧。

除了生活苦，还有资料苦。潘老师也谈及这一点，他说：

> 由于经济拮据，研究生期间很少有钱买书。我的“学问”，实际上是在借书、抄书和阅读思考中获得的。我曾综合抄录过《毛诗》《诗集传》《诗毛氏传疏》《毛诗传笺通释》《诗经通论》以及闻一多、余冠英诸家的《诗经》著述；抄录过王先谦《庄子集解》、朱熹《孟子集注》；抄录过郭注《尔雅》、刘文淇父子的《左传旧注疏证》，以及陈延杰《诗品注》、叶燮《原诗》、沈德潜《说诗晬语》、刘熙载《艺概》等数十部著作。至于楚辞研究著述，也大多是在上海图书馆、杭州文澜阁借阅时抄摘的。使我难忘的是，上海图书馆的楚辞著作孤本、善本多不出借，而杭州文澜阁却热情相助，无偿地让我借阅了黄文焕《楚辞听直》、汪瑗《楚辞集解》、张京元《删注楚辞》、屈复《楚辞新注》、陈本礼《屈辞精义》等十多部世所难觅的刻本。我在杭州十多天，每天就买几个大饼、带上冷开水，坐在文澜阁阅览室读书、抄书，沉浸在古贤精湛的注疏和阐释中，而不知日晷之移。只是为了防止湿气侵蚀，雨天是不借阅这类善本的，所以我游览西湖、灵隐寺、岳坟、黄龙洞，几乎都是在烟雨迷蒙之中。我对楚辞研究著述的抄录，还扩大到了对“五四”以来现代研究者专著、论文的范围。在报刊阅览室查阅有关屈原、楚辞研究的论文目录，然后一本一本翻阅期刊，摘下有关论文的主要见解及论据。到1982

> 年研究生毕业前夕，我几乎读遍了当时所能找到的全部楚辞学论文。在此基础上，我编成了供自己研究参考的《关于屈原研究主要争议问题资料编辑》（约30万字）。这花费了我的大量精力，但我正是靠这样艰苦的笨办法，打下了进入楚辞研究领域的基础，激发了在有关课题研究上向前贤“挑战”并力争“超越”他们的勇气和信心。（同前引书，第123页）

更多的中小学老师，恐怕连去大图书馆抄书、看书的时间和经费都没有吧。

不用说还有发表的苦、人事关系方面的苦……艰苦性，是中小学教师从事科研的一个突出特点！这已是不争的事实。这一点海内外似无多大差别。美国学者威廉·维尔斯曼就曾提到：“说到研究，普通的小学或中学教师、辅导员、行政人员的境遇和研究生们也相差无几。”“他们既缺乏研究的经费来源，又缺乏机会以及知识和阅历。”（《教育研究方法导论》，第1～2页，教育科学出版社1997年出版）。当然也更“难以把握进行研究的关键”（同前引书）诸如研究的方法、途径等。或许正是在这一意义上，任勇老师格外强调一线教师从事教育科研时的意志力。他说：

> 搞教育科研，要理论学习，要构建体系，要制定实验方案，要查阅资料，要文献综述；搞教育科研，还要实践（或实验）操作，要统计数据，分析问题，整理资料，撰写报告；搞教育科研，要坐冷板凳，要耐得寂寞，要苦思冥想，要潜心钻研等等。所有这些，都是要以意志来支撑的。潜心科研，是很能磨炼人的意志的。但“只有踏踏实实地沉下去，才能潇潇洒洒地浮上来”。（同前引书）

大家都熟知毛泽东的一句话：一个人做一件好事并不难，难的是一辈子做好事。借用此言，郑金洲老师讲：“做教育科研并不难，难的是一直持续地做教育科研，难的是一直将教育科研明确定位为自身教育生活的一部分。”（《教师做科研的十条建议》，载《人民教育》2008年第5期）

二

中小学一线教师科研

任何事情都有一个发展过程。中小学一线教师从事科研这件事，也是有一个发展过程的，我们可以从心理学、产品学及信息学等不同角度来描述这个发展过程。

（一）从“球迷”到“逛街”

我们常跟学生讲，兴趣是最好的老师。现在轮到我们自己要学习、要科研了，仍然要牢记这句话。应该不断地去探索，去发现自己对什么有兴趣。应该将兴趣也视为上帝赐给自己的天赋。同样的年龄，同样的环境，你有兴趣而他无兴趣，这不是天赋，又是什么呢？如果说有什么“捷径”的话，那么兴趣与好奇，就是科研入门的捷径。

或许有人会说，我对什么都不感兴趣。请相信，对于绝大多数人来讲，每个人都会有自己的兴趣所在的。你或许是还没有发现自己的兴趣所在，你或许是还没有机会唤醒自己尚在沉睡中的兴趣。从心理学角度讲，真正一点兴趣也没有的人是极少数，这样的人是很不幸的，所以古人说，“哀莫大于心死”。对教育科研一点兴趣也没有而又必须去做教育科研，实在是一件令人悲哀的事，而且一定做不好的。正如郑金洲老师所说的，“如果没有兴趣，没有动机的话，你的研究只能是空口白话，借自己的嘴巴说别人的语言，这种研究是没有味道的。”（《教育的思考与言说——一位教育学者的演讲录》，第41页，福建教育出版社2007年出版）

发现了自己对什么感兴趣后，又该做什么呢？拓展自己的兴趣！大家在生活中，身边一定会有球迷、棋迷、影迷等对某一事物十分感兴趣的人吧？那些英超球迷，能倒背如流地说出几十支英超球队上百个队员的名字，能如数家珍地讲述某支球队以多少英镑的转会费收购了哪位球员，能绘声绘色地讲述几年前的一场精彩比赛。至于那些棋迷，就更不得了了。他们竟能复盘一些经典棋局，那可是一百几十手棋，怎么记得住呢？

是的，怎么记得住呢？如果说球迷的记性还允许出些差错，那些棋迷的记忆可都是异常准确的，错一步的话往下的棋是推不下去的。他们去特意背过吗？没有！但他们就能记住。为什么？兴趣！根本不用背，自然而然就记住了。

我们做科研，至少也应该达到“球迷”的水平吧？

然而，仅仅停留在“球迷”水平是远远不够的。就如同千千万万个“球迷”“棋迷”只能停留在喜欢这个层次一样，仅仅是兴趣，而没有理性思考，仍然是达不到专业水准的。而所谓理性思考的重要内容之一，就是要有鉴别能力。

如果说“球迷”以男性为主的话，那么喜欢逛街的恐怕绝对以女性为主了。一些女士逛街时有一个本事，她们能迅速地将新款服装从让人眼花缭乱的衣服堆里挑出来，她们能准确地记住某款衣服的价格，知道是降了还是涨了。她们怎么能做到这一点呢？还是因为她们有兴趣（无兴趣的男士不论如何也记不住），只有脑子里储存有大量信息，经过比对，她们才会迅速得出结论——哪款衣服是新款（当然这就意味着她们知道哪些衣服是旧款）。

我们做科研，至少也应有女士逛街时的敏锐，一看就知道哪些选题是旧的，哪些选题是新的；哪些选题行情看涨，哪些选题行情看落。换句话说，能看出什么是“旧”的，什么是“新”的，方才谈得上研究，方才谈得上创新。用日本学者长谷川庆太郎的话讲，就是要能看出事物的变化来。他说：

> 实际上，在信息的搜集上，这个“变化”是非常重要而值得注意的。凡是信息呈现出“变化”，通常都隐藏着十分有用的东西。换句话说，为了掌握未来的正确行动方向，必须密切注意“变化”。不论任何企业或领域，密切观察“变化”，都是非常重要的。

从这一角度讲，专业水平高的人会迅速判定什么是新生事物，什么是陈词滥调；而专业水平低的人，则难以甚至根本做不出这样的判断，故而长谷川庆太郎又说：“真正拥有信息的人，与未曾拥有信息的人，在某个层面上，其差别也表现在‘果断’上。当你面对大量的信息，能否明确区分何者为必要，何者并非必要？这正是实力的分界点。”

有了兴趣，便会全神贯注地去寻求相关信息。脑子里储存的相关信息多了，自然就会有比较、有鉴别。

是的，比较！我们在做科研的时候，一定不要忘记这个词。比较，是人类最久远的一种思考方式。这个人比那个人高，这只大象比那只大象大……这些结论是怎么得出来的？比较！实际上，比较是我们从事科研活动的一个最常用、最基本的方法。只是我们今天，已是比较到了纳米——一根头发的十万分之一这样的程度了。

有了兴趣，脑子里储存了大量的相关信息，再通过比较，显现出初步的鉴别能力，那么可以说，已是初步的入门了。例如日本学者长谷川庆太郎所言，好奇心是非常不可思议的，一旦对某件事物产生兴趣，无论其程度的高低，都会发生或大或小的连锁反应。当你对一件事物感兴趣，将会衍生出更多的兴趣。好奇心将形成一股驱动力，使人为了搜集信息而行动。对于信息，你不能守株待兔，一切要从好奇心出发，再设法自己去取得。

（二）从“山寨”到“品牌”

从产品学的角度看，科研的过程无非也就是一个研发产品的过程。对于一线教师来说，科研的产品主要是论文或书籍。当然了，对于绝大部分尚处于入门阶段的一线教师来说，最初的产品，恐怕还只能是论文。还没学会走路，就想跑步，精神是可贵的，但实现起来难度较大。

还是拿产品来打比方，最初的科研产品，恐怕也是如同中国制造刚刚起步时一样，只能是“来料加工”或“山寨”版。

所谓“来料加工”，就是参加集体课题。按人家要求做就是了。就如同那些厂家，按照外方的要求，把相关的零部件组装在一起了事。

所谓“山寨”版，就是仿制（注意：不是克隆，那就是抄袭了）。实际上，模仿也是人类最久远的学习方式之一。所谓“照葫芦画瓢”吧。美国学者威廉·维尔斯曼说：“虽然各种研究计划之间存在着许多相似之处，但完成一项研究工作可不是像照着食谱做蛋糕那样的依葫芦画瓢。”（《教育研究方法导论》，第3页，教育科学出版社1997年出版）但我们很快就会发现，科研也同样离不开模仿，尤其是在入门阶段。

不管是“来料加工”也好，“山寨”版模仿也罢，我们当然能够从中学到一些东西，但这都还算不上是自己的东西，还称不上是真正入门。

如同产品生产一样，要从“来料加工”和“山寨”版中走出来，就还得有一个不得不经历的过程，那就是改进。

比如说，看到刊物上发表的一篇题为《全国卷（Ⅰ）高考语文中有关文言实词的5种题型》一文，觉得不错，也仿写一篇《××卷高考语文中有关文言虚词的4种题型》，效果不错。慢慢地意识到，这种文章完全可以加以改进。比如说，每道题不仅是就题论题，点评一下考的什么知识点，用什么思路解题，还可与××卷过去几年的同类型题相比，可与兄弟省市同类型题相比……

不管是“山寨”版的文章也好，还是改进版的文章也好，如果就某一个问题频频发表文章，在相关报刊上的曝光率越来越高，那就有那么一点“品牌”的意味了。“品牌”二字之所以打上引号，是因为这还不是什么真正的国际或国内品牌，而只是说有了一定的知名度，也有了相对的话语权。然而，多少真正的品牌，不正是从这种打引号的品牌一步步发展起来的吗？

已初步形成自己的“品牌”效应的一线教师很多，浙江省泰顺县一中曾安雄老师，就是其中的一位优秀代表。他曾发表过数十篇文章，基本都是围绕着高考数学试题题型分析和解题方法这一个轴来写的。如：

《二项式定理中的五大热点》
《等差数列求和公式“四用”》
《等差数列中的S_{m+n}公式及运用》
《公差d用法新说》
《构造向量巧解不等式问题》
《一个“集合”引发的解读》
《类比正切的和角公式解题》
《高考数列的新宠——叠加·叠乘·叠代》
《高考数学创新题赏析》
《关注复数交汇问题》
《关注三角函数问题的交汇性》
《数学归纳法中的不一定》
《解决排列组合问题常见策略》
《有关反函数的高考题综述》
《有关映射计数问题综述》
《巧定象限，妙解三角选择题》

《高考试题中集合问题的五种类型》

《利用函数的奇偶性解高考题》

《六类绝对值不等式的简捷解法》

《不可忽视的六类高考互化题》

《高考集合问题的六种类型》

……

试问，当一位一线教师就高考数学下了数十年功夫，写下数十篇文章，有关数学的几乎每个知识点，他都能给你讲出高考题是怎么考的，有些什么题型，有些什么解题思路。这样的老师怎能说他不是专家？这样的老师，上课怎么会不受欢迎。难怪在学校的贴吧上，学生们要夸曾安雄老师“人长得帅，上课幽默，好得没话说”。

（三）从新手到专家

一说起专家，人们不由一脸肃穆，觉得那是高不可及的。从信息学的角度看，什么是专家呢？就是他知道的比你多，比你快，比你准。日本一位学者讲，过去讲有财产阶层与无财产阶层；如今是信息社会，社会上也可分为两大阶层，有信息阶层与无信息阶层。专家就是拥有信息的“富翁”。

先说“多”。专家在他所擅长的那个领域，一定是比别人知道得多。但在其他领域，可就难说了。《三国演义》等传统小说中一说某某人，经常用“上知天文，下知地理，无所不知，无所不晓”来形容。这种博古通今的专家，在今天这个所谓知识爆炸的时代，几无可能。今天的专家就是在某一个非常专业的学科领域内的专家。朱苏进先生的小说《醉太平》中，曾描写到一位情报专家，对隔海相望的蒋军驻军了如指掌，不要说部队的编制、装备、任务，就是某位指挥官是多大年龄、从哪毕业、已婚未婚……都一清二楚，无所不知，但对其他事情，却十分弱智，真是稀里糊涂、搞不清楚。所以对专家大可不必迷信，你只要在你所从事的小小的专业领域内狠下功夫，知道的比同行多，那么你就是这一领域名正言顺的专家了——尽管你在其他领域或许所知寥寥。

再说“快”。所谓“快”，就是说在专业领域内的相关信息，你还不知道的时候，专家已经知道了。专家之所以知道得比你快，原因主要有二：一是他的专业知识丰富，你还没想到，他就想到了；二是他的人脉关系丰厚，你还不知道，他已知道了。

只有对一个事情了解得越全面，判断才会越合乎事情发展的规律。一知半解就匆匆下结论，只能是落个盲人摸象的结果。而专家呢，因为他在相关专业领域浸润已久，知道得多，故而他肯定会比刚刚入道的人见识要高，能较早地看出事情会向哪一方面发展。比如金融专家，会更早地看出货币比价、黄金价格的发展趋势。

在一个行当里头做得久了，自然会认识一些人。专家认识的大多是处于行业高端的人。事实上，任何一个专业做到最后，都是三五人的一个小圈子。就如同当官，最后就是政治局、政治局常委一样。每一个专业其实都有自己的“政治局”“政治局常委”。这些人左右着这一行业的话语权，掌控着这一行业的资源分配。从信息学的角度看，这些人处于信息链的顶端。如果你本人就是这个小圈子的一员，或者你与小圈子的关系十分密切，那么你的信息自然要得到的更快一些了。

最后是“准”。就是说专家知道的，都是权威性的、准确无误的。而其他人知道的，却只是道听途说、似是而非的。信息学在论及信息来源时，有所谓“正式渠道”和“非正式渠道”之分。专家之所以能够掌握准确的信息，是因为他在“正式渠道”和“非正式渠道”均有信息来源，并能将二者相互印证，从而得出比较准确的结论。而一般人呢，要么是仅从“正式渠道”上得知一星半点儿的消息，要么是从“非正式渠道”了解到似是而非的信息，无法去追踪信息来源，无法去证实信息真伪，当然也就不可能掌握十分准确的信息了。

作为一线教师，要想从一个新手成为一位比别人知道得多、知道得快、知道得准的专家，无论怎么聪明、怎么肯干，也是需要一个过程的。我们所能做的，就是要努力再努力，尽量缩短这个过程，尽快让自己成长为一名专家。但想一步登天、一步到位，只能是幻想。这个过程，无论如何也是不可省略、无法逾越的。我们只有多学习、多思考、多交流，才会使自己更快地成长起来。

在由新手往专家的努力过程中，有一个很现实的问题：怎样安排自己的时间。是一心读圣贤书呢，还是多在外头活动，多争取一些“来料加工”的机会，在干中学呢？我们给出的建议是对自己可支配时间的分

配比例，不妨设定为5∶3∶2。即将自己可支配的时间（上课、开会等已安排的时间，实际上是不可能归自己支配的）分为10等份的话，5份拿来读书、思考，3份拿来交往、活动，2份用来休息、机动。换句话讲，一定要拿出一半左右的时间读书、学习；但仅是读书，会变成读死书，也应拿出一些时间和老师、同学、朋友多交往、多联系，从中会获得一些实践机会，并促进自己更好地学习。当然了，每个人的具体情况不一样，5∶3∶2的时间分配比例，每个人均应参照自身情况加以调整。

另一个很现实的问题，就是找什么样的人为师？老话讲，“师傅领进门，修行在个人。”新手入道之初，有没有人带，由什么人带，效果会有如天地之别。在此我们特提出以下几点意见，仅供大家参考：

第一，在找不到老师带的时候，不妨先向文献学习，也就是我们前面所说的“山寨”版式的科研。换句话说，在找不到“活”老师的时候，不妨先向“死”老师学习。华中师范大学教授、博士生导师邢福义先生讲，他1956年大学毕业后留校任教，不久后反右运动开始，无人指导他学习，只能靠自己，他的办法是“偷学”与“自教”。他写道：

> 我学会了“偷学”。《中国语文》是我国语言学界的权威刊物，《中国语文》上每发表一篇有分量的语法研究论文，我都反复悟“道道”：作者是怎么抓到这个题目的？作者是怎样展开这个题目的？在方法上有什么好处？在材料运用上有什么特点？由于经常如此坚持“偷学”，终于养成了无言中求教于众多高明学者的习惯，众多高明的学者也就在“刊授”中成了自己的老师。

诚如英国哲学家约翰·洛克在所著《教育漫话》中指出的“我觉得学习的方法与其依从规则，不如根据榜样”。

第二，在寻求老师时，千万不要被其外在的地位、职称等迷惑。这一点对于一线教师而言尤其重要。不要一听某人是大学教授、博士生导师，就想当然地认定此人有学问，能带你入门。实际上，如今大学里张悟本式的人物也大有人在，说其不学无术或许有些过分，但要说其学问有限是一点也不为过的。吴江先生曾谈到，中央党校有人到老只能辅导一本原著，甚至只是半本原著。这种刻板的学习原著的方针，不是把原著当作研究的对象，从中找到正确的精神和方法，而是将原著作为膜拜的对象，提倡一种顽固不化的教条主义。（《政治沧桑六十年——冷石斋忆旧》，第318页，兰州大学出版社2005年出版）

试问，如果跟着这么一位“师傅”学习，能学到什么真才实学？恐怕最多也就是啃点书本，入个教条主义的门而已。

第三，应坚持“三人行必有我师”的古训。只要别人有一点值得自己学习的地方，就老老实实地向人家学习。前面我们说过，专家是在自己感兴趣的专业领域内出色，在其他方面知之甚少甚至可以说是很弱智的。我们应把注意力放在专业水准上，其他方面不宜关注过多。只要他专业水准比自己高，就说明人家有过人之处，有值得自己学习之处。甚至可以向自己的学生学习。厦门一中校长任勇老师说：

> 学习，可以向名师学习，也可以向一般老师学习；可以向本校老师学习，也可以向外校老师学习；可以向年长的老师学习，也可以向年轻的老师学习。取人之长，补己之短，改进教法，不断提高。“师不必贤于弟子”，还应敢于开诚布公地向学生承认自己的过失和不足，经常向学生学习。我所写《来自学生的巧解妙证》一文，正是学生巧妙思维的结果。陶行知说：“你要教你的学生教你怎样去教他。如果你不肯向你的学生虚心请教，你便不知道他的环境，不知道他的能力，不知道他的需要，那么，你就有天大的本事也不能教导他。”可见，向学生学习是多么的重要。（任勇著《走向管理的文治境界》，第25页，首都师范大学出版社2011年出版）

第四，机会要自己找，坐而论道不如起而行之。坐在家中等着名师上门来哭着喊着求你当他的学生，如同幻想天上掉馅饼一样，是可笑可叹的。必须主动出击！实际上，一方面固然是众多一线教师需要名师指点，另一方面，那些手中抓着三五个大课题的名师，也需要有热情、有干劲，同时又熟悉一线教学的人帮他们做些事情。关键就看你有没有勇气去寻找了。诚如台湾寿险营销专家吴秋峰先生所言：“生命会给你任何需要的东西，只要你不断地要求，只要你在要的时候说得清楚。”机会固然青睐有准备的人，但机会更青睐有勇气主动出击的人。机会不会自己上门，而是要创造出来！

综上所述，我们当记住以下几个关键词：

第一个关键词是“兴趣”。没有兴趣，那可真是苦学，事倍功半；而有了兴趣，才会是乐学，事半功倍。只要有兴趣，没时间、没人支持、没有课题等等这些困难，都会变得不算什么。北京师范大学哲学系教授周桂钿老师就讲过：“现在不看书的人，一般都不是由于没钱没时间，而是由于没兴趣。”（《百年情结——“我与北师大图书馆”征文文集》，第219页，北京师范大学出版社2002年出版）

说到兴趣，有一个现象，就是知道得越多越有兴趣，越有兴趣也就知道得越多，形成良性循环。所以有时觉得没兴趣，恰恰是因为你了解得太少。诚如学者郑子瑜先生所指出的：

> 治学的方法只有“有恒”二字，有恒心研究才会深入了解，深入了解自会发生兴趣，所以说兴趣是可以培养的（常听一些青年朋友说：我对某门学科没有兴趣，那是因为他对某门学科还没有做深入研究）。兴趣既发生，欲罢不能，日子久了，自然多少会有些心得。（高增德、丁东编《世纪学人自述》（三），第217页，北京十月文艺出版社2000年出版）

用英国化学家、诺贝尔化学奖获得者约翰·W.康福思的话说，就是“任何事情，如果你对它懂得越多，它就会变得更美丽更有趣”。

第二个关键词是“比较”。比较是人类最久远、最基本，也最有效的一种方法，不管你学习哪一专业，都不应忘记这一方法。

第三个关键词是“模仿”。模仿也是人类最久远、最基本，也最有效的一种方法，而在科研“入门”阶段，这一方法，似也无从回避。浙江省诸暨市暨阳初中孟碧君老师说，她的处女作，就是通过模仿写出来的。她说：

> 我的第一篇教学论文是在工作第二年写的，那是受一个老师的影响。我在诸暨师范遇到了一位非常优秀的英语老

> 师，就是现在我市小学英语的教研大组长徐华燕老师。她是一个标准的学习型、研究型的老师，看过很多教育教学专著，很有教学底蕴，又很富有创新精神和改革意识。当时，我跟着她订了《中小学英语教学与研究》和《中小学外语教学》。有一天，我在《中小学英语教学与研究》上面看到了她的文章《谈谈如何创造性地使用教材》，就迫不及待地一口气看完了整篇文章。收获太大了——它打破了我原来对论文写作的印象。我一直认为论文是高深莫测的，是纯理论的，是大学教授和教学专家们写的，我们一线教师是可望不可即的。但是，徐老师的文章却是那样的真实、生动、亲切，我不禁感叹：原来论文也可以这样写！后来，我问徐老师是怎么写出来的，她说："我平时怎么做就怎么写，我只是把自己在做的写下来了。"（《我写教研论文的故事》，原载《中小学英语教学与研究》2011年第2期）

孟老师说，这句简单的话深深地触动了她。她开始反思，徐老师论文中的很多观点她也有，很多做法她也在这样做，为什么她就不能像徐老师那样把自己的教学实践写下来，成为一篇论文呢？于是，她就反复地读徐老师发表的那篇论文，学习人家是怎样来谋篇布局的，怎样来阐述自己的观点的。然后，就模仿徐老师的论文写了一篇自己的论文，把她的框架搬过来，填上自己的教学实践，题目也是《谈谈如何创造性地使用教材》。人家的是小学版，她的是初中版，于是，"我的第一篇论文就这样诞生了——通过模仿，目的很明确，就是为了发表。"

第四个关键词是"主动"。曾有专家指出"教师参加科研能够改进思维方法。"（冉乃彦《中小学教师如何做研究》，第11页，人民教育出版社2006年出版）实际上，教师参加科研还能够改变整个心态——由消极变为积极，由抱怨变为干事，由片面变为全面……

说到心态，做过学生工作的老师都知道，家境太好的孩子，学习往往不太努力。这一看法已为专家所证实。"我国有几位专家调查过450名中学生的家庭物质条件与经济状况，发现经济水准在温饱以下、不能提供正常或必要的学习条件的家庭，其子女的学习受到不同程度的影响。过于优裕的家庭，反而容易养成子女养尊处优的品性，成为影响他们学习的不利因素。”（鲁洁主编《教育社会学》，人民教育出版社1990年出版）。学生是如此，教师不也一样吗？大凡人不通过努力即能满足需要，就不会再去努力。所以人的心态，又是与人的生存状态紧密相连的。好在教师都是成年人，懂得自我调适。过于安逸，不妨让自己积极一些；过于清苦了，不妨让自己振作一些。诚如做过多年高中老师的顾坚毅先生所指出的：“我们要孩子拥有‘极度进取’精神，自己首先应当有几分这种精神。”（《在澳洲做家教：一个澳籍华人的教育手记》，第47页，福建教育出版社2001年出版）

要学会自我调适心态，又要防止“过热”与“过冷”两个极端，正如武汉大学教授彭富春先生所指出的：

> 一切顺其自然，自己尽力为之就行。成则成，不成则不成。因此我要克服各种不良的心态，尤其是愤怒和忧郁。它们不能成其事，相反只能毁其事。这两种情绪仿佛是明火和暗火一样会把自己的灵魂烧成灰烬。克服了这种情绪之后，我自己才能做到心态平和，不急不缓。惟有如此我才能应付各种困难。（《漫游者说——我的自白》，第293页，百花文艺出版社2001年出版）

说到主动性，我们不妨也记住专家两句话：

第一句话是：“机会比刻苦重要。”搞科学研究，不是光刻苦就行的（当然下不了苦功是万万不行的），但机会有时真是比刻苦重要。中国社会科学院历史研究所研究员步近智先生对这一点颇有感受。他说，20世纪80年代，《宋明理学史》的撰写列入国家社科重点项目。“对于理学，我虽也有概括的了解，但远远够不上深和专的水平。”这当然是步先生自谦，不过也道出了一点实情。试想，如果步先生推辞了这个机会，只是闷着头读书，那么再刻苦又会有多大的实际效果呢？而步先生敏锐地抓住了这个机会，老老实实地一个人抱着一部又一部著作去读，包括杨万里133卷的《诚斋集》，也一卷一卷地读了下来，终于攻下了这块硬骨头。从此，海内外有关宋明学术史的约稿一部接一部，步先生终于成为中国学术史方面的一大名家。

第二句话是拿破仑讲的：“先投入战斗，而后见分晓。”

中国科学院院士、矿物学家叶大年先生认为，科学工作者，尤其是年轻的科学工作者，应敢于“干字当头”，先干起来再说。他说：

> 科学研究，尤其是基础研究，常常是遵循这样一条路走下去的，即选题→查阅文献→确定研究方案→观察和实验→分析、归纳与论证→写论文的六阶段模式。而我的科研程序不是这样，我所遵循的是选题→确定研究方案→观察和实验→查阅文献→修改研究方案，改进实验和观察→分析、归纳和论证→写论文的七阶段模式。我把第一种模式称之为“读字当头”，把第二种模式称之为“干字当头”。我认为“读字当头”是有弊端的，尤其对年轻人而言，在浩如烟海的文献堆里打转转，初生牛犊不畏虎的锐气就会丧失。这个不能干，那个别人干过了，很快就会怀疑自己的选题不对，或者自己没有解决问题的能力。“干字当头”，边干边学，一般来说总会发现自己的工作有可取之处，常常是越干越有劲。这诚如毛主席所说的，许多事情“常常不是学好了再干，而是干起来再学”。
>
> 举例来说，颗粒的随机堆积是材料科学、沉积学和水文工程建设中的一个基本问题，研究这个问题已有一百多年的历史，如果是“读字当头”，恐怕读上一年半载也找不到科研切入点。我不是这样，而是首先亲自动手做实验，边实验边看书，肯定了自己有新发现，从而一追到底，终于在这个经典问题的研究上有所作为，连续发表了十几篇论文。在此基础上向纵深发展，扩大战果，最终发现地球各圈层氧离子平均体积守恒定律。我从直觉出发，认为在常温常压下分子体积应该有可加和性，于是收集大量的数据来论证这个命题；与此同时看文献，知道七十多年前就有人提出过猜想，但缺乏论证，从而肯定了自己的成果。倘若“读字当头”，定会感叹“既生瑜，何生亮”，便会就此罢手，一无所获。为此，我常常开导学生们，要记住拿破仑的名言：“先投入战斗，而后见分晓。”

叶先生“干字当头”的方法令人鼓舞。的确，心中有了一个想法，就应尽一切可能去实现它。一查文献、一报项目、一筹资金，一年半载就过去了，还干什么？只有先动作起来，先点着火现找米下锅，才会快出成果。这表面上看似乎是有点“蛮干”“不顾客观条件”，其实，也是让现实逼出来的办法。谁不愿意项目批下来，条件具备了再干？可现实却不会给你这样的条件，逼得你只有两条路：要么干脆放弃，要么先干起来。

科研这件事，一方面需要热情和激情，一方面又需要冷静与客观。一点热情没有，犹如打不着火的汽车，开不起来；而“唯有冷静和客观，终能想出最好的办法”，“想了办法该坚决贯彻！”（《傅雷家书》），怕的就是戴厚英女士批评的“既不冷静地思考，又无真正的热情。有的只是一片空虚，玩世不恭。”（《诗人之死》）

任勇老师注意到，教师有参与教研与无参与教研之分，几年以后，两者情况大不一样。后者，久而久之就可能对教育教学工作产生一种疲惫感，觉得没有“味道”，教学缺少新意，步入平庸；而前者每天都有新的思考、新的探索，“常教常新”，成为某一领域的行家里手。教书和用心教书是有区别的，基于教研的教书就是“用心教”。

任勇老师指出，一个教师若只满足于当一个教书匠，而没有远大志向，是绝对不可能成为杰出的教育家的。虽然我们不一定都能成为教育家，但只要我们朝着这个方向迈进，就必然会有丰硕的成果（同前引文）。从教学上，会从普通教师成长为优秀教师、一代名师；从荣誉上，会被评为市区优秀教师、省优秀教师、全国优秀教师；从学业上，会从学士、硕士、全国骨干教师培训班乃至博士……

第五个关键词是“真实”。写真实的感受、真实的事情、真实的发现，而不是编造和拼凑。浙江省诸暨市暨阳初中孟碧君老师对这一点是有着很深的感受的。她说，有一次案例评比的主题是“教学中的意外”，她绞尽脑汁写了一篇“精彩，在‘意外’中收获”，不料专家看了不以为然，说是不是从别处参考拼凑起来的。孟老师说：

在做了一些修改后，我又拿给我的恩师徐丽燕老师看。她说比原来好了很多，但是这个课堂意外描写得不够好。我们又改了很多遍，总觉得不够自然。为什么这个课堂意外这么难写？想想：如果这是一个真实的意外，我把它表达清楚应该不难吧？显然，这个意外并不是我教学中的真实故事，而是凭空

> 编造的一个课堂意外。后来徐老师和我向张老师请教怎样写论文，他说，要写好一篇论文，首先必须是写自己的东西，如果是到处参考、拼凑的文章，肯定不是一篇好文章。我至今深深记得那句话，这篇案例是我论文写作中的一个转折点。这次案例撰写，更准确地说是案例编造，让我品尝到了编造的难度和痛苦。我想，如果这个意外是我亲身经历的，那么，这篇案例写起来肯定更容易，也能写得更好。从此，我开始脚踏实地去开展日常教学工作，在教学中不断地反思和积累第一手资料。

从此，她的文章“主要来自自己的教学实践，如教学设计、教学反思、教学处理等”。（《我写教研论文的故事》，原载《中小学英语教学与研究》2011年第2期）

第六个关键词是“坚持”。任勇老师曾提到，普通一线教师怎样才能成为一个所谓“研究者”呢？他提到了五条：

> 一要打破神秘感，树立自信心；二要有强烈的“研究意识”，把教育教学工作自觉地纳入研究的轨道；三要重视教育科学理论的学习；四要掌握教育科学的方法；五要及时了解教育科学研究的动态和前沿信息。（《我的数学教育教学研究情况》，原载《中学教学》2000年第1期）

如果说这里所说的前两条是主观条件，可以靠“解放思想”“顿悟”等来实现的话，那么后三条可都是扎扎实实的客观条件，哪一条不得有一个漫长的探索、总结、积累的过程？何况就是主观条件，也是会有反复的，也要有一个过程。比如说，自信心今天有了，明天可能又崩溃了，后天又要重建……

坚持是一线教师从事科研必不可少的心理素质，没有数年甚至数十年干一件事的坚持精神，是搞不好科研的。

三

中小学一线教师科研入门的步骤

过程与步骤，虽说都是一种线性描述，但步骤要更为具体。

根据中小学一线教师的基本情况，如果有心搞点科研，不妨参照以下8个步骤：

（一）放眼看书

“放眼看书”一语，是美国华盛顿大学教授萧公权先生在回忆录中提出来的。他说：

> 胡适先生谈治学方法，曾提出“大胆假设，小心求证”的名言，我想在假设和求证之前还有一个“放眼看书”的阶段（“书”字应从广义，解作有关研究题目的事实、理论等的记载）。经过这一阶段工作之后，作者对于研究的对象才有所认识，从而做出合理的假设。有了假设，回过来向“放眼”看过，以至尚未看过的书中去“求证”。看书而不做假设，会犯“学而不思则罔”的错误。不多看书而大胆假设，更有“思而不学则殆”的危险。（详见《问学谏往录》，黄山书社2008年出版）

“放眼看书”，关键在一个“放”字。心态一定要开放。记得笔者在上大学时，曾去请教史学界泰斗蔡美彪先生看什么书好。蔡美彪先生直言相告，什么都看，想看什么看什么，什么看得进去看什么。如今回想起来，这对于尚处于“入门”阶段的人来说，也许是一个最实际的回答。尚未“入门”的人一方面固然看书看得少，一方面心态又放不开，要么觉得某些书太“高深”了，自己程度不够，要么觉得某些书和教育专业无关……自己给自己设了许多条条框框。在思想上自己把自己框起来了。

退一步说，即使是专业书，讲某一专题的书，也最好“放眼”多看几本。南开大学历史系教授杨志玖先生讲过，要善于将“同类的书合拢来读”，同一个问题，看看甲怎么说，再看看乙怎么说。例如中国通史，不妨将范文澜的《中国通史》、郭沫若的《中国史稿》、翦伯赞的《中国史纲要》……放在一起读！

放眼看书吧！古书、洋书、小说、军事书、养生书、教育理论、心理测试……都不妨翻一翻。只要不是黄书、坏书，相信一定会如古人所示“开卷有益”。用鲁迅先生的话讲：

> 只看一个人的著作，结果是不大好的，你就得不到多方的优点。必须如蜜蜂一样，采过许多花，这才能酿出蜜来，倘若叮在一处，所得就非常有限，枯燥了。

任勇老师对这一点感受很深。他说：

> 要搞教育科研，没有一定数量的教育、科学、文化书籍和杂志是不可思议的。就我来说，20年来，东买西购，已有8000余册数学、教育、文化等方面的书，订阅了所有能订到的数学杂志和许多教育杂志。要驾驭教育实践，很大程度上取决于教育理论的功底。要有理论功底，首先要读名著。你不读《论语》、不读陶行知、不读杜威、不读苏霍姆林斯基，是很难成为教育家的。其次，要多读自己研究领域里有影响的专著，读专业期刊等。只有抓紧时间广学深研，才能了解科研动态、把握热点难点、借鉴他人经验，把教育科研做到位。

除了书本型的书，在今天这个网络时代，自然也离不开读网上的“书”。任勇老师就说过，至少应在网上读以下几类信息：

一是教育网站。如中华人民共和国教育部，教育部考试中心，中国基础教育网，中国园丁网，中小学信息技术教育网，K12中国中小学教育教学网，中国名师教育网，中国教育曙光网，中小学教育网，中国教育信息网，教育信息交流站，中国教育先锋，厦门教育信息网，等等。每个教育网站都有庞大的信息资源。

二是网上报刊。如中国教育报，中国考试，中国期刊网，家庭教育杂志，教育探索等。还有各省教育杂志和各学科教育杂志等。任勇老师举例说，一份《中国教育报》，就有太多可读的东西。《中国教育报》是教育部主办的以教育新闻为主的全国性日报，它的宗旨是全面、准确、及时地宣传党和国家的教育方针、政策及工作部署，传播教育改革与发展的信息和经验。除要闻版外，还辟有高等教育、基础教育、职成教育（职业教育与成人教育）、理论、国际教育、教育科研、文化等专刊，以及校长、读书、招生考试就业等周刊。他说，他是每天必读《中国教育报》的，因为文章贴近中学教育实际，所以读后收获很大、启发颇多。

各省市的杂志也各有特色。如《上海教育》就很有深度，《特区教育》敢于大胆探索许多新的问题。各学科杂志专业性很强，任勇老师说，他经常在网上阅读《数学通报》《数学教学》和《数学教育学报》等，保持对数学教育的“敏感”。

三是中国名校网站。如北京的人大附中、北大附中、清华附中、北师大一附中、北师大二附中、北师大实验中学、北京四中、北京八中、北京十一中学、北京景山学校等；上海的上海中学、华东师大二附中、复旦中学、上海交大附中、上海格致中学、上海建平中学等；还有成都七中、重庆一中、杭州二中、华南师大附中、广州执信中学、天津南开中学、天津耀华中学、天津一中、东北师大附中、哈尔滨三中、青岛二中、南京师大附中、南京金陵中学、华中师大一附中、武昌实验中学、湖北黄冈中学、西安中学、河南省实验中学、辽宁省实验中学、东北育才中学、湖南师大附中、长沙一中、昆明一中、石家庄一中、石家庄二中、海南中学、贵阳一中、南宁二中、南宁三中、福州一中、福州三中、福建师大附中等中国名校。基本上是中国百强名校。（以上详见任勇著《任勇：走向管理的文治境界》，首都师范大学出版社2011年出版）

当然，有一个“放”的过程，理应相应有一个“收”的过程。北京师范大学原校长、数学家王梓坤先生主张读书“首先应集中精力学好专业，并在专业的科研中做出成绩，然后逐步扩大领域，力求多方面的完善。”“正如中国革命一样，必须先有一块根据地，站稳后再开创几块，最后连成一片。”王梓坤先生还特别强调要读一点方法类书。方法好才能事半功倍。故而一些著名科学家、文学家写的心得体会和经验，也值得注意。

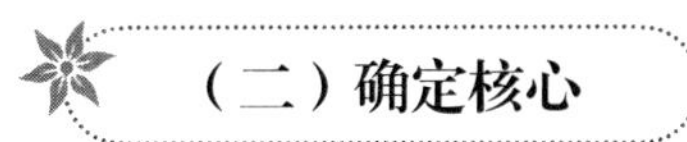

（二）确定核心

如果说入门的第一步是“放得开”的话，那么第二步就是要“收得拢”。

人的精力是有限的，一线教师的精力更是有限。所以，在经过一段时间（半年、一年？因人而异）的“放眼看书”后，应逐步收拢身心，确定下一步即将钻研的核心。打个比方说，放眼看书阶段，就好比是上学时的初中阶段，什么都跃跃欲试，而确定核心阶段，就好比是上学时的高中阶段，考虑问题已现实多了，知道自己适合学文，还是适合学理？学文或学理，又大致喜欢哪一学科？如果缺少了“放眼看书”阶段，那下一步的“确定核心”只能是缺少客观依据的主观臆断，就是“确定”了，也很可能是个虚假的确定，因为你确定的很可能是个不适合你的方向。

确定核心，实际上包含两层意思：一层是确定兴趣核心，一层是确定信息核心。兴趣核心好理解，什么是“信息核心”呢？情报学上有个词，叫“核心情报源”，比如说你喜欢与语文教法有关的事情，那么你应该知道，哪些刊物、哪些书籍、哪些高校、哪些学者，甚至哪些网站、哪些博客与语文教法有关的“情报”最密集……这些就是你的主要信息来源，即所谓“核心情报源”。反过来说，如果你连某一学科有哪些人最“牛”，有哪些高校最有优势，有哪些刊物最有看头都不知道的话，那么真是如咱们在前面所说的，连“球迷”的水平都达不到了。

（三）拟定题目

为什么说“拟定”不说“确定”呢？这是因为科研题目，尤其是在入门阶段选定的科研题目，仍有很大的不确定性。也许选定了以后，一搜集资料，发现这个题目不像原来设想的那么好写，写不下去了，只好放弃。

至于一线教师在拟定科研题目时常出现的问题，主要有以下几个：

一是过大。冉乃彦老师说，一线教师做科研，最容易出现的问题就是选择的题目过大。例如“素质教育研究”“对师生关系的探索”等等。冉乃彦老师说，出现这类问题的原因首先是有些一线教师误以为选题就是确定一个归属的范围，以为既然自己研究的问题属于“素质教育”，就可以定为“素质教育研究”；其次是酝酿得还不够成熟，没有把问题找准，只想了一个“大概”。

二是过难。例如某学校的教师要做全市，甚至全国范围的统计研究；另一种是需要长期努力才能完成的研究任务，却想安排在一个课题中急于完成，例如研究学生10年成长规律等等。

三是过空。这有两类，一类是冉乃彦老师所说的“任务和目的都没有说清楚”。例如某学校提出“亲身体验在培养小学生自主性素质中重要地位的研究”课题，从字面上看，就不知究竟要研究什么，容易误解为教师去亲身体验……经过了解，原来是想研究学生在实践中得到的亲身体验，这种体验在培养自主性素质过程中的重要性。这的确是一个不错的选题。那么这个课题改为“在培养小学生自主性素质中学生亲身体验的重要性研究”就比较清楚些。再一类，就是如郑金洲老师所言“求新求异”“跟风追潮”，硬要研究什么“创新教育”、什么“多元智能教育”。其实这些概念是什么，研究者自己都搞不清楚，写出来的文章没法不空话连篇。

为了避免出现选题过大、过难、过空的情况，我们不妨记住两点：选题宜小不宜大，宜实不宜空。

先说“宜小不宜大”。

为什么要小呢？这就好比刚刚学会开车，是开一辆POLO更有把握呢，还是开一辆5米多长的宝马7系更有把握呢？答案是不言而喻的。宝马7系是有面子，但对于刚上路的新手来说，显然还是一辆不到4米的POLO更好操纵。诚如冉乃彦老师所言：“选题就好像打仗时发现很多敌人，不能盲目乱打，要尽量选准一个有价值的‘点’作为攻击目标。当然这个‘点’的选择，实际有一个过程，是一个逐步缩小包围圈的过程。开始初步选定一个范围，经过观察、调查、分析、酝酿和学习，最终明确研究的中心问题。”（《中小学教师如何做研究》，第33页，人民教育出版社2006年出版）

在实际操作时，我们不妨试着将自己的选题缩小三次，看看怎么样。比如说，对本地所用语文教材有不少话想说，那么初步拟定的题目或许是：××版初中语文教材初探。这个题目对于处于入门阶段的新手来说，显然太大了，那么我们不妨将其缩小三次：

第一次，××版初中语文第5册初探。如果此套教材有6册，那么先不妨将研究范围集中在自己感受最深的一册上（假定为第5册），工作量一下少了六分之五。

第二次，××版初中语文第5册习题初探。说实话，一册教材的内容包罗万象，即便是对一册教材进行“初探”，工作量仍然不小。再次缩小范围，课文等先不论了，就探讨习题，这样工作量又少了许多。

第三次，××版初中语文第5册文言文部分习题初探。目前的语文教材，大多是混编的，既有现代文，又有文言文；既有外国作品，又有中国作品。面对这古今中外一大堆课文，即使是谈谈课后练习，恐怕也不是那么简单。再次缩小后，就谈文言文部分，问题就又单纯多了。当然了，即便是将文言文部分的习题读出点名堂来，也不简单。所以还可以第四次缩小，比如说，可以仅谈与文言文实词有关的练习，可以单论与文言文翻译有关的习题等等。

题目是缩小了，但真要动笔时，思路不能缩小，而应“小题大做”。中南财经政法大学周秀鸾教授在谈到当年著名经济史专家梁方仲先生指导他入门时说：

> 他指导我们学习做研究工作时说，选题不要太大，要从小题入手，但在研究时，却要“小题大做”。所谓“小题大做”，是要把小题看成大问题，并要在小题中看出大问题。这就是说，一方面要找许多材料来论证这个小题，把小题视作大题来对待。不能轻视小题，特别记住一定要做卡片。另一方面，要在“一滴水中见太阳”，即从小题中看出事关重要的大问题。不能就事论事。（汤明燧、黄启臣主编《纪念梁方仲教授学术讨论会文集》，第29页，中山大学出版社1990年出版）

如果说我们在拟定科研题目时要缩小三次，那么，我们在具体写作时，就不妨反其道而行，“小题大做”，将思路放开，扩大三次。仍以前举某版本语文教科书文言文习题为例：

第一次，就此套教科书的编纂体例而言。习题为什么这么出，肯定与这套教科书的编纂体例有关。编纂体例就决定习题只能这么多，这么编。

第二次，就此套教科书的编纂思想而言。编纂体例归根到底，又是由编纂思想决定的。或许此套书的编著思想，就是要体现课标精神，故而关于“探究性”学习的习题多而知识性的习题少……

第三次，就此套教科书对待文言文的态度而言。究竟对传统文言文怎么看？究竟想传授给学生哪些文言文知识？等等。

如果这么一扩大、“一拔高”，就不是就事论事了，而是有那么点“小题大做”的意思了。

当然真正要做到“小题大做”，一定要对自己所写的东西在整个知识体系中的具体位置有明确认识才行。这就好比只有经GPS定位，知道自己身在何处，才能向他人讲清楚自己的地址是一个道理。曾荣获中国教育学会优秀专著一等奖的《阅读教材论》一书中，就曾给出过下面这样一张“结构示意图”（见下页）：

我们写作任何一篇文章，脑子里要都有这样一幅“结构示意图”，那有多好！

说到“宜小不宜大”，香港中文大学严耕望先生又将这一问题与年龄挂上了钩。他说：

> 青年时代，应做小问题，但要小题大做；中年时代，要做大问题，并且要大题大做；老年时代，应做大问题，但不得已可大题小做。因为青年时代，学历尚浅，但精力充沛，小问题牵涉的范围较小，亦可控制，不出大毛病，但也要全副精神去大做特做。这样可以磨炼深入研究的方法，养成深入研究的工作精神，为将来大展宏图做准备。若走上来就做大问题，大问题要写成长篇大论并不难，但要精彩则极难。自己学力未充时就做大问题，结果往往大而无当，并无实际成就，久而久之，习以为常，终至永远浮薄，不入门径！中年时代，自己见闻已博，学力渐深，或可说已入成熟阶段，而精神体力也正健旺未衰。换言之，已有做大问题的基本素养，又有大规模辛勤工作的体力与精神，这是一位学人的黄金时代，所以他可选择重大问题，做大规模的深入的研究工作，到达既博大又精深的境界，为学术界做出他可能做的最大贡献。人到老年，学力深厚，就他本人言，可谓学识已达最高阶段，但体力精神却渐衰退，很难支持大规模而且精密的繁重工作，所以只能小规模地做工作，写札记式的论文，最为切当。因为他学力深厚，不妨就各种大小问题提出他个人的看法，是否有当也不必认真提出实证。（《治史三书》，第54页，辽宁教育出版社1998年出版）

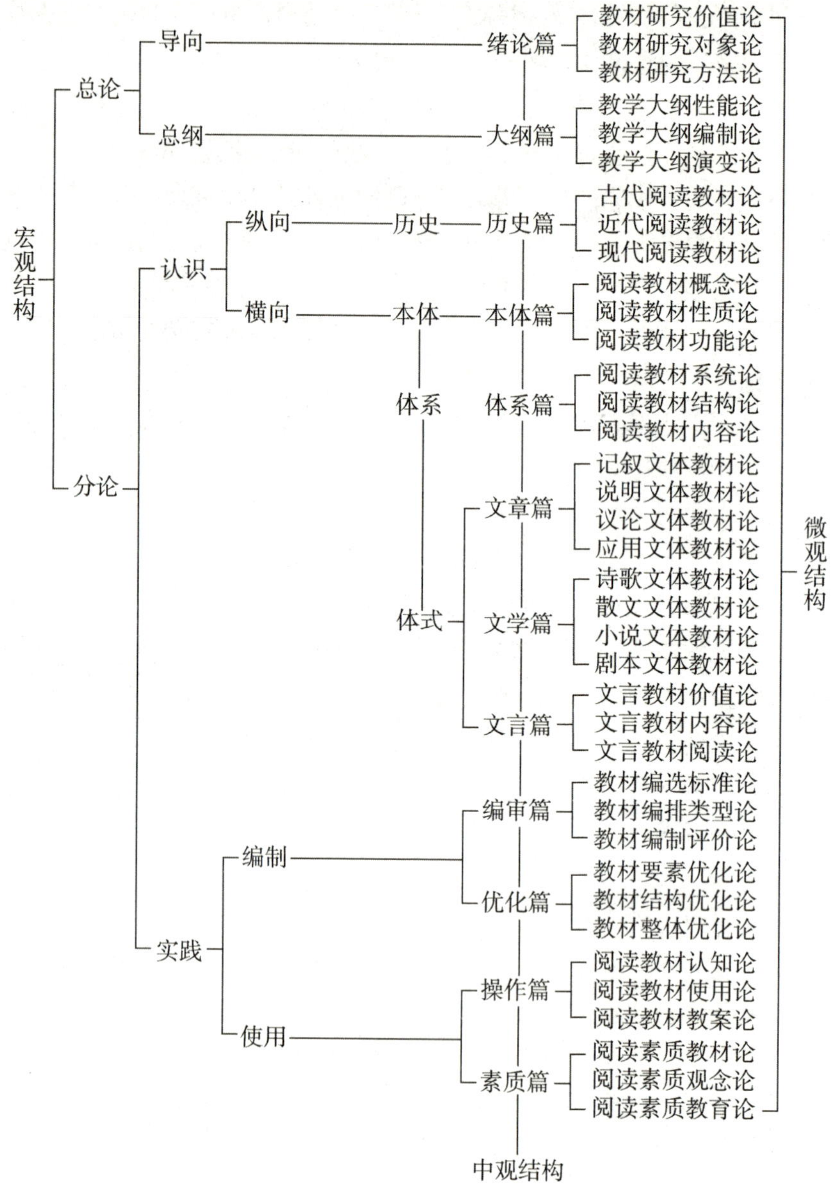

显然严耕望先生觉得处于科研入门阶段的青年，还是“应做小问题，但要小题大做”才好。

无独有偶，史学家胡如雷先生也有类似的意见，认为刚入门时不妨搞一些窄的课题，便于深入、搞细。中年时做点大题目，老了就不宜再做大题目了。他说：

从事社会科学研究工作，要从大学或研究生毕业起就开始着手。如果毕业后先搞教学过关，经过五六年后再回过头来读书搞研究，弯路就未免走得太大了。从30岁左右到四十八九岁，是一个人的最佳年龄期。这个时期精力充沛，思想活跃，一生中最重大的项目应该在这一时期完成。一开始，不妨搞一些窄的课题，便于深入、搞细；接着就要选择一些具有战略性的大项目，用10年左右的时间进行突破。50岁以后要根据自己的身体条件选题。如果身体好、精力足，还可再攻一二个大课题。60几岁以后就不宜再贪大项目了，应写一些力所能及的中小型论著，并回顾一生治学成果，进行总结。所以从30岁左右到60岁以前，是一个人一生中最能出成果的时期。在这段时间中，大致50岁左右是定型的关键时刻，能够成才的人，这时已经取得了一定的成果。50岁达到的水平，很可能也就是一生所能达到的最高水平。此后成果的数量可以增加，但水平只能略有提高，再想有突破性的发展很不容易。由此可见，从40岁左右到60岁左右，一定要从战略的高度考虑选题问题，尽量把钢使在刀刃上，不能在一些不重要的项目上浪费一生中最好的年华。（《抛引集》，第221页，河北教育出版社1993年出版）

看来科研这件事跟人生中许多别的事情一样，什么时候做什么，也该有个大体规划。真是如同《裴斯泰洛齐教育文选》中说的：“为人一生做事都要及时，错过了时间就会一事无成。”

再说“宜实不宜空”。

“实”，在这里至少有以下三层意思：

一是“实在”，用实实在在的话语，讲清要说的内容。在这方面，中国艺术研究院戏曲研究所研究员章诒和女士在科研刚入道时的一段经历，很有代表性。她说，她在刚开始写科研文章时，喜欢用“系统论”“信息论”“控制论”等当时时髦的一些概念。对此，当时任中国艺术研究院院长的张庚先生很不以为然。他说：

你要记住：文章是写给别人看的，所以最根本的要求是

> 要别人看得懂。你的文章过于追求文采，还喜欢用新术语、新概念，这就妨碍了表达的准确性。对学术论文来说，正确性、准确性永远是第一位的。（章立凡主编《记忆：往事未付红尘》，第326页，陕西师范大学出版社2004年出版）

张庚先生说，这是“文风问题”。章诒和女士想到自己在文章中用了不少“审美接受”“审美中介”一类似是而非的新名词，“脸蓦地红了”。

二是实际。问题是从实际中来的，又能回到实际中去；解决实际问题，产生积极效果。

冉乃彦老师曾举了一个例子，说有位小学教师发现小学低年级的孩子上课总爱有小动作。如何解决这个问题呢？她不是消极地从限制角度去考虑，而是积极地研究怎样把爱动的年龄特点引向为教学服务。于是她选择了“小学低年级学生手势语研究”作为科研课题。冉老师说：“这个‘点’选择得非常好，因为对手势语的研究，实际上能够把低年级学生如何进行师生、生生互动的研究带动起来。”（《中小学教师如何做研究》，第33页，人民教育出版社2006年出版）

数学家李尚志老师在解释所著《数学的神韵》（科学出版社2010年出版）为何要引入大量实例时说：

> 抽象是数学的一个主要特征，抽象也是很多学生学习数学的主要困难和障碍。怎样解决这看起来不可调和的矛盾？基于作者对数学的理解和对学生的了解，以及多年的教学经验，认为：既然抽象就是从许多不同事物中提取的共同点，那么数学的思想方法、概念原理应当通过适当的例子来体现。这些例子既要体现数学的本质，又要能通俗易懂、引人入胜、为学生喜闻乐见，并且还能举一反三，应用到其他看起来不相干的地方去。（见该书序）

写书是如此，写论文、上课，不也同样是这个道理吗？

三是实事求是。用老一代学者的话讲就是有一分证据说一分话。千万不要有一分证据说十分话，比如仅仅做了几百人甚至几千人的一个问卷调查，却得出一个全省甚至全国性的结论来，那是会贻笑大方的。香港中文大学严耕望先生就讲过要“慎做概括性的结论”，“有才气、讲通识的学者，往往喜欢下概括性的结论，浅学之士也往往喜欢这样。”“所以概括性的话最好少说，要说也只能说大体如此，意谓非全部如此。”（《治史三书》，第24页，辽宁教育出版社1998年出版）

“实”也可以理解为具体问题，“空”也可以理解为抽象问题。严耕望先生曾专门论述过这两类问题。他说：

> 我认为研究工作，为把稳起见，最好多做具体问题，少讲抽象问题。研究具体问题，用可靠史料，下深刻功夫，一定能获得可观的成绩，而且所获成绩比较容易站得住脚，不易被人否定，也就是说较易成为定论。但抽象问题，虽然同样用可靠史料，同样下深刻功夫，但所获成绩就不一定能站得住脚，也就不易成为大家都能接受的定论。因为具体问题的证据也比较具体，较易做客观的把握，需要主观判断的成分比较少；但抽象问题的证据往往也比较抽象，较难做客观的把握，需要主观判断的成分比较多。主观判断的成分比较多，在作者本身而言，就比较容易走上主观意向，做错误的判断；在读者而言，在其他的研究者而言，也各掺入主观成分，有不同的认识，做不同的判断，因此人各一是非，上焉者可成“一家之言”，但很难得到为大家都能承认的公论。然而一般人都比较喜欢讲抽象问题，尤其现在一般青年更似有此趋向。这或许是因为面对抽象问题，容易发议论，提意见，讲起来比较可以自由发挥想象力；甚至于仅获得少数资料，一知半解，也可以主观地贯穿，痛快淋漓地发挥一番，满足自己丰富的发表欲，至于具体问题，总认为繁难，不易见功。但事实上，具体问题似难实易，而抽象问题似易实难。因为具体问题，可以肯定地说，一分耕耘，有一分收获；抽象问题，虽然原则上也是如此，但未必如此，也许自己辛苦经营，以为发千古之覆，心满意足，但他人看来可能付之一笑！
>
> 然则大家都搁置抽象问题不去研究吗？我实并无此意。不过就一般常人而言，并以矫正时敝而已！若是对于抽象问题

> 实有浓厚兴趣，又自信天分极高，能透视常人所不能窥视，自亦可以从事抽象问题的研究，不过要特别警觉，谨慎从事！天分高，功夫深又能谨慎，所得成果，纵不能得到公论的承认，但若能真正成一家之言，也就是一项成就！（《治史三书》，第49页，辽宁教育出版社1998年出版）

显而易见，严耕望先生是倾向于多研究一些具体问题的。从操作层面看，具体问题一般就是把一个问题读清楚，而抽象问题往往有多层意思在里头，不易把握。北京大学中文系王瑶先生曾告诫他的一位弟子，“写文章比如留声机唱片的转动，转来转去都行，但得围绕一个中心，而不要开中药铺，甲乙丙丁。”（《王瑶和他的世界》，第185页，河北教育出版社2000年出版）郑金洲老师也说：“研究问题的确定，倒是在一定程度上需要信奉英语中的一句谚语：‘Small is beautiful，小的就是美的。’这种小即美的选题思路，在当下学校教育科研中有着积极意义。”（《教育的思考与言说——一位教育学者的演讲录》，第133页，福建教育出版社2007年出版）教育这门学科，可以发表议论的题目似乎又特别多，比如应该这么做教育，应该那么来高考一类，很容易发发议论的，但真要说出点道道来，并不容易。而题目要做到既“小”又“实”，特别需要我们在日常生活中具备细心、耐心的品质。郑金洲老师指出：

> 中小学教师的教育科研，总体上说，是小题大做的研究，需要从细微处着眼，从教育教学的小处着手，需要做“小学问”。如此也就需要教师在教育教学实践中，要细致入微考察疑难问题，不放过教育教学中可能存在的任何纰漏。
>
> 细心是发现问题的前提。今天的教育教学实践中，无疑存在着形形色色的问题，但要发现值得研究而且有可能深入研究的问题，则需要从貌似没有问题的地方发现问题，从稍纵即逝的现象背后捕捉问题。在别人看不到的地方发现问题，是研究能够找到恰当选题的前提条件，也是一个有经验的教师常体现的研究特征。
>
> 细心是实施研究的保证。借助细心，教师可以对研究问

题向课题转化过程中的种种可能与限制进行认真梳理；借助细心，教师可以对研究方案的各个细节进行具体设想，预见在研究中有可能存在的种种障碍；借助细心，教师可以在研究具体实施过程中考察各种各样的新现象、新矛盾、新情况；借助细心，教师可以仔细甄别自己的研究过程与实践过程的异同。凡此种种，都需要通过细心来完成。

细心是反思研究的保障。对中小学教师来说，研究本身不是目的，目的在于改进教育教学实践，解决教育实践问题，因而，研究过后，教师要认真分析研究的利弊得失、问题解决的实际水平，改进实践的实际状态。反思研究全过程，需要细心；探讨后续努力方向，需要细心；甄别自身行为的前后变化，也需要细心。

郑老师最后指出："教师在日常研究中，要把细心作为实施研究的基本要求，不满足于得出初步的认识和结论，不满足于概要性的看法和观点，要注意提醒自己仔细再仔细，认真再认真，用缜密的思维和细致入微的眼光来为自己的研究提供支撑。"（《教师做科研的十条建议》，原载《人民教育》2008年第5期）

这确是与人的心态、性格相关。中国科学院院士王夔先生说：

能否创新，是否愿意并敢于创新在很大程度上依赖于人的心态。无论是科学研究还是教学工作，都要求创新，但是有很多人不愿、不敢、不能创新。他们不是能力问题而是心理状态问题。我愿在这里引用诺贝尔物理学奖获得者Esaki的一段有益的话，他说："你想得诺贝尔奖吗？有5条规律：第一，不要被自己过去的经验所束缚；第二，不要过分追随你的研究领域中的任何一个权威；第三，不要抱着你不需要的东西不放，要严格地筛选信息；第四，不要回避对抗，如果有合理的观点，就去辩论；第五，不要忘记童年时的好奇精神，它是想象力的表现。"但是，我们的学生在学习期间缺少这种心态和精神的培育，我们的各级教育都不能使学生有这种精神。

需要指出，找到一个视角独特而又切实可行的题目，并不容易。诚如余映潮老师所言：“角度这东西，不经过‘山重水复’的跋涉，是看不到它的；不达到‘千呼万唤’的地步，它是不出来的。为了它必须付出时间，必须耗费心力。”

既要“实”，又不宜大。一线教师初涉科研时，所写文章很可能会“微博”化——最多不到两千字，甚至只有几百字。例如浙江省江山市江山实验小学的傅淑玲老师在谈到自己所写的几篇论文时说：

> 有一次我上教研课，上的是There be句型。我设计了“城市队”和“乡村队”的辩论赛，通过“美丽家乡”“精彩反驳”等辩论环节巩固肯定句、疑问句等多种句式，非常成功。想到我曾设计过的其他“辩论赛”，当天我就写下了《辩论式小学英语复习课》，发表于《中小学英语教学与研究》。
>
> 俗话说：“好记性不如烂笔头”。这句话很适用于我们写课后小结。有一年寒假，我随手翻了翻一学期的教案，发现课后小结密密麻麻。通过结合具体事例的分类梳理，《写好课后小结，做教学有心人》一文成稿了，获江山市一等奖。同一本教案上的一幅幅插图也引起了我的注意，有简笔画、流程图、线形图、饼形图、柱形图、表格等，经总结，《图表转换策略在小学英语教学中的应用》诞生了，图文并茂，发表于《中小学英语教学与研究》。还是同一本教案，我发现了很多在感动中写下的小结。回顾一次次的感动，我写下了《感动于学生的成长》，获江山市二等奖。就这样，一本教案随手一翻，三篇论文出炉。除了教案上的点滴记录，我床头柜里总有一叠纸，睡觉时想到什么就趴在枕头上草草记下来。我的很多教学灵感是在床上所思、在枕上所记的。
>
> 英语中有些发音是中国学生学习的难点。比如“狮子”一词的滑音就很难发到位。我用粗重的声音像狮子似的张大嘴发［lai］，再拉扁嘴巴发［ə］，最后咬牙切齿地发［n］。学生学着我那“狮子”般的样子很快就掌握了发音要点。我把这种创新运用于各种课型的教学上，语音难点都能迎刃而解。于

是，我写下了《小学英语“拟声教学法”》，发表于《中小学英语教学与研究》。

显而易见，上面这些论文都是不长的“微博”式论文。傅老师说：“我所做的就是大家所做的，只是我善于发现、善于记录，并写了出来，就这么简单。”（《一线教师论文来自何处》，原载《中小学英语教学与研究》2008年第6期）

（四）制作目录

所谓“制作目录”，就是围绕着你所拟定的科研题目，将你个人认为有必要研读的文章、书籍信息搜集起来，做成目录。

事实上，“拟定题目”和“制作目录”这两个步骤可以说几乎是同时进行的，我们分开说，只是为了叙述方便。但在实际工作中，并不是说“拟定题目”这件事百分之百做完了，再开始“制作目录”这一步。不是这样的。很可能在“拟定题目”时已开始阅读相关文献，与题目有关的文献已搜集到百分之六七十，然后再去搜集剩下的百分之三四十的文献。

在实际操作中，制作目录的过程，又可表现为从“大目录”到“小目录”的过程。著名历史学家赵俪生先生指出：

> 目录有大目录和小目录。从大目录到小目录，是进行史学科研的重要历程。科研的成败，其关键之一在这里。
>
> 大目录，是指要人通晓有关史料之全面情况的一门学问，研究生一进门，先介绍这门内容。它的要求主要有两方面，其一求其广度，要避免遗漏；其二是求其深度，要触及要害。
>
> 小目录，是指按照你当前选题的需要，从大目录的普遍知识中，结构出你在追寻本专题底蕴中的特殊需要的目录。在开始，这是由导师提供的，但更重要的是你必须锻炼自己去独立地构成这种目录。并且这种小目录也不可能一次完备的，它也要经历一个由简至繁、由浅及深的发展过程，它也需要随时补充。（《治学之道》，第169～170页，齐鲁书社1983年出版）

对赵俪生先生这段论述，我们不妨稍稍解释一下：

从大目录到小目录的过程，居然是“科研的成败”的关键之一！研究历史是如此，研究教育也是一样。这一点应当引起我们的重视才好。

大目录，是指前人已做过工作、付出劳动而编成的大型“数据库”。这个“数据库”可以是纸质的，也可以是网上的，但都是搜集了几十万乃至上百万条数据的信息源。

小目录，是我们围绕自己拟定的科研题目而制作的工作目录。赵俪生先生说这个小目录，“在开始，这是由导师提供的”，对于绝大多数一线教师来说，恐怕无此福分，只能是“锻炼自己去独立地”完成这项工作了。

一般来说，小目录的制作过程，可以细分为以下几步：

第一步，由大目录往小目录“转移”。为什么用“转移”这个词，是因为可以抄写，也可以复印，甚至可以扫描……

第二步，从其他大目录中搜集相关信息，对小目录进行补充。刚开始工作时，肯定是以某一个大目录（假设为大目录A）为主从中往外挑选自己需要的信息，然后肯定要再从其他大目录中（假设为大目录B）往外挑选大目录A中没有的相关信息，接着有可能还有目录C、D等，诚如赵俪生先生所指出的，小目录的制作过程，“不可能一次完备的”“需要随时补充”。

第三步，加上自己工作的标记。比如出处，大目录中会有哪家出版社出版，哪一刊物哪一期登载等信息，但不妨加上更细致的信息。如某书“见市图书馆，索书号G032.2/60”，某书“见学校资料室”，等等。不记下来很容易忘记，再找会很费劲的。

制作小目录的过程，也可视为对某一课题算“总账”的过程。这本身甚至就是一种科研方法。台湾“中央研究院”院士周法高先生说，他研究学问，用的就是“结账式的研究方法”。他写道：

> 谈到治学方法，我个人向来有一个脾气，无论研究哪个问题，总是尽量能将有关资料搜集齐备，而且资料越丰富越好。然后再加以分析、归纳整理，做一种结账式的研究。先将前人说法罗列，说明它的贡献，遇有前人说法不妥的地方，经

过深思研判后再下自己的按语。读者看了我的书，也等于同时参考了许多相关的资料或书籍。有一些学者（例如陈寅恪先生）的著作方式和我的不同，他们的文章只将自己的心得或有别于前人见解的部分写出，不是自己的见解就不写，因此他们的文章较短。阅读他们的著作，有些地方仍须参考其他的书籍或资料。治学本来就有不同方式，各有短长，问题不在于哪种方法，而在于除了综合前人的说法之外，有没有属于自己的创见，如果只罗列了别人的说法，做一番资料排比的功夫，而没有自己的创见，是够不上第一流的研究的。凡是第一流的研究，一定要有自己独到的见解。至于表达方式则各有不同，一种是像陈寅恪先生一样的方式，一种是综合的方式。

在我主编的《金文诂林》等三套书中就有我下的按语一千多条，就这点来说，和丁福保的《说文解字诂林》只排列前人资料的方式是绝不相同的。

我在撰写《周秦名字解诂汇释》时，做法就是将王引之《春秋名字解诂》以来的各家说法汇集后再加上自己的见解。1949年，我出版一本《颜氏家训汇注》，除了前人的注释外，我还增注了几百条新的注解。

以上例子都说明我一贯用的结账式的研究方法。只有在1951年出版的《金文零释》是用不同的方式撰写的，只写出自己的独见部分。

拜读过周先生编写的《金文诂林》《金文诂林补》和《金文诂林附录》三套古文字学参考工具书，工夫的确很大。编这些工具书，他的做法是先用卡片将容庚《金文编》所收的一万八千多个例字原来的出处都查出来，并且登录原出处的句子、器名和器号，这是非常费时劳神的。在铭文中出现的三万多字中，容庚只采用了一万八千多字，他也将其余的部分编入书中，但这些补的字没有原来铭文字样，只好用正楷补上。书的另一个特点是全部用正楷国字，没有使用简体字。据周先生本人讲，《金文诂林》等三套工具书共22本，500万字，在台湾和大陆广为流传，更远销到日本等国。

应当指出，制作目录也是要付出艰辛和努力的，不是说找几本大目录，抄抄写写就完事了；或者上网左一翻右一看，敲敲打打就解决了。哪有这么便宜的事！安徽师范大学潘啸龙老师在谈及他在读研时建立自己的关于《楚辞》研究小目录时的甘苦时写道：

> 我对楚辞研究著述的抄录，还扩大到了对“五四”以来现代研究者专著、论文的范围。在报刊阅览室查阅有关屈原、楚辞研究的论文目录，然后一本一本翻阅期刊，摘下有关论文的主要见解及论据。到1982年研究生毕业前夕，我几乎读遍了当时所能找到的全部楚辞学论文。在此基础上，我编成了供自己研究参考的《关于屈原研究主要争议问题资料编辑》（约30万字）。这花费了我的大量精力，但我正是靠这样艰苦的笨方法，打下了进入楚辞研究领域的基础，激发了在有关课题研究上向前贤“挑战”并力争“超越”他们的勇气和信心。（黄中模、王雍刚主编《楚辞研究成功之路——海内外楚辞专家自述》，第123页，重庆出版社2000年出版）

如果把制作目录的过程视为创立自己的科研“数据库”的过程，这个过程的确是十分艰辛的。正如日本学者长谷川庆太郎先生所指出的：“不知从何时开始，人们认为任何事物皆可建成，这种倾向越来越显著。”而事实上，有用的“信息是非常昂贵的东西，许多人误解信息是‘免费’的，以为信息的取得不需付出代价，实在是大错特错。为了取得信息，必须有所准备。为了交换信息并获得有益的讯息，自己必须先投入百分之一百二十以上的努力。”（《信息力》，中译本，中国轻工业出版社1999年出版）。严中平先生也讲道：“收集资料是一项繁重的工作，大致占去全部科研劳动量的百分之七八十。”（《科学研究方法十讲——中国近代经济史专业硕士研究生参考讲义》，第79页，人民出版社1986年出版）。严先生甚至说，编图书目录和论文索引，是从事科学研究的一项入门工作，也是基本功（同前引书第56页）。把这一步视为科研成败的关键。

从实际操作的层面看，制作目录的方法通常有如下几种：

方法一：摘录式

所谓“摘录式”就是前面赵俪生先生所说的从大目录到小目录的工

作方式。这里的“大目录”，是指某个领域的“核心情报源”，即含有最丰富的专业信息情报的载体，可能是某个期刊，可能是某个网络，可能是某个朋友的书房……这里的“小目录”，是指你从“核心情报源”中挑选你所需要的信息，一一详细地记录下来，形成自己的科研目录。

打个比方说，你想写篇有关中小学管理方面的文章，那么就期刊方面的“核心情报源”，无疑当首推中国人民大学的《复印报刊资料》。《复印报刊资料》的范围，包括有国内统一刊号的中央和地方报刊，以及大专院校学报等，共约3000种，还收录了部分港澳台中文报刊的文章，分为上百个专题。每一专题下的文献，又分为两种方式处理：一是全文复印，这当然是比较重要的文章，一类是编制索引，即将全文未复印的文章，编成“未选文章索引”，附于每期最后。我们不妨查找《复印报刊资料》中的《中小学学校管理》专刊，逐年逐期去读，将自己感兴趣的文章一一记下，便形成了自己的科研目录。最好记得详细一些，文章的全名，原载何刊何期，作者姓名等，均要记全，免得日后要引用时返工。每条信息还至少应注释以下三层相关信息：一是找到没有，应注明“有”或“无”，有的文章是从索引中抄来的，原始出处不易查找（比如××师专学报，图书馆都没有），如确实需要，只好花钱请人大报刊资料中心代为查找；二是看了没有，看过了，不妨打个“√”，还没看，不妨打个“×”；三是有用没有，有用，可以加个“☆”，没用，就不加。只有添加了许多自己的信息，这份目录才会真正变成你自己的科研“小目录”。

方法二：添加式

一些学术专著的后面所附“参考文献目录”，实际上是替你搜集了该学术领域的主要文献，不妨复印下来，添加上新的信息，如该书出版以后的出版物或文章的信息，以及前面提到的“有”“无”“√”“×”“☆”等自己的信息，便是一份很理想的科研目录了。例如冉乃彦老师《中小学教师如何做研究》（人民教育出版社2006年出版）一书最后就附有“主要参考文献”目录：

主要参考文献

1. 毛泽东著：《毛泽东选集》第5卷，人民出版社1977年版。
2. 《马克思恩格斯选集》第1～4卷，人民出版社1995年版。

3. 袁贵仁著：《马克思的人学思想》，北京师范大学出版社1996年版。

4.［瑞士］皮亚杰、英费尔德著，吴福元译：《儿童心理学》，商务印书馆1980年版。

5.［英］J.D.尼斯比特、N.J.恩特维斯尔著，张渭成、周照南、徐禾夫译：《教育研究法》，教育科学出版社1981年版。

6. 郝德元编著：《教育与心理统计》，教育科学出版社1982年版。

7. 曹延亭编著：《教育统计学基础》，辽宁教育出版社1984年版。

8. 李秉德主编：《教育科学研究方法》，人民教育出版社1986年版。

9. 李丹主编：《儿童发展心理学》，华东师范大学出版社1987年版。

10.［美］艾尔·巴比著，李银河编译：《社会研究方法》，四川人民出版社1987年版。

11.［法］雷蒙·布东著，黄建华译：《社会学方法》，上海人民出版社1987年版。

12. 戴忠恒编著：《心理与教育测量》，华东师范大学出版社1987年版。

13.［苏联］科恩著，佟景韩等译：《自我论》，生活·读书·新知三联书店1987年版。

14.［苏联］索洛维耶娃、鲁温斯基著，刘成彬译：《自我完善心理学》，农村读物出版社1987年版。

15. 谢小庆编著：《心理测量学讲义》，华中师范大学出版社1988年版。

16. 张厚粲主编：《心理与教育统计学》，北京师范大学出版社1988年版。

17.袁伟民著：《我的执教之道》，人民体育出版社1988年版。

18. 谢小庆、王丽编著：《因素分析》，中国社会科学出版社1989年版。

19. 卢淑华编著：《社会统计学》，北京大学出版社1989年版。

20. 楼杳编著：《实用学校教育统计》，北京师范大学出版社1989年版。

21.［瑞士］让·皮亚杰著，高如峰、陈丽霞译：《儿童智力的起源》，教育科学出版社1990年版。

22. 王重鸣著：《心理学研究方法》，人民教育出版社1990年版。

23. 国家教育委员会考试管理中心主编，李伟明、冯伯麟、余仁胜编：《考试的统计分析方法》，高等教育出版社1990年版。

24. 赵慕憙编著：《教育科研方法》，北京出版社1991年版。

25. 吴国富等编：《实用数据分析方法》，中国统计出版社1992年版。

26. 刘文霞著：《教育科学研究方法》，内蒙古大学出版社1993年版。

27. 李蔚霞著：《少年教育研究》，新疆大学出版社1993年版。

28. 裴娣娜著：《教育研究方法导论》，安徽教育出版社1995年版。

29. 王铁军主编：《中小学教育科学研究》，武汉大学出版社1997年版。

30. 裴娣娜主编：《小学教育科学研究》，科学出版社1997年版。

31. ［美］威廉·维尔斯曼著，袁振国主译：《教育研究方法导论》，教育科学出版社1997年版。

32. ［美］霍德华·加德纳著，沈致隆译：《多元智能》，新华出版社1999年出版。

33. ［苏联］B.A.苏霍姆林斯基著，杜殿坤编译：《给教师的建议》，教育科学出版社1999年版。

34. 王梓坤著：《科学发现纵横谈》，湖南教育出版社1999年版。

35. 叶澜著：《教育研究方法论初探》，上海教育出版社1999年版。

36. 朱宝荣著：《现代心理学方法论研究》，华东师范大学出版社1999年版。

37. 林崇德著：《教育的智慧——写给中小学教师》，开明出版社1999年版。

38. 陈桂生主编：《到中小学去研究教育——“教育行动研究”的尝试》，华东师范大学出版社2000年版。

39. 赵大悌等主编：《教育科研能力的培养与提高》，中国和平出版社2000年版。

40. 陈向明著：《质的研究方法与社会科学研究》，教育科学出版社2000年版。

41. 陈向明著：《教师如何作质的研究》，教育科学出版社2001年版。

42. 郭思乐著：《教育走向生本》，人民教育出版社2001年版。

43. 杨小微主编：《小学教育科学研究》，北京师范大学出版社2001年版。

44. 冉乃彦著：《自我教育研究》，京华出版社2001年版。

45. 徐世贵主编：《中小学教师教育科研》，辽宁民族出版社2001年版。

46. 张民生、金宝成主编：《现代教师：走近教育科研》，教育科学出版社2002年版。

47. 郑金洲著：《校本研究指导》，教育科学出版社2002年版。

48. 朱小蔓主编：《道德教育论丛》第2卷，南京师范大学出版社2002年版。

49. 陈向明主编：《在行动中学作质的研究》，教育科学出版社2003年版。

50. [加] 马克斯·范梅南著，宋广文译：《生活体验研究——人文科学视野中的教育学》，教育科学出版社2003年版。

51. 郑金洲主编，张建编著：《研究报告撰写指导》，教育科学出版社2003年版。

52. 冉乃彦著：《真正的教育是自我教育》，新世界出版社2004年版。

53. 郑金洲著：《教师如何做研究》，华东师范大学出版社2005年版。

如果你对这一领域有兴趣，那么自然可以将其复印下来，再添加上一些书（2004年以后出版的及少量2004年以前出版的），再添加上这一目录没有包含的文章目录，就初步形成了自己的科研目录了。

方法三：全文式

所谓“全文式”，就是凡是遇到自己感兴趣的文章，就全文复印（打印）下来，凡是自己读过的书中有兴趣的地方，也可复印或抄录下来，然后整理好，前面自己编一目录，便于查找和利用。这一方式，比较适合边远地区查找文献不便的老师。这样一“卷”在手，别无他求。而在大中城市生活的老师，只要有出处，很方便就可以进行二次查找。

在做这一步骤时，已基本可以判定你的“核心情报源”是什么。该买的书一定要买，这个钱不能省。还是借用鲁迅先生的话来讲就是：

有关本业的东西，
是无论怎样节衣缩食也应该购买的，
试看绿林强盗，
怎样不惜钱财以买盒子炮，
就可知道。

如果所待的学校条件较差，别说书了，就是一些专业报刊恐怕都得自己花钱来买。安徽省临泉一中王峰老师曾谈及，他每年都要自费订阅十几种数学专业杂志，如《中学数学教学参考》《数学通报》《数学通讯》《高中数学杂志》《中学数学月刊》《中学数学》等。（《问君怎能得素材　唯有捕捉活水来——谈一线教师如何提取写作素材》，原载《中学数学研究》2011年第3期）

（五）积累材料

小目录制作大体接近尾声时，就应逐本逐篇地阅读小目录上的文献了，不读，搜集这些文献干什么呢?

在阅读这些书籍或论文时，一定要勤于动笔，一些十分重要的图书或期刊，甚至有必要购买或复印。这些买到的、复印的、笔录的材料，应遵循以下原则加以处理：

一是集中原则。将与一个课题有关的材料，放在一起。至于是放在书柜中，还是放在文件夹中，都无所谓，可以依据自己的情况来自由处理。据说北京大学敦煌学专家向达先生，就是利用许多装文件的大牛皮纸口袋，每个口袋装一个课题的材料。向达先生将他看到的相关材料用信纸、学生作业本上的纸甚至香烟包装纸记下来，装入相应的口袋。慢慢积累多了，口袋鼓起来了，再倒出来整理一下，就可以动笔撰文了。

二是分等原则。阅读书、刊时，当然要动笔，最淡的墨水也胜过最强的记忆嘛。但又不可能什么都记，必须分等处理。对于重点书、刊，尤其是借阅不便的书、刊，不妨多记一些；对于其他书、刊或者是借阅方便的书、刊，不妨略记一些。如“第16页有教学例子不错”，“第198页有一索引有用”，等等，等于是记录个线索，如有必要，再去二次查寻。

三是整理原则。我们在教学生时，会不断地提醒学生：你们平时积累下来的卷子，要不断地拿出来翻翻。我们如今搞科研，也应和学生备战高考一样，不断地翻看自己辛辛苦苦积累下来的相关材料。当然，除了翻看，还不妨简单地整理一下，理清头绪。如何整理呢？方法很多，不过按照时间轴来进行整理，是一个常见的方法。中国社会科学院经济研究所李文治先生在刚入门时，想研究明代农民战争，梁方仲先生就指点他依时间轴整理相关材料。他回忆说：

> 1940年我刚一到所，他就提出先对农民战争事迹进行编年。他说晚明史籍浩繁，不下千家，而且多有伪讹谬误，通过编年，可以发现诸种记载异同，经过考证以定取舍，然后入表，有助于弄清楚农民战争的发展历程。我按照他的意图做了《李自成编年》《张献忠编年》，把他们的战争活动，如某年月日攻占某地，战争策略，以及政策措施等统收入编年，对历史事件进行纵向联系和探索。
>
> 通过工作实践，深感梁先生意见的正确。有关农民战争事迹，历史文献记载时有分歧，同记一事，不同史书对每一次战争发生时间、参加人数和农民军领导者等，每互相歧异。如当前争论的李自成归宿问题，李岩有无其人问题等，文献记载也不例外。如何取舍，哪种记载比较可靠，何者系以讹传讹，通过写编年和考证，问题才逐渐明朗，其间梁先生提供了不少宝贵意见。（汤明燧、黄启臣主编《纪念梁方仲教授学术讨论会文集》，第13页，中山大学出版社1990年出版）

研究历史是如此，研究教育也是一样。比如说想研究本省高考语文卷，也不妨依时间轴整理一番，弄清本省高考语文卷从哪年开始，分值、题型逐年有何变化，评价是好是坏，一一列出，这样心中会有数得多。

例如，欲研究高中语文新教材的情况，不如先综合各方信息，先整理一个年表：

> 1994～1996年：高中语文新教材调研、编写阶段；
>
> 1997年9月～2000年6月：高中语文教材（试验本）在江西、山西、天津两省一市进行试验；
>
> 2000年9月：高中语文新教材（试验修订版）在全国大多数地区推广使用，逐册替换1991年版高中语文教材，2002年春，试验修订版第4册开始使用；
>
> 2001年年底：教育部组织有关专家修订《全日制普通高级中学语文教学大纲》，修订后的大纲已正式公布。根据修订后的大纲，对高中语文全套新教材（1～6册）开始一次修订。教育部将组织审查修订后的高中语文教材；
>
> 2002年9月：高中语文开始使用试验修订版第一、三、五册教材；
>
> 2004年秋：高中语文课程标准实验教材开始进入实验区；
>
> 2007年秋：高中语文课程标准实验教材在修订后开始逐步推广使用；
>
> ……

这样按年一编，客观事实就很清楚了。

除了依时间轴整理材料，写写综述，也是很好的一种整理材料的方法。中国工程院院士、外科专家汤钊猷先生讲，他发现大量阅读文献，然后撰写某一专题的研究综述，是一个迅速成为某一领域专家的好办法，他写道：

> 在1957年，我刚大学毕业不久，组织上要我参加血管外科研究工作。由于有了目标，我一有空就到图书馆看书。图书馆里有关血管外科的书，只要能找到，都尽量看。不久，我就写成了有百余篇参考文献的综述。从那时起，我算进入了角

色，在相当长的一段时间里，我总是图书馆关门前的常客。在1957年至1968年间，我不仅看了很多血管外科方面的书，而且还做了大量血管外科的实验。那时崔之义教授是我的领导，在太阳伞下，我做了几百条狗的血管外科实验。记得有一条移植了真丝人造血管的狗活了10年才死亡。通过尸体解剖，我们惊奇地发现，移植的血管仍然通畅。通过看书和实践我们于1962年在国内最早开展了显微血管外科的实验研究，那时的手术显微镜是由一台立体显微镜加上落地架改装而成。由于显微血管外科技术研究的开展，使我们在1965年获得断拇指再植的成功，并在1966年与杨东岳教授合作取得国际首例游离足趾再造拇指的成功。如果不是拥有大量血管外科的知识，没有大量进行血管外科的实验研究，要取得这些成绩是不可能的。这就是我第一次大量拥有知识和大量定向实践。

1968年，组织上又要我改行从事肝癌研究。那时我对血管外科的文献已相当熟悉，但对肝癌几乎一无所知。我感到，要进入角色，首先还是要大量地拥有前人对于肝癌研究的成果。在从事肝癌研究的初始几年，我又每天在图书馆看文献，到晚上8时半闭馆才离开，看完了几千篇与肝癌相关的文献。在此基础上，我又连续写了几篇大型的肝癌研究综述，使文献资料变成自己头脑里的知识。与此同时，还进行了大量肝癌病人的临床工作。

汤钊猷先生正是这样，通过阅读文献，撰写提要，再加上大量的临床工作，终于成为我国一流的外科专家。

积累材料除了要阅读、整理小目录上所列文献外，当然也应包括自己在工作中的一些材料。如工作总结、调查问卷、实验报告、教学案例等等。冉乃彦老师《中小学教师如何做研究》、郑金洲老师《教师如何做研究》等著作中均有专门叙述，可以参览，在此不赘。

积累材料的过程，是一个艰苦枯燥的过程，可又是科学研究不可逾越的过程。从事中国近代经济史研究的汪敬虞先生，对这一点颇有感受。他说：

搞社会科学研究特别需要靠资料积累，这是我当研究生时最深的一点体会。为了准备赴英国留学，我进了燕京大学研究院。为了提高英语水平，我选修了一门由瑞士教授德瓦戈用英语讲授的“中国的现代化”。没想到这门课使我受益的不只是英语水平的提高，而且更主要的是做学问的方法。这位外国教授对中国近现代史了如指掌，上课像开故事会一样，各种历史资料信手拈来，历史事件被描述得就像他亲身经历的那样具体生动。我很钦佩这位教授的学识，不久便成了他最熟悉的学生之一。教授邀请我到他家过周末，教授的书房给我留下了深刻的印象：从地板到橱顶，到处堆满了书籍，不但数量多，而且种类广。书中夹着许多小纸片，说明他对书中的内容均已相当了解，并根据自己的需要做了选择。从德瓦戈教授那里我体会到，要想对某一方面有较深入的研究，必须首先有相当广博的知识，充分地占有材料。从德瓦戈那里我学到了不少做研究的方法，对后来都有很大的影响。

程千帆先生也曾讲过：从事任何一个专题研究，“材料是基础。必须从搜集材料开始，然后进入整理材料，即由低级阶段进入高级阶段。那种想跳过搜集材料的阶段而直接进入整理阶段，逃避搜集材料的艰苦工作，利用别人搜集的一点材料大发议论的人，与科学研究就是无缘的。”（《治学之道》，第17页，齐鲁书社1983年出版）

社会科学如此，自然科学也是如此。中国科学院院士、土壤学家石元春先生讲：“科学研究中，我感到最基本最重要，也是最辛苦最枯燥的是占有第一手材料。搞地学的要到大自然中去，搞农学的要到田间去，搞实验科学的要到实验室去获取资料。”

显而易见，这样艰苦的一个过程，除了智商，还要有情商才行。否则是坚持不下来的。英国科学家霍金讲：“人要活到一定的年纪，才会意识到生活并不公正，你所必须做的是在你所处的环境下尽最大的努力。”当你在积累材料时、遇到挫折时，不妨就想自己是在为改变自己的命运“尽最大的努力”吧。

另外，有的老师也还注意买书、看书，但不爱动笔。理由是“没时间”，“记住就行了”。真要搞科学研究，不动笔可不行。不说别的专业，就是最讲天分和灵感的文学创作，也得手勤着点，时时记点笔记。作家赵燕翼先生就说，坚持每天记点“文学笔记”，借以磨炼自己驾驭文字的能力，对学习文学当然是很有好处的，他举了一个例子：地主宅院的外部装饰：

> 四道厚门扇，全用铁叶包钉。左侧门上书“厚德”。右侧门上书“载福”。右偏门上书“和气”。左偏门上书“致祥”。正门对联是：“父肯堂，子肯构，世家盈宁有庆；兄刚友，弟则恭，瓜瓞绵远无疆。”大门对联是：“清德传家，书香继世；名宦遗泽，槐荫腾芳。”横额是：“甲第广开”。内正门影壁，以青砖浮雕“孔雀戏牡丹”及“麒麟吐玉书”。书房阁扇门，木雕“暗八仙”——“芭蕉扇”“宝剑”“渔鼓、简板”“牙骨拍板”“药葫芦”“荷花”“花篮”“横笛”。

赵先生说，上面记的是河西家村一家地主宅院的外部装饰概貌。现在看来，记得还不够详尽。比如，空间一进几院？房屋的格局和间数到底怎样？都没有记下来。尽管如此，如果要在文学作品中描述这样的财主门第，就可以作为具体的蓝本加以参考，总会比完全凭想象编造要真实得多。

赵先生说，他不仅见过那座庄院，而且还在里面住过。可是一个人的记忆能力总是有限度的，何况人的一生经历，又是那样繁复庞杂，绝不可能把见过的每一样事物的细部，都记忆得那样清晰。不久前，有关报刊要他写一篇有关会见茅盾同志的文章。当他写到那极其简陋的客厅时，记忆中只留下一种粗略的印象；而对客厅诸多细部，如长短沙发及茶几的款式和件数，沙发上的布料质地及颜色，烟灰缸的形状，玻璃橱柜中保存的物件——是泥人张的彩塑？还是某种陶制工艺品？都记不清楚了。因为当时没有留下笔记资料，现在仅凭印象追忆，便觉似是而非，一片朦胧模糊；要用文字复述，也就很难写得准确具体了。

综上所述，“积累”可以是物质的积累——相关的书、刊、资料……也可以是学识的积累——在阅读、抄录中的思考、顿悟……诚如中国古代神话研究专家袁珂先生所言：“积累应当说是做学问的基础，没有积累，任何学问也做不起来。”（《袁珂神话论集》代序，四川大学出版社1996年出版）。古人云："不积跬步，无以至千里；不积小流，无以成江海。"（《荀子·劝学》）。做学问，说来说去也没什么神秘的，一个"积"字而已。

喻立森老师制作了一张"教育科学研究资料系统表"，可供参考：（原载《教育科学研究通论》，第191页，福建教育出版社2001年出版）

名称	功能	概念	内容	形式
事实性资料	事实证据	专门为教育科学研究提供事实证据的资料	古今中外已被发现和证实的各种形式、各种内容的事实资料，如文物、拓片、碑刻、教育史学专著、各种测验量表、各类教育实验报告、教育名家教学实录	古今中外的各种纸质、实物、电子资料
工具性资料	检索咨询	专门为教育科学研究提供检索咨询的资料	工具书、网上检索查新咨询、学术动态综述	
理论性资料	理性知识	专门为教育科学研究提供理性认识的资料	教育专著、论文、文集、语录、教育家评传、方法论著作	
政策性资料	政策依据	专门为教育科学研究提供政策依据的资料	规章制度、改革文件、政府统计资料	
经验性资料	感性认识	专门为教育科学研究提供感性认识的资料	调查报告、工作总结、经验、随笔、杂谈、教育艺术作品、教育参考书、各级各类学校教科书、教学大纲	

（六）撰写修改

是不是得等到材料都百分之百地每篇、每本都看过，才能动手撰写呢？不是的，事实上，完全没必要那样做，原因有二：一是很多情况下不可能将小目录中记载的每一文献都读到，总会有个别文献，几经查找，也无下落；二是只有动笔写了，才会知道还要看哪些文献，而这些文献，是原来制作小目录时没有考虑到的。

首先一条，就是要多写，勤于动笔。湖北省黄冈市语文教师吴再柱老师讲，平时有以下4种写作方式：（详见所著《我教语文的感觉》，第10～12页，黄河出版社2009年出版）

一是“反思性写作”。吴老师说，他坚持写教学反思。一节课下来，或是一课书上完，总要在备课本上随笔写上几句。下课后，迅速到办公室里写上那么一两段、三五条，有时兴起，居然七八百字一气呵成，并怡然自乐。如：

本课书教学，打破了以往以“讲”为主的方式。第一课时，以读为主，例读（第一节，重音、停顿、语调）—自读—展示读—范读，力求改变学生“读字”而不是“读书”的陋习，虽然收效不明显，但开了头；第二课时同样体现“以生为本”原则，自读，每节用一句话概述——探究文章主旨（交给了方法，如从副标题、写作时间及诗的内容着手）——质疑互答（绝大多数学生“无疑”，但在意料之中）。学生“无疑”，实际上是一种“接受为主”教学模式所致，以后须打破，让学生“从无疑处生疑”。（《〈雨说〉教学反思》）

二是“随笔式写作”。吴老师说，这不妨利用博客的形式，如：

如昨晚半夜阅读，让我明白了一个道理：要读书，最好在夜深人静、万籁俱寂之时；要读书，只有在房门紧闭、心门紧锁之境；要读书，必须是孤灯相伴、板凳为友之地。电视机前看书，那只是一种做做样子，连自己都无法相信是在看书；窝在床上看书，那只是把书当作一种催眠的工具。我甚至觉得，在热闹场所看书，只有像毛泽东这样的伟人才能真正做到凝神静气；在被窝里看书，只有像保尔那样的英雄才能真正做到用“心”阅读。除此之外，我们一般的凡夫俗子要在这两种境况中读书，几乎都是空话。（《有一种过年叫读书》）

三是“归结式写作”。日常教学中，自然会有许多小想法，或是一些尝试，或是一些探索，或是一种课题研究，如果不能及时将它们进行归结，形成文字，往往会昙花一现，或失之漂浮，不能形成实质性的成果。相反，及时形成文字，或保存，或投稿，集中起来，无论是形式上还是实质上，都会增加厚度和深度。吴老师说，教学反思，他写了几个月之后，便积累了一些感悟，再稍加整理、升华，便形成了一篇不错的论文《教学反思：求真·向善·唯美》。又如，他进行一种阅读实验，教过了许多篇课文之后，便又进行整理，结果便有了省一等奖论文《诊治浅性阅读，提高阅读实效》。

四是“同步式写作”。如何提高学生作文能力，一直是困扰语文老师的大问题。吴老师说，他与学生“同步作文”——同时知题，同一要求，同场写作，同时完成。通过同步作文，切身体会到了作文，尤其是考场作文的艰难，吴老师把它概括为“十难”：“动笔难，选材难，构思难，措辞难，书写难；难在没准备，难在钝思维，难在无积累，难在笨笔头，难在懒习惯。”尽管这么难，但他一直坚持着与学生同写，慢慢地也就不觉得作文难了，甚至还经常写出令自己非常满意的美文来，比如《美丽的瞬间》在他的博客上，就被近万人次阅读，并有诸多好评。

第二条，就是要多改。

为什么把“撰写”和“修改”放在一起谈呢？这是因为这二者密不可分，好文章全是改出来的。一挥而就的写作方式，只能当成是一种文学描述吧。著名明史专家梁方仲先生，撰写《明代粮长制度》一文，开始只有八千多字，后来发现了新史料，有了新的认识，就加进去，前后四易其稿，历时二十多载，最后发展成一本十几万字的小册子，学术界评价很高。

杭州大学教授、博士生导师蒋礼鸿先生，以《敦煌变文字义通释》一书而享誉学术界。此书自1959年第1版出版，也是几十年间一再修订，已出了6版。黄征先生在评价此书时写道：

> 我把这几种版（指《通释》）都找来，仔细比较，每一新版本与前一版有何不同，除了发现一版比一版厚实外，还发现每一条目下的材料都比以前充实，结论比以前精确。不过最大的发现（也许别人未必留意）却是：每次增加的都是有所发明的条目。

蒋先生说，黄征先生的这段话，他认为还是符合《通释》的实际情况的。在1959年发表第1版时，仅143条，约5.7万字，到1988年第四次增订时已增加到400多条，共约40万字，条目和字数都增加了数倍。增加的都是新条目，也有补例、合并或删除的。至蒋先生去世前，此书已修订6次，愈出愈精。

专家尚如此，何况是刚入门呢？

作为尚处于入门阶段的我们，写科研文章至少要写三稿：

初稿。曾有一位老先生讲，写初稿时，只当读者是你的学生，你给他们讲课。怎么想就怎么写，怎么顺溜就怎么来做。因为初涉写作，心中多少有些不自信。而如果把读者当成学生，只当是讲课时多加了一节课，讲清一个事情，多少能减轻这种不自信。

二稿。在初稿的基础进行修改，就形成了第二稿。写第二稿时，你就不能把读者当成你的学生了，而至少应当成你的同事、同行了。就是说，你不是居高临下，而应是和读者平起平坐的。你知道的一些事情，人家也知道，就无必要如同上课一样啰啰唆唆、一一交代了。

三稿。在二稿的基础上再进行修改，就形成了第三稿，在写第三稿时，你又应把读者当成是专家、学者，你要想象他们来审读你的文章，会挑些什么毛病？所以有必要逐字逐句地推敲，三番五次地研读，看自己的立论是否站得住脚，看自己的论述还有什么漏洞。

诚如有老师所指出的：写作时一定要“一气呵成，不重‘小节’。在动笔之前做好充分的准备，一旦下笔，就要坚持不懈地一口气写下去，力求在最短的时间里完成初稿，这是许多作家的经验之谈。有的人写文章喜欢咬文嚼字，边写边改，这样容易打乱思路，浪费时间。其实，初稿不妨粗一些，有关问题和缺陷可以等到初稿全部写完以后，再来修改和订正。根据写作进展情况，适当调整提纲。在执笔过程中，常常会产生一些新观点、新思路、新见解，这时就有必要对原先的提纲进行一定程度的修改，使之更好地反映科研成果。把想到的内容都写出来，宁愿多余的内容在修改定稿时加以删减，也不要因为初稿过于简略，而遗漏了某些重要的内容。边写作边加注。引用参考资料，一定要随引随注，以免日后再花很多时间来查找出处；并且参考文献的标注也要按照有关规定，做到内容完整、格式规范。遇到疑难问题，要及时记录下来，留待以后集中检查和解决。如果遇到一个问题就检查一个问题，不仅会耽误时间，而且会打断思路，影响写作进度。相反，把遇到的疑难问题记录下来，集中查询，就可以节省时间，提高写作效率。”（江平、戴丽敏著《中学语文课题研究与论文写作》，第128页，浙江

大学出版社2009年出版）

与我们教学生写作文一样，撰写初稿前，也可以先写一个很简单的提纲。江苏省张家港外国语学校葛文山老师举例说：

> 例如，我在写《给新上岗英语教师的三点建议》（发表于《中小学英语教学与研究》2008年第12期）一文时，就用三个句子列出了该文的纲要：建议一：合理定位，成功转换角色，学会自我心理调适；建议二：边模仿边创新，变知识储备为教学技能，培养英语教学的组织能力；建议三：合理分配时间和精力，及时、高效地处理日常事务，反思自己的教学。（《与青年英语教师谈如何写科研论文》，原载《中小学外语教学（中学篇）》，2009年第9期）

葛老师说，在充分准备材料、巧妙构思和拟定提纲之后，就可以开始动笔撰写文章的初稿了。在写作时，不妨先从可用资料最多、自己最熟悉的部分入手，葛老师主张一气呵成，暂时不要过多拘泥于语言、语法、措辞等。这些可以放在下一步去修改。

初稿写好后，一定要反复改。好文章全是改出来的。正如江平、戴丽敏老师所说的："科研论文初稿完成以后，并非就是万事大吉了。初稿只能算是半成品，还需要反复修改、推敲，直至最后定稿。由此可见，修改是写好科研论文不可或缺的一个环节，是提高论文质量的必经之途。"（江平、戴丽敏著《中学语文课题研究与论文写作》，第128页，浙江大学出版社2009年出版）史学家陈垣先生指出，文章写好后，最好先放一放。如同刚出锅的热馒头一样，得凉一凉再吃。过一段时间，自己再看看，也许又会有新的发现、新的想法。江苏省张家港外国语学校葛文山老师说他的修改方式是"一等二诵"，初稿写成后先放一放，过一段再拿出来修改，"往往效果更好。在修改时，可以采用朗读的方式推敲语言，从而发现文中不通顺的地方。"［《与青年英语教师谈如何写科研论文》，原载《中小学外语教学（中学篇）》，2009年第9期］但反过来说，写作也要趁着新鲜，有激情，否则时过境迁，或许写不好甚至根本不想写了。中国科学院经济研究所研究员、博士生导师汪敬虞先生说，他就坚决主张"有感即发"，从大学时就写文章、搞科研。他写道：

进大学后我读的是商科。那时国内交通要道设有关卡，逢关抽税，遇卡完厘。这种封建割据式的经济制度严重阻碍了市场流通和经济发展。当时有人提出裁厘加税的改革，取消关卡厘金，加收营业税，以保财政收入。那时我是大学二年级学生，当时我想，这种新税制只有利于少数大工商业者而不利于大多数小工商业者，因为从原料到成品的多个生产阶段，对大工商业者来说都集中在自己一个公司里，而对小工商业者来说却分散在各个企业里。流通一次就缴纳一次营业税，必然提高小工商业者的生产成本，从而提高价格，不利于他们的经营。我把这些想法写成了一篇论文，题目是《谈营业税》。我把这篇论文送到财政学教授那里，受到了这位教授的称赞。他马上把文章推荐给《时事新报》，该报在社论的重要地位上发表了这篇论文。论文刊出以后，从学术界到工商界，反响十分强烈。这件事使我很受鼓舞。我体会到，对问题要敢于独立思考，并且敢于发表自己的看法。从此一发而不可收，我不断寻找一些经济问题的题目来写，投到《钱业月报》等经济刊物上发表，就这样“有感而发”使我在上大学时就开始走上了学术研究的道路。

写作时出手要快，发表时倒不妨缓一缓，这二者并不矛盾。

因为要反复修改，所以在写作时，最好用大一点的纸，天头地脚多留点空，以便修改时勾勾画画、删删补补。

华中师范大学博士生导师邢福义先生也曾谈及这一点，认为修改的过程是一个自我否定、自我超越、自己教自己的过程。他说：

有个法子：有的文章，写成之后冷一段，过些时间拿出来挑挑毛病改一改，再过些时间又拿出来挑挑毛病改一改。这是一个不断自我否定、自我超越的过程，也是自己引着自己不断前进的办法。1965年，我写了一篇关于《定名结构充当分句》的小文章，三千多字，寄给了《中国语文》。5个月后编辑部把稿子寄回，希望深入发掘，扩大篇幅。1972年，跟学生去工厂搞“开门办学”，利用午休时间躲在蚊帐里写成第二稿，两万多字，但不满意。1978年完成《论定名结构充当分句》一文，一万多字，《中国语文》作为重点文章发表在1979年第1期上。此文从初稿到发表经历了三个时段，时间跨度13年。不管在哪个时段上，我都试着设计解决问题和论证问题的多种法子，并注意总结其优点和缺点。这样一来，我就慢慢积累了自己教自己的经验。

多写、多改，这就是写好文章的不二法门。听上去似乎是一句废话，但也确是多少前辈反复强调的经验之谈。

（七）投稿发表

如果科研这个过程只有投入，没有产出；只有入口，没有出口，那恐怕长久不了，会出问题的。所以，科研成果还是要设法发表，尽管对于尚处于入门阶段的一线教师来说，这种所谓“习作”获得发表的机会的确不容易。

为了达到发表的目的，我们不妨采取以下一些科研论文的“生产”方式：

一是“来料加工”式。即参加市区、学校组织的科研活动，按要求做好自己负责的部分，至于发表的事不必操心，反正最后公开发表时有个名就行了。

二是“特供生产”式。即专门针对某一刊物的特别要求，进行“生产”。比如某一刊物辟有专门栏目，讨论作文教学。那么不妨写一篇有关高考作文教学的文章，这样“命中率”会大大提高。

三是“贴牌生产”式。即发表时挂上一位成名的学者的名字，就好比生产商品时贴上某个品牌的标志，会身价百倍一样。

投稿时一投即中的情况当然有，但那几乎等同于买彩票中大奖，概率很小的，大多数人都会经历多次挫败。所以投稿不中，应属正常，这表明咱们的水平还不够，还要接着努力嘛。当然，有时也许是因为咱们犯了忌。比如不少刊物不大喜欢否定其他人的稿件（尤其是你否定的是个权威），因为那意味着要得罪人，甚至是得罪一批人。故而严耕望先生讲“尽量少说否定话”（《治史三书》，第27页，辽宁教育出版社1998年出版），或许也有这层意思在内吧。

投稿时一定要反复琢磨相关刊物的特点和要求。如《中学语文教学》，一般以不超过3000字为宜，长篇大论的文章就不适合往这个刊物投了。又如《语文教学通讯》，一向注重农村学校课改教改情况，有关农村中学教学的文章，就比较适合投给注重实际的刊物。再如《语文教学与研究》，所办语文知识性的专栏反响不错，相关的文章投过去，被采用的可能性当然就大一些。刊物的特点及栏目的变化，一定要自己去归纳总结，不妨以统计学方法统计一下该刊一共几个栏目，每个栏目发些什么文章。把相关的信息数字化后，认识会准确一些。对于《教育研究》《人民教育》《教育研究实验》《比较教育研究》《外国中小学教育》《中小学校长》《课程·教材·教法》等相关刊物，应该如同家门口常去的超市一样非常熟悉。安徽临泉一中王峰老师就曾谈到《数学通讯》（教师版）近几年开专栏讨论一线教师在教学中遇到的疑难问题和困惑，他针对这一专栏积极投稿，几年下来，已发表了22篇相关文章。

除了要了解和熟悉相关的专业刊物、栏目等外，一些投稿细节也要注意。所谓“细节决定成败”嘛。江苏省张家港外国语学校葛文山老师在这方面提供了很好的意见。他谈及以下几点：（《与青年英语教师谈如何写科研论文》，原载《中小学外语教学（中学篇）》，2009年第9期）

细节一，提防非法刊物通过有偿征稿、收取论文评比费等形式搞诈骗活动。葛老师说，识别刊物真伪的办法有：1.看名字。非法刊物往往冠以“中国”“中华”“国际”“世界”之名，虚张声势。2.看是否向作者收取版面费或推销杂志，非法杂志办刊的宗旨就是骗取钱财。3.登录中国记者网（http：//press.gapp.gov.cn/）查验。

细节二，注意投稿时机。这是决定稿件能否被录用的一个重要因素。时效性强、与教学进度配合紧密的稿件最好要提前投稿。正常情况下，如果报刊没有规定，与教学进度配合的稿件，双月刊、月刊应提前4～6个月。总的来说，报刊发行周期越短，提前量相应要小些。另外，如上面我们已读到的当报刊开设一个新栏目或急需某类稿件时，会登载一些征稿启事。如果我们能及时关注并投稿，一定能提高文章的录用率。

细节三，投稿的方式通常有信邮和电邮两种。尽管很多刊物都设有投稿邮箱，但是由于病毒问题，还是偏爱信邮稿件，待决定采用后，才会通知作者把稿件发至另外一个指定邮箱内。

细节四，投递稿时最好在信封上注明栏目名称，以便编辑人员及时、准确地处理稿件。

最后是一定要有信心，“屡退屡投”。据统计，我国目前教育类报纸杂志多达四百多种，总会有人欣赏，终会有发表之处。

（八）形成品牌

科研“市场”与商品市场一样，只有最终形成品牌，才会真正具有竞争力。会写点文章，写过几篇文章的人太多了，那还不足以让你在与人竞争时占据优势。只有当你在某一个领域，哪怕是很小、很专业的一个领域形成了品牌，你才会真正出人头地，占尽先机。

或许有人会说了，科研“市场”上有那么多大腕、大家，我们这样的普通教师哪会有出头之日？实际上，科研“市场”上真正经得起考验的“名牌”产品，并不是如我们想象的那么多，还有不少“市场”有待开发。刘道义老师就曾谈到我国中小学英语“很多具有重大研究意义的项目居然没有认真做过调研，没有做过像样的总结。”“教育统计年鉴材料不全，前后体例不同，对所提供的数据难以进行可靠的比较和分析。”“教师行动研究已有开展，但是缺少案例研究……现在虽然也有人在搞，但力度不大，影响有限。”“缺少对学生学习的研究。”（《中小学英语教育发展进程中的问题和建议》，原载《课程·教材·教法》，2009年第2期）语文、数学两门主科或许比英语稍好些，但也有限，更不用说其他各科了。

当然，科研“品牌”的形成需要一个过程。这就需要韧劲和恒心。从事科研，当然得有灵气，可也得有毅力。二者缺一都做不成事。不过，对于尚处于“入门”阶段的人来说，因为看不到希望半途而废的情况太多了。史学家严耕望先生或许有感于此，指出从事科研一定要“坚定意志，集中心力，以拙为巧，以慢为快，聚小为大，以深锲精细为基础，而致意于组织系统化。”（《治史三书》序言，辽宁教育出版社

1998年出版）翻译家傅雷先生也讲："要有耐性，不要操之过急。越是心平气和，越有成绩。时时刻刻要承认自己是笨伯，不怕做笨功夫，那就不会期待太切，稍不进步就慌乱了。"（《傅雷家书》）这可不是什么空话、套话，而是过来人的深知甘苦之言啊！史学家钱穆先生讲："大抵在学术上成就大的人都不是第一等天资，因为聪明人总无毅力与傻气。"（《治史三书》，第250页，辽宁教育出版社1998年出版）恐怕也是有感而发吧。

要形成品牌，就应抓住一个领域下死功夫。还拿商品经营来打比方，有些企业这也干，那也干，最后什么也没干好。而有些企业始终抓住一个项目不放松，做汽车就老老实实做汽车，做医药就认认真真做医药，反倒成为行业的龙头老大、国内品牌。科研也是一样，最忌东边一枪，西边一枪，听着枪炮齐鸣，十分热闹，但"战果"却平平，效果不佳。故而严耕望先生说：

> 若是一个一个问题做点的研究，而这些问题有相互关联性还比较好；最忌上下古今，东一点，西一点，分散开业，作孤立的研究。（《治史三书》，第18页，辽宁教育出版社1998年出版）

下面我们举一个例子，让大家具体感受一下一位学者是怎样形成自己的科研品牌的。陈美林先生是国内外知名的研究吴敬梓《儒林外史》的专家。据新世界出版社2002年出版的《清凉布褐批评〈儒林外史〉》一书所附《陈美林历年发表的吴敬梓研究要目》，陈美林先生已公开出版的论著有：

论著

1.《吴敬梓》江苏人民出版社1982.11第一次印刷，江苏古籍出版社1984.7第二次印刷

2.《吴敬梓研究》上海古籍出版社1984.8

3.《新批〈儒林外史〉》江苏古籍出版社1989.12第一次印刷，1998.2第7次印刷

4.《吴敬梓评传》南京大学出版社1990.12第一次印刷，1998.12第

三次印刷，2001.2香港中文大学馆藏图书（光盘版），中国图书进出口公司广州分公司制作

5.《吴敬梓和〈儒林外史〉》辽宁教育出版社1992.10第一次印刷，2000.12第三次印刷

6.《校点本〈儒林外史〉》浙江古籍出版社1993.2第一次印刷，1994.4第二次印刷

7.《吴敬梓》天津新蕾出版社1993.6

8.《〈儒林外史〉辞典》（主编）南京大学出版社1994.10

9.《名家导读小说经典〈儒林外史〉》（撰写“导读”）文化艺术出版社1997.1

10.《〈儒林外史〉人物论》中华书局1998.8

11.《清凉文集》南京师范大学出版社1999.11（上编为有关研究《儒林外史》论文，计38篇，650页）

论文

1.《“范进中举”的前前后后》，《语文战线》（杭州大学）1976.3

2.《吴敬梓身世三考》，《南京师范学院学报》1977.3

3.《关于吴敬梓的“治经”问题》，《南京师范学院学报》1977.4

4.《吴敬梓修先贤祠考》，《南京师范学院学报》1978.4

5.《颜李学说对吴敬梓的影响》，《南京师范学院学报》1979.2

6.《吴敬梓和戏剧艺术》，《南京大学学报》1979.4

7.《关于“幽榜”的作者及其评价问题》，《西北大学学报》1979.4

8.《吴敬梓家世杂考》，《安徽师范大学学报》1980.2

9.《略谈〈儒林外史〉的讽刺手法》，《光明日报》1980.8.27

10.《吴敬梓在南京》，《随笔》第15期，1981.4

11.《怎样阅读〈儒林外史〉》，《文史知识》1981.4

12.《秦淮水亭的史地考索》，《香港大公报》1981.8.9，《南京史志》1984年1期转载

13.《魏晋六朝风尚和文学对吴敬梓的影响》，《群众论坛》1981年5期（9月10日出刊）

14.《吴敬梓和释道异端》，《文史哲》1981.5

15.《关于吴敬梓的身世问题》，《艺谭》1981.3

16.《〈范进中举〉琐谈》，《教学通讯》1981.12

17.《略评胡适对〈儒林外史〉的研究》，《南京师范学院学报》1981.4

18.《关于深入研究吴敬梓问题的几点意见》，《吴敬梓研究专刊》（内刊）1981.10

19.《七泖湖、西子湖及其它》，《美育》1982.3

20.《陈古渔〈所知集〉中有关吴敬梓交游资料》，《江海学刊》1982.6

21.《吴敬梓的家世和创作》，《香港大公报·艺林》1982.11.21

22.《鲁迅与吴敬梓》，《儒林外史研究论文集》，安徽人民出版社1982.9

23.《〈歧路灯〉不能与〈儒林外史〉等量齐观》，《江淮论坛》1983.2

24.《吴敬梓亲友的科研活动及其对〈儒林外史〉的影响（上）》，《教学与进修》1983.4

《吴敬梓亲友的科研活动及其对〈儒林外史〉的影响（下）》，《教学与进修》1984.1

25.《吴敬梓和甘凤池》，《香港大公报·艺林》1984.1.1

26.《略述康熙〈全椒志〉中有关吴敬梓先世资料》，《文献》15辑，1984.1

27.《〈儒林外史〉中人物的进退场》，《文学遗产》1984.1

28.《关于吴敬梓应征辟问题》，《社会科学战线》1984.2（又收入美国《海内外》1985年4期）

29.《〈儒林外史〉和〈歧路灯〉》，《〈歧路灯〉论丛二辑》，中州古籍出版社1984.3

30.《试就卧评略论〈儒林外史〉的民族特色》，《社会科学研究》1984年4期（8月20日出刊），修改稿收入《中国古代小说理论研究》1985.6

31.《试论〈儒林外史〉对科举制度的揭露和批判》，《南京师范大学学报》1985.1

32.《吴敬梓的家世对其创作的影响》，《文学遗产》1985.1

33.《试论对〈儒林外史〉的思想主题的评论》，《语文导报》1985.7

34.《论〈儒林外史〉人物性格》，“中国古典文学论丛”二辑，人民文学出版社1985.8

35.《试论〈儒林外史〉对封建礼教的揭露和批判》，《明清小说研究创刊号》1985.8

36.《移家南京后的吴敬梓》，《古典文学知识》1986.5

37.《〈儒林外史〉是我国古代第一部以知识分子为题材的长篇小说》，“社会科学战线·古典文学论丛”5辑，齐鲁书社1986.9

38.《吴敬梓的门阀意识》，《明清小说研究》1986年4期（1986年12月出刊）

39.《怎样读〈儒林外史〉》，《古典文学知识》1987.1

40.《分合包孕传中传，嬉笑怒骂现魍魎——〈儒林外史〉中的二严与二王》，《古典文学知识》1987.5

41.《吴敬梓的父亲究竟是谁》，《明清小说研究》6辑，1987.12

42.《〈儒林外史〉的讽刺艺术》，《中国古典小说六大名著鉴赏辞典》，陕西人民教育出版社1988.12

43.《新近发现的〈儒林外史〉黄小田评本略议》，《文献》1990.3

44.《我与〈儒林外史〉研究》，《古典文学知识》1990.5

45.《〈儒林外史〉卧评略论》，《河北师范学院学报》1991.2

46.《“隐括全文”的“名流”王冕》，《文史知识》1991.7；韩国《中国小说研究会报》第26号1996.6

47.《“暮年登上第”的周进》，《文史知识》1991.8

48.《石巢园、湘园和陶湘》，《南京史志》1991.3

49.《中举前后的范进》，《文史知识》1991.9

50.《由“能员”而“钦犯”的王惠》，《文史知识》1991.10

51.《“忝列衣冠”的严贡生》，《文史知识》1991.11

52.《“胆小有钱”的严监生》，《文史知识》1991.12

53.《寓居如意桥的程廷祚》，《南京史志》1991.6

54.《竟以稗说传的伟大作家》，《南京文化》1991.5

55.《试论吴敬梓对科举制度的批判和对知识分子出路的探寻》，

《明清小说研究》1991.4，《中国传统思想文化与21世纪国际学术研讨会论文选集》，南京大学出版社1992.1

56.《“铮铮有名”的廪生王德、王仁》，《文史知识》1992.1

57.《汤奉与汤奏、文治和武功》，《文史知识》1992.2

58.《“科名蹭蹬”的豪门公子娄琫、娄瓒》，《文史知识》1992.3

59.《名士杨执中和高人权勿用》，《文史知识》1992.4

60.《“穷翰林”鲁氏父女》，《文史知识》1992.5

61.《庸中佼佼的制义选家马静》，《文史知识》1992.6

62.《蘧府四代人，望族陵替史》，《文史知识》1992.7

63.《试论〈金瓶梅〉对〈儒林外史〉和〈歧路灯〉的影响》，《金瓶梅研究》3辑，江苏古籍出版社1992.6

64.《从拆字少年到内廷教习的匡超人》，《文史知识》1992.10

65.《牛布衣、牛浦郎和牛玉圃》，《文史知识》1992.11

66.《〈儒林外史〉齐评略议》，韩国《中国小说研究会报》第16号1993.11，《河北师范学院学报》1994.3

67.《吴敬梓传》，《中国通俗小说家评传》，中州古籍出版社1993.9

68.《〈儒林外史〉张评略议》，《文学遗产》1994.3

69.《杜慎卿论》，《明清小说研究》1994.3

70.《儒林外史》，南京大学出版社1993.5

71.《庄尚志论》，《南京师范大学学报》1994.4

72.《“竟以稗说传”的作家，探索士人出路的作品》，《文史知识》1994.11

73.《〈儒林外史〉的思想、艺术及版本说略》，《南京社会科学》1994.10

74.《杜少卿论》，《扬州师范学院学报》1994.4

75.《知识分子人生道路的探寻》，《江淮论坛》1994.5

76.《清代知识人对〈儒林外史〉的批评》（日文），日本《中国人文学会会报》1994年号

77.《虞育德论》，《明清小说研究》1995.1

78.《〈儒林外史〉人物论二题（王玉辉论，余特、余持论）》，

《淮海文汇》1996年4～5合期

79.《迟衡山论》，《虞华轩论》，《明清小说研究》1996.2

80.《〈儒林外史〉研究的历史与现状》，春风文艺出版社1996.7；《文史知识》1996.11（上）、1996.12（下）

81.《凤鸣岐论社会科学论丛》（东南大学）第一辑1996.12

82.《论“四客”》，《明清小说研究》1997.3

83.《二百余年来〈儒林外史〉研究之回顾》，《中国小说论丛Ⅵ》，1997年刊

84.《五十年来〈儒林外史〉研究概况》，韩国《中国小说研究会报》总39号，1999年3期（9月出刊）

85.《二十世纪〈儒林外史〉研究之回顾》，《东南大学学报》1999.4

86.《20世纪〈儒林外史〉主题探讨之回顾——纪念吴敬梓诞辰300周年》，《中华文化论坛》2001.3

从这个目录看，陈美林先生已公开出版的论著有11部，公开发表的论文有86篇，这还仅限于2002年以前。至于时间，是从20世纪70年代后期开始，几近30年的功力！不能不令人佩服。我们之所以不惜篇幅引用陈美林先生的著述目录，就是要让我们心中有个标杆。我们要从事任何领域的科研，都应做到陈美林先生这样。

然而，这是需要一点韧劲甚至傻劲的，唯有如此，才会下“笨”功夫。史学家胡如雷先生指出：

> 在研究中，一定要在选定的课题上下大力气，也就是下笨功夫，切不可有取巧的念头。回顾我自己已经发表过的论著，哪本书、哪篇文章在搜集史料、酝酿看法、执笔撰写中用力最大，使用的办法最笨，现在读起来仍稍感满意；哪本书、哪篇文章在研究过程中取了巧，偷了懒，现在重读时就不免摇头，深感遗憾。选一个重大的课题花几年、十几年攻关，这样的机会在一生中并不很多，所以一定要抓住时机呕心沥血地搞一下。如果在这样的课题上取了巧，偷了懒，那就无异于糟蹋了一个价值连城的题目，使一次终身罕遇的良机

> 失之交臂，并且最后会在自己的回忆中成为憾事。（《抛引集》，第221～222页，河北教育出版社1993年出版）

从事教育工作的人大多读过苏联教育家苏霍姆林斯基在《给儿子的信》中的话：“不紧张，不努力，不想流汗和劳累，不经过一番焦急和不安，人们是什么也搞不到的。”“没有战胜过困难，没有负过重荷的人，不能成为真正的人。”“把自己培养成为人，这是头等重要的事。”

成长是如此，科研也是如此。科研说到底，不也就是自身的一种成长吗?

事实上，科研的过程也就是发现矛盾、解决矛盾的过程。而“人没有苦闷，没有矛盾，就不会进步。有矛盾才会逼你解决矛盾，解决一次矛盾即往前迈进一步。”（《傅雷家书》）任勇老师指出，一所学校、一个教师，都必须过科研这一关。他说：

> 一所学校，只有坚持不断提高教育科研品位，才能有长远的发展；一个教师，也只有走教学与科研相结合之路，才能将教学工作提高到一个新的境界。（任勇《我的数学教育教学教研观》，原载《中学数学》2000年第1期）

湖北省十堰市东风高级中学甘志国老师提出了“高胜任教师”这一概念，认为“只有善于研究的教师才可能是一位高胜任教师。题海战术真的过时了，它浪费了高三学生最宝贵的东西——时间，也损害了其他各科的统一备考。”（《初等数学研究（I）》，哈尔滨工业大学出版社2008年出版）认为说到底还是要教给学生方法，而要做到这一点，教师本人必须自己掌握科研方法。

本篇小结

在我国目前这种教育体制下，科研方法大多得靠自己去学、去悟。上过大学甚至研究生的，但依然没有掌握研究方法的人，是不在少数的。熊丙奇先生在博客中讲一些保送上北大的学生，到国外留学后才悟到“原来在国内我上的不是大学”，学不到什么东西，更别提什么“方法”了。施蛰存先生在谈到自己带研究生的经历时说：

> 根据我自己带研究生的经验，感到现在的研究生写论文，几乎是被动的。不是他自己要研究一个课题，而是分配给他一个研究课题；不是他自己去做研究工作，而是我给他安排好工作进行程序。这样培养出来的研究生，我怕他到毕业以后，未必能做到独立的研究工作。（《北山四窗》，上海文艺出版社2000年出版）

有同样感受的研究生导师，恐怕不止施先生一人吧。我们在大学或研究生毕业后，在工作数年以后，仍有必要重温（或补上）研究方法这一课。

关于教育科学的研究方法，我们没有展开全面论述，我们可以借助喻立森老师的下述表格，来帮助自己建立相关的知识体系：

教育科学研究方法体系结构表

分类等级 方法名称 分类依据	一级	二级	三级四级	分类依据
按照研究方法的功能	求“理”的方法	马克思主义哲学	历史唯物论	历史与逻辑的统一
			辩证唯物论	从个别到一般、从具体到抽象、从分析到综合
		思维方法论	逻辑学	归纳法、演绎法
			心理学	思维方法、联想方法、迁移方法、创造方法
		科学方法论	系统论	系统方法
			控制论	控制方法
			信息论	信息方法
	求“问”的方法	常用研究方法	综合研究的方法	抽样法、问卷法、比较法、预测法
			定性研究的方法	观察法、总结法、历史法、文献法、追因法
			定量研究的方法	实验法、测量法、统计法、模型法、模糊数学法
			符号表述的方法	列表法、图示法
			技术手段的方法	内容分析法、虚拟法、计算机数据处理法、心理诊断法
	求“学”的方法	具体研究的方法	收集材料的方法	目录分类法、读书法、网络查询法、卡片法
			整理材料的方法	材料分类法、筛选法、摘要法
			分析材料的方法	考据法、证伪法、运用材料的方法、佐证法、注引法
			“稀薄”理论的方法	提纯法、抽象法

喻立森老师说，所谓求“理”，在此不做“追求真理”或“讲求道理”解，而是追求事理、明白事理的意思。即追求指导教育科学研究基本原理。求“理”的方法，就是指追求那些专门用来指导教育科学研究

的基本原理的方法。

所谓求“问”，即寻求问题的结论的意思。“问”字之所以加上引号，是因为问题是要寄寓在研究客体上面，求“问”即要借助研究客体来作用于研究问题。

所谓求“学”，与治学相通，即渴求学问的获得的意思。

喻立森老师强调，在各种关于教育科学研究方法的论著中，都没有将治学方法列入方法体系，似乎那是“小儿科”，在搞科研之前谁都该掌握好的。然而，其实不然，多少人尽管受过大学教育甚至上过研究生，“小儿科”仍没掌握好。

喻立森老师最后说，人们常说，“教学有法，但无定法”。科学研究也是这样，“科研有法，但无定法。”（以上引文详见喻立森著《教育科学研究通论》，第109～110页，福建教育出版社2001年出版）

最后，让我们索性先抛开“校本”等一套学术用语，用我们熟悉的网络用语来小结一下中小学一线教师科研的特点。

要提到的第一个网络用语，是“草根”。千万不要一提科研，就摆出一副天将降大任于斯人的面孔，而应保持一颗平常心，只有保持一颗平常心，才会客观和公允。

有一位老师在网上发表博文说：“我对‘草根’这样的词语非常不感冒。”什么是“草根”？教师当中还有很多不草根的吗？教师不草根的研究是什么样的研究？（见《驳刘良华教授的教师研究论》，以下引此文不再注明）就是说，不要把一线教师的研究又分成“高级”“正规”与“低级”“次品”。首先，只要是真正能提出问题、解决问题的研究，就是好的研究。那种“规范”的“学术”论文或大作，如果不能解决问题，更提不出什么问题，再“规范”、再“厚重”，又有什么意思呢？或许正是基于这一立场吧，这位老师认为“当前，我们所忧虑的是教师眼睛里没有问题。一个没有问题的教师是问题最大的教师——这个判断我看是成立的”。换句话讲，现在首先让人忧虑的，是思想空洞，而不是形式上的什么“规范”等。形成的“规范”当然也很重要，但毕竟是第二位的问题。

要提到的第二个网络用语是“山寨”。如果说上面说的是内容，这里要说的就是形式了。“山寨”一词当然不是个好词，但有多少人、多少企业，都是在这样一个模仿改进的过程中学到了东西，完成了积累。

从事科研活动，也是一个道理。而且一开始很难逾越这个过程，要反复研读范文，认真模仿名师。

据安徽临泉一中王峰老师说，他在写作时，也走过借鉴和模仿的路，他说：

> 2007年《福建中学数学》第9期上刊登了这样一篇文章：《利用导数的三个性质解高考题》，文中介绍了导函数的奇偶性、周期性与原函数奇偶性、周期性的关系。我读后，认为此文介绍的内容新颖，令人耳目一新，受此启发，本人于2007年写了一篇文章《2007年高考中的抽象函数题归类分析》，发表在2008年《中学数学月刊》第3期上。又如2008年《中学数学》第23期上刊登了《让学生在任意与存在之中建构关系和演绎推理——对一道高考题的变式探究》一文，此文把大家易混的一类问题做一对比，写得好，因此我认真地进行了拜读，受益的同时，却发现了两点错误，为了避免造成以讹传讹，我将此文的这两点错误给予指出，写了题为《“对一道高考题的变式探究”文中的错误订正》，寄给了《中学数学》编辑部，不久刊登于2009年第9期上，从这两个例子可以看出，在阅读别人的文章时，我们只要善于学习和反思，就一定能从中有所发现，找到写作的素材。（同前引文）

这里前面的例子，不妨称为“克隆型”，当然是加上了引号的“克隆”，不能真去抄袭，而是借鉴别人的思路，换上新的内容。后面的例子，不妨称为“改进型”，即对要模仿的文章进行改进，指出其不足，补充其所缺。

要提到的第三个网络用语是“经适”。在住房问题上，抱着一上来就住别墅的想法，会被人讥笑为不现实。但不知为什么，对一线中小学教师科研问题，却总是有人指责老师们的“科研”太低级、不正规。老师们大可不必被这些指责吓住，应和住房问题一样：得先有个地方住，能写什么先写什么，能发表什么先发表什么。前面提到的那位老师就是这样一位“经适”型科研人才。他在博文中写道：教师研究，没有捷径，但还是有章可循。教师的研究与写作要做到三多，即：多读、多写、多揣摩。多读提升理念；多写提升写作和认识能力；多揣摩、多研究范文，可以积累经验和方法。其中多揣摩非常重要。如果每周选择2～3篇自己感兴趣、高质量的文章，从文章的体例、文章的主题、文章的结构、文章的写作手法，以及例证的选择等方面进行深入研究，尤其从文章看背后作者是怎么研究、解决问题的，这会给我们很多帮助。有时对于自己有一定研究的文章，读之前自己先构思一下，如果我写这个问题怎么写？然后再读原文并且和自己的构思进行对比，从中体味问题研究与写作的要领，这样帮助会更大。

这位老师把自己一年多研究过的问题、写的文章附到后面，以期把自己关注的一些问题提供给大家，也为老师们提供一些文章样本：

1.《你在课堂中有对学生的隐性不尊重吗》——《中国教育报》2009.12.11

2.《校长听课可否“看人下菜碟”》——《中国教育报》2009.12.8

3.《教不好自己孩子　教师子女教育缘何“灯下黑”》——《中国教育报》2009.6.26

4.《个别名师为何热衷从政》——《中国教育报》2009.10.8

5.《电学典型错解分析》——《物理教学探讨》2009年第3期

6.《助推教师专业发展要抓住四个问题》——《中国教师报》2009.5.27

7.《名师工作室如何引领教师快速成长》——《现代教育报》2009.10.12

8.《校长听评课促进教师专业发展》——《现代教育报》2009.10.7

9.《名师发展不要走入行政化误区》——《中国教师报》2009.10.28

10.《都是博客惹的祸》——《山东教育报》2010.5.31

11.《校长听评课的四个关注》——《中国教育学刊》2010年第6期

12.《这样的农村倾斜政策值得商榷》——《中国教育报》2010.9.16

13.《学校作息时间为何相差如此之大》——《中国教育报》2010.1

14.《科学称呼学生的八条原则》——《中国德育》2010年第10期

15.《非本专业课，校长怎么评》——《中国教师报》2010.12.15

16.《追寻楷模精神》——《中国教育报》2010.12.31

17.《教不好自己孩子　教师子女教育缘何“灯下黑”》——《教育文摘周报》2009.7.29转载

18.《教不好自己孩子　教师子女教育缘何“灯下黑”》——《科技信息报·今日文教》2010.1.11转载

19.《名师发展不要走入行政化误区》——《教育文摘周报》2009.12.16转载

20.《名师发展不要走入行政化误区》——《现代学校》2009年第6期转载

21.《你在课堂中有对学生的隐性不尊重吗》——《百科知识·教师文汇》2010年第5期转载

22.《教不好自己孩子　教师子女教育缘何“灯下黑”》——《云南教育》（中学教师）2009年Z2期转载

23.《校长听课可否看人下菜碟》——《课程教材教学研究（中学研究）》2010年Z3期转载

24.《助推教师专业发展要抓住四个问题》——《广西教育》2009年第8期转载

25.《教不好自己孩子　教师子女教育缘何“灯下黑”》——《沂蒙教育》2009年第7期转载

26.《助推教师专业发展要抓住四个问题》——《格尔木教育》2009年第3期转载

一句话，任何事情都有一个过程，一步登天是不可能的。在科研的入门阶段，我们就是要“草根”、要“山寨”、要“经适”。这没有什么不好意思，很正常。下面，我们再以浙江省诸暨市暨阳初中孟碧君老师的亲身经历，来阐明一下一位普通的一线教师是如何具体从事科研的。这位老师说：

写论文首先要有一个好的论点，要有一个比较新的角度。我想，这个话题应该是在我们的脑中经过一段时间酝酿之后的自然结果。如果在论文评比的时候才绞尽脑汁去想话题，这个话题很可能不是我们最有感触的话题。即使想出了一个不错的话题，还是要拼拼凑凑去找材料，说白了是一种抄袭。我感受到，这种写论文的过程对自己是没有真正意义上的提高的，因为它没有经过我们的思考、实践、再思考、再实践的过程，它不是经历这个过程之后产生的思想的自然表达。论文是实践和理论结合的成果，如果我们在平常的教学中对写的话题不注重实践研究，写论文必成无源之水。所以就有学者说：论文质量取决于研究的优劣。要写好论文，必先学会研究。

任何科研成果都建立在前人研究的基础上。所以，在确定话题之后我就广泛阅读相关资料。比如，一连几个学期，我一直在尝试结合教材资源进行写作，我决定写成论文。所以，在写论文前，我先从手头的教学杂志上把所有写作教学的文章找出来阅读一遍，接着在网上搜索写作、写作教学的文章，发现资料不是很全，我就到网上去搜写作教学的书，发现有好几本，就立刻把他们网购过来。有了网络的帮助，文献检索变得简单多了。在阅读这些资料后，我对写作这个话题有了更深、更全面的认识，积累了更多写作教学的理论。一个更加丰满的论文渐渐在脑中形成。

有了话题和理论之后，接着就要用实践资料作为论据来支撑理论。我采用的实践资料有两个来源：引用别人的实践素材和使用自己的实践素材。

我在论文中经常引用别人的资料。比如，我写的《从对话教学的视角谈谈对初中英语阅读教学的思考——有感于2008年诸暨市初中英语优质课评比》，优质课中的参赛老师们不同的教学设计就是宝贵的第一手资料，除了认真写听课笔记之外，我还把参赛教师的课件拷来，便于研究。在工作头几年，去外面听课，往往是听到好的课就把课件要来，不好的课就认为课件没有价值，听课笔记也随便写一通。自从我养成了思考和写作的习惯后，听课的观念发生了变化。正如对行动研究产生过重大影响的英国教学专家Stenhouse认为的那样，每个课堂都可以成为教育研究的场所。不管什么样的课，如果我们以研究的视角去看，都有值得思考和学习的地方。如果真的没有值得我们学习的地方，也能引起我们的思考，这不是价值吗？

另一方面，使用自己的实践资料。这个资料是最容易获得的，我们每天都在上课，课堂教学中有太多的文章可做。因此，一线教师应该是最佳的研究者。可是以前我没有意识到这一点，忙于抓成绩而忽视了反思和积累，很多宝贵的论文素材就这样流失了。后来，每上一节课后，我就把反思写下来。由于平常一直在积累，等到写论文的时候就不怕没有材料了。（《我写教研论文的故事》，原载《中小学英语教学与研究》，2011年第2期）

孟老师说：“写论文是经历了一段时间的教学实践和反思之后的自然结果，而不是冥思苦想拼凑、捏造出来的，更不是一蹴而就的。”（《我写教研论文的故事》，原载《中小学英语教学与研究》，2011年第2期）

在写作上我们应该允许自己有一个过程，但在态度上我们应该一开始就严格要求自己，研究真问题，交流真想法。例如江苏省张家港外国语学校葛文山老师所指出的：“教师绝不能仅仅出于晋职和评优的需要，为写论文而写论文，更不能凭空想象、弄虚作假和抄袭剽窃。写论文的主要目的是记录和交流自己对英语教学的体会、观点和思考。因此，备课、上课、听课、作业布置和批改、辅导和考试等教学过程就是中小学英语教师的研究方向。”（《与青年英语教师谈如何写科研论文》，原载《中小学外语教学》（中学版），2009年第9期）

英语教师应该如此，其他各科教师，也同样应该如此。用北京市密云二中语文高级教师李贺武老师的话讲，就是“搞教育科学研究，大而言之，国家有中央科研单位，各所大学里都有实验室，他们的实验一般是国家出资并立项的。而我们第一线语文教师搞科研必须和自己的教学实践要结合，只有这样，科研才能有生命力。”（《优秀初中语文教师一定要知道的11件事》，第183页，中国青年出版社2007年出版）

中篇

读书篇

本篇说明

本篇从宏观上阐述如何去读书，从微观上描述要读些什么书。

仿佛来京旅游，我们要买张北京地图，从宏观上看看北京的全貌一样，我们对教育类图书，也应当有一个全面的了解。这里特别强调了对图书馆的利用。教育类书多且杂，仅靠个人买是不现实的，一定要学会利用图书馆。诚如北京师范大学77级学生，后为清华大学教授的谢思炜先生所言："我们上本科的时候，没听过目录学的课。读研究生后，才开始懂得利用图书馆。"（《百年情结——"我与北师大图书馆"征文文集》，第155页，北京师范大学出版社2002年出版）

仿佛来北京游玩，我们要在网上查查景点，从微观上看看每个景点如何游玩一样，我们对教育类图书中各个"景点"，也当游历一番，大体知道每个"景点"（分科分支），有些什么值得一线教师看的书。

本书所分三篇，"方法篇"大致可以类比成我们教学中的"原理篇"，"论文篇"大致可以类比成我们教学中的"习题篇"，而"读书篇"应该可以类比成我们教学中的"阅读篇"。如果舍弃课外阅读，看了"原理"就直接"做题"行不行呢？当然也行，但那是科研上的"应试教育"，见效快但无后劲。真正要做科研，还是要在"做题"前放眼看书，那才是科研上的"素质教育"。

一

读书先要学会利用图书馆

（一）“数据库”与“外书房”

做学问的过程，也可视为一个“数据库”的建设过程。“数据库”三字之所以打上了引号，是因为这个“库”不一定真是数字化的，也可以是文本式的。“数据库”建设的好坏、大小和早晚，将决定其日后学问的规模、高下和气势。

最高一级的“数据库”，当然是国家一级的“数据库”，比如说汉字，当然首先要想到国家级的重点项目：《汉语大字典》和《汉语大词典》。再比如说宗教，当然要首先想到国家级的出版工程：《中华大藏经》（汉文部分）和《道藏》。这都是我们个人万万无法企及的大工程，是某一学科的大型综合性“数据库”。

中间一级的“数据库”，是某一专业的参考型“数据库”。比如说研究教育的，可以手头备一套郭齐家先生的《中国教育的思想遗产》，一套4册（教育科学出版社2013年出版），时时翻览，答疑解惑。这样的“数据库”，一般是科研院所的集体项目，当然也有些中型“数据库”是某个学者个人倾毕生精力而为的。

再低一层次的“数据库”，才是我们自己为科研而建设的“数据库”。建设自己的“数据库”，当然离不开买书，书买多了，就自然有了书房。明史专家何龄修先生是这样描述自己的书房“五库斋”的：

> 五库斋为寒斋斋名。为何取此斋名？因为有一些藏书，为便于查找，需要有管理办法，于是根据实际确定自己的图书分类法，将存书分为古籍、理论、研究、工具、余兴五部，每部各分若干类，按类别、按开本排架，就比较整齐、醒目。我又开玩笑说：乾隆有《四库全书》，我还多一库，我有五部五库。因此，戏称陋室为“五库斋”。其实，我当初何尝有什么五库斋，开这种玩笑的时候，我一家三口正寄居一间十多平米的办公室内，在此一住前后十个年头。我也是附庸风雅，但更是自嘲，是混合着愤慨的无奈，而保留至今，则是一份回忆、一种纪念（《五库斋清史丛稿》自序，学苑出版社2004年出版）。

何龄修先生的藏书号称“五库”，数当可观。但与图书馆的藏书仍是无法相比。如果说学者自己的书房按老话讲可视为“内书房”，专藏一些最常用、最专精的书，那么图书馆则可视为“外书房”了。试想，如果一位学者不仅将自己的“内书房”建设得很好，同时又善于利用诸多“外书房”，那一定是饱读群书、知识丰富的。

请注意，“内书房”和“外书房”是相互联系而不是相互隔绝的。“内书房”收藏的是自己感兴趣的专业书，就某一专业而言，你的收藏或许比图书馆都全、都齐。一些经典的专业书，也最好要自备。因为这些书你是要反复读、天天读的。所谓“书读百遍，其义自见”。读时还应在书上勾勾画画，而总不能在借来的书上写写画画吧？

兰州大学历史系教授赵俪生先生就讲过，他一生无数次阅读章太炎先生的《自述学术次第》。他说：

> 我可以说，我平生得益于这本小书之处，真是太多太多。一生中，我不断地翻读它，一次比一次收获深一些……这些精义，我并不是第一次就能领会了的，而是通过几十年中鄙人自己学业逐渐开拓的过程逐渐领会了的。（详见赵俪生《篱槿堂自叙》，上海古籍出版社1999年出版）

再有就是一些常用工具书，手头应备，总不能老跑图书馆去查。而“外书房”则是聚集了诸多“数据库”的数据中心，当自己的小小的“数据库”无法满足时，自然要去“数据中心”了。搞科研的人，尤其是学文科的人，一定要学会利用图书馆。或许正是在这一意义上，山东大学曾繁仁先生讲：“我们高校的人才在某种意义上就是从图书馆培养出来的。教师、教材、教室都不如图书馆。图书馆培养出来的人，最突出的长处是自学能力强，知识面广。”教育家顾明远先生也讲：“图书馆可以说是大学的心脏。”（《百年情结——“我与北师大图书馆”征文文集》，第36页，北京师范大学出版社2002年出版）

要利用图书馆，首先就要了解图书馆。

我们需要了解图书馆的历史。或许有人要问“图书馆的历史与我有什么关系呢？”图书馆的历史不同，其所收藏的书便不同。比如我国的高校有不少是新中国建立之初创立的，如果要到这些图书馆去找民国年间出版的旧书，成功的机会是很小的。反之，如果到北京大学图书馆这样的建馆已上百年的老馆去查找同一文献，成功的机会就会很大了。可见，图书馆的历史与我们还是有关系的。

我们需要了解图书馆的规模。或许有人会更奇怪了，“图书馆的规模又与我有何关系？”实际上，图书馆的规模与我们的关系也是很大的。对于普通人来说，图书馆的规模与查找图书的成功率之间，应该是成正比的。图书馆的规模越大，找到所需文献的成功率也就越高；而规模越小，找到所需文献的成功率也就越低，这个道理是不难理解的，在此就不多说了。

我们需要了解图书馆的特色。图书馆的经费是有限的，不可能什么书都买，必然会有所选择。所以几乎所有的图书馆，都十分注重形成自己的“馆藏特色”。凡是与馆藏特色有关的书，便尽量收入，而凡是与馆藏特色无关的书，便是可买可不买了。我们只有了解了图书馆的特色，查找起来才会目的明确、事半功倍。

我们还需要了解图书馆的服务。图书馆与图书馆是大不一样的。有的服务水平高，有的服务项目少，不可一概而论。有的服务是收费的，有的服务是免费的。比如，当我们看到华南师范大学的网页上有一个名为“广东省教育事业数据库”的网站，可能会有兴趣看一看，但却令人遗憾地发现进不去。估计该数据库对校外用户不是免费开放的。

图书馆的历史、规模、特色等，凡是上网的图书馆，均会有所介绍，可以用浏览各图书馆主页的方式加以了解，至于图书馆的服务，这是一个变量。有的图书馆今天还没有这项服务，也许明天就有了；有的图书馆这个月上网的书目数据可能相当可怜，但下个月上网的书目数据可能就相当可观，所以最好是多加浏览，时间长了，相关图书馆的情况，就自然胸有成竹了。另外，尽量掌握一般规律，不妨记住以下几个“凡是”：

凡是地方性图书馆，一般都比较重视地方文献的收藏。例如首都图书馆收藏的有关北京的文献，肯定要超过国家图书馆。

凡是师范类院校图书馆，一般都比较注意收藏教育类，尤其是基础教育类的文献。这是由师范学校的培养对象和总体任务决定的。

凡是科研院所图书馆，一般都比较注意本专业文献的收藏。例如中国社会科学院近代史研究所收藏的有关史料，就远较其他图书馆丰富。

下面是我们搜集的中国内地部分图书馆的特色情况：

序号	图书馆	文献特色
1	上海市长宁区图书馆	计算机文献
2	上海市杨浦区延吉图书馆	女性文献
3	上海市闵行区图书馆	儿童玩具文献
4	上海市奉贤区图书馆	民间艺术
5	上海市宝山区图书馆	舰艇文献
6	上海市闸北区图书馆	国防教育文献
7	上海市青浦区图书馆	养殖业文献
8	上海市南汇区图书馆	农业科技文献
9	上海市虹口区图书馆	艺术文献
10	上海市徐汇区图书馆	培养少儿动手能力文献
11	上海市浦东第一图书馆	家庭健康保健文献
12	上海市浦东新区第二图书馆	盲文文献
13	上海市普陀区图书馆	法律文献
14	北京市东城区图书馆	服装文献
15	北京市延庆县图书馆	农业科技文献
16	北京市西城区图书馆	旅游文献
17	北京市宣武区图书馆	饮食文化文献
18	北京市海淀区图书馆	装饰艺术文献
19	北京市崇文区图书馆	包装文献
20	北京市朝阳区图书馆	法律文献
21	武汉图书馆	广告文献
22	湖北省武汉市东西湖区图书馆	湖北籍作家文献
23	湖北省仙桃市图书馆	残疾人文献
24	湖北省汉川市图书馆	淡水养殖文献
25	湖北省江安县图书馆	叶君健著作

（续表）

序号	图书馆	文献特色
26	湖北省宜昌市图书馆	柑橘文献
27	湖北省罗田县图书馆	桑蚕文献
28	湖北省保康县图书馆	食用菌文献
29	湖北省荆门市金龙泉啤酒集团公司二厂图书馆	啤酒文献
30	湖北省荆州市饮食图书馆	饮食文献
31	湖北省荆州市荆楚名人著作馆	荆楚名人文献
32	湖北省钟祥市图书馆	家禽文献
33	湖北省黄石市图书馆	服装文献
34	湖北省潜江市图书馆	曹禺著作
35	湖北省蕲春县李时珍中医药图书馆	中医药文献
36	湖北省襄阳市图书馆	胡绳文献

要利用好图书馆，最大的捷径就是多去、多用。直到你对图书馆熟得就像是自己的朋友一样，直到你一眼就能分辨出书架上的哪些书是新书，那就行了。

（二）“分类法”与“全景图”

要利用图书馆，仅仅是了解了图书馆的历史、规模、特色还不够，还要了解分类法。

有些人或许会不以为然地说，什么“分类法”，不就是图书馆的工作人员分编图书用的依据吗，与我何干？是的，每一本书进入图书馆后，必须经过分编，才会与读者见面，否则几十万、几百万甚至上千万册，岂不乱了套？必须要给每一册书一个独一无二的“分类号”。就好像我们每个人都有一个身份证号一样，才能使得需要的人能够在浩瀚的书海中一下就能找到自己需要的书。而分编的依据，就是“分类法”。分类法固然是图书馆的工作人员须臾不可离的依据，可也是图书馆的普通读者，包括我们每一位老师都需了解的工具。为什么这么说呢？

首先，从宏观上看，分类法就好比是幅“全景图”。大家去北京游玩时，大概都会买一幅北京旅游地图，看了这幅全景图，北京有哪些景点、哪些道路，可以说就了然于胸了。同样，我们学习时，也应有这么一幅知识的全景图在脑子里才好。人类掌握的知识究竟有哪些门类，这些门类中又究竟都有些什么内容？看看分类法，心中大致就有数了。

其次，从微观上讲，分类法又好比是一个“定位器”。大家知道，如果一辆汽车上带有“全球定位系统”，那么不管这辆车开到什么地方，我们都有办法找到它。每本经过分编的图书，实际上也就等同于随身带有一个“定位器”。因为每本书的分类号，都是独一无二的，不会重复。故而只要我们对分类法有所了解，就肯定能够逐步缩小范围，找到自己所需要的文献。值得指出的是，目前我国已实行标准书号制度，国家的正式出版物在版权页上，均已按要求依照“中图法”，标明该书所属的类目。

列宁的夫人克鲁普斯卡娅说过：“重要的是在读者能够不必单纯依靠着图书馆员而能够自己了解各种目录，自己选择他所需用的图书”。不少人到了图书馆后，面对成千上万册书籍，真是有点手足无措，什么都得问图书馆的工作人员，似乎离开了这根“拐棍”，就寸步难行。其实大家可以注意观察，每逢有人咨询图书馆员某书在何处时，图书馆员十有八九要拿出一部无所不包的“宝书”翻阅起来，这部“宝书”便是分类法。据统计，“中图法”包含的所有各级类目大约是4万个。可谓琳琅满目，应有尽有。既然如此，为何我们自己不把这部宝书拿到手、学到手呢？

所谓“中国图书分类法”，简称“中图法”。目前，包括国家图书馆、北京大学图书馆等全国各级图书情报部门，大多采用此法。该分类法自推出后，随着科学技术的迅猛发展，不断予以充实和修订。现在所用的版本，为1999年出版的第四版。第五版据悉也即将出版。

依照“中图法”的观点，人类所有知识分为以下五大部分：

马克思主义、列宁主义、毛泽东思想、邓小平理论
哲学、宗教
社会科学
自然科学
综合性图书

每一部分，下面又列有一个或数个大类，每一大类，均由一英文字母代表。五个部分下面共有22个基本大类：

马克思主义、列宁主义、毛泽东思想、邓小平理论	A 马克思主义、列宁主义、毛泽东思想、邓小平理论
哲学	B 哲学、宗教
社会科学	C 社会科学总论
	D 政治、法律
	E 军事
	F 经济
	G 文化、科学、教育、体育
	H 语言、文字
	I 文学
	J 艺术
	K 历史、地理
自然科学	N 自然科学总论
	O 数理科学和化学
	P 天文学、地球科学
	Q 生物科学
	R 医药、卫生
	S 农业科学
	T 工业技术
	U 交通运输
	V 航空、航天
	X 环境科学、安全科学
综合性图书	Z 综合性图书

如果这22个大类了然于胸，那么我们步入图书馆后，就会胸有成竹，知道往哪走，去哪找。然而，如果要从事科学研究的话，仅仅知道

这22个大类还不够，还应了解下面的细分，至少应熟悉二级类目，即每一个大类下又分多少类。以经济类为例，下面又分：

F 经济
F0 经济学
F1 世界各国经济概况、经济史、经济地理
F2 经济计划与管理
F3 农业经济
F4 工业经济
F49 信息产业经济（总论）
F5 交通运输经济
F59 旅游经济
F6 邮电经济
F7 贸易经济
F8 财政、金融

作为中小学教师，我们所能深入了解的教育类图书在哪一类呢？G类，而且只是这一大类下的一个二级类目：G4。下面，我们就步入G4这一教育图书的百花园，看看里面都有些什么书籍。

按照“中图法”（第4版）规定，教育图书分在G类下，分类主要以G4打头，下头又可进一步细分为：

G40 教育学
G41 思想政治教育、德育
G42 教学理论
G43 电化教育
G44 教育心理学
G45 教师与学生
G46 教育行政
G47 学校管理
G48 学校建筑和设备管理
G51 世界教育事业

G52　中国教育事业

G53/57　各国教育事业

G61　学前教育、幼儿教育

G62　初等教育

G63　中等教育

G64　高等教育

G65　师范教育

G71　职业技术教育

G72　成人教育、业余教育

G74　华侨教育、侨民教育

G75　少数民族教育

G76　特殊教育

G77　社会教育

G78　家庭教育

G79　自学

至于为什么要将教育图书如此分类，这里就不去讨论了，肯定有它的道理，也肯定有不尽合理之处。所以，据悉“中图法”第5版对教育类也要进行较大调整，增补教师教育、情绪与行为障碍、儿童教育等主题。

（三）“大工程”与“快速路”

1. 与教育图书相关的“大工程”

欲阅读教育书刊，首先需了解和教育书刊有关的几项“大工程”：

和教育图书相关的“大工程”，目前还只能首推《中国教育书录》。该书由中央教育科学研究所等单位老师编写，已出版4册。计：

《中国教育书录：1949—1990》，田东平等主编，北京师范大学出版社1996年出版；

《中国教育书录：1991—1995》，田东平等主编，北京师范大学出版社1999年出版；

《中国教育书录：1996—2000》，龙华军主编，上、下两册，北京师范大学出版社2007年出版。

《中国教育书录：1949—1990》一书共收录图书2959种；《中国教育书录：1991—1995》一书共收录图书5104种。有的书有提要，有的没有提要，仅给出书名、作者、出版社、出版年等简略信息。

《中国教育书录：1996—2000》计上、下两册250余万字，收录1996—2000年间我国正式出版的教育图书9300多种，其中有内容提要的4215种，仅列书名、未做提要的5100余种。

该书对于了解教育图书很有用处。但令人遗憾的是翻译国外的教育图书、港澳台各地区的教育图书和中小学教材教参及教学挂图等，一概未收。另外，全书依书名汉语拼音为序而不按学科分类编排，也难免让人前后翻找，有所不便。程方平博士序中说书后附有"分类索引""关键词索引""丛书题名索引"等多种索引，不知为何未见。这也不能不让人感叹，诚如中央教育科学研究所研究员程方平博士所言："教育类图书是所有图书类型中数量最大、范围最广、层次最多、相关联系最复杂的图书系统。"（《入学门径，治学梯航——〈中国教育书录〉（1996—2000）序》一文），要编写一部体例完备、收录宏富的教育类图书目录，谈何容易。尽管如此，此书仍不失为一座丰富多彩的教育图书数据库。

该书的使用方法有三：

其一，通读。即从头到尾通读一遍。

其二，查阅。诚如程方平博士所言："每当我需要了解某一教育问题、接触某一教育思想和方法、对某一类型的教育感兴趣时，书录就是我最好的帮手。"这是一部有关教育专业的"百科全书""最佳入门书"。（引文出处同前）

其三，复制。此4册书合计近2万种书，因按汉语拼音为序，不是按专业分类，使用起来不是很方便。不妨将其中自己感兴趣的某专业领域的书一一复制（复印、抄写）下来，装订成册，并将该书未收的相关书籍（2000年以后出版的及2000年以前出版但漏收的）一一补入，形成自己的一部"子目录"。

中央教育科学研究所，早在1980年起，就曾编过《中文教育论文索引》，季刊，一年4本。1999年后改为《中国教育文献数据库》，每月更新。新中国成立之初的论文，北京师范大学教育系资料室在"文革"

前曾坚持编过教育论文索引，一年一本，“文革”前17年，一共是17本，已由北京师范大学出版社于1984年合为一册出版，书名就叫《中小学教学论文索引（1949—1965）》。1966至1982年编为第二卷。

附带说一句，要查找新中国建立之前的教育书籍，有一本书可资利用：中央教科所图书资料室编写的《解放前出版的教育图书目录》，1982年内部印制，收了不到4000种书。

除了书目，还应了解与教育有关的大百科全书，在此我们推荐下面这部大百科全书：

《教育大百科全书》，（瑞典）胡森（Husen，T.）等著，中译本，西南师范大学出版社、海南出版社2006年出版，共10册，共45000多词条，由来自一百多个国家的1300多位专家、学者撰稿，基本反映了世界各国各类教育的发展情况和教育科学的研究水平。第1册为教育管理、教育政策与规划、教育评价；第2册为教育史、女性与教育、教育社会学、教育哲学、教育人类学；第3册为学前教育、特殊需要儿童教育、人的发展、教育心理学；第4册为职业技术教育、成人教育；第5册为各国（地区）教育制度Ⅰ；第6册为各国（地区）教育制度Ⅱ，比较教育与国际教育；第7册为教育技术、课程；第8册为教师教育、教学；第9册为教育研究方法；第10册为教育经济学和全书索引。该书原版是1985年出版的，20世纪90年代中后期做了修订（90%词条重新撰写）。基本代表了20世纪末国外教育研究的水平，曾被美国图书馆协会（ALA）评为最佳参考书。每一词条后附参考文献，全书索引包括以汉语拼音排序的索引和以英文字母排序的索引两种，便于中国读者使用，如欲了解西方在某一方面的研究成果，查一查这部书是会有所收获的。该书的简编本名为《简明国际教育百科全书》，由中央教育科学研究所比较教育研究室编译，教育科学出版社出版。

另外，以下几部书也可备查：

《中国大百科全书（教育）》，中国大百科全书出版社，1985年出版。这是新中国成立后第一部教育专科的百科全书。

《教育大辞典》，顾明远主编，上海教育出版社1997年出版。这是一部大型教育辞书，是我国自己编撰的教育大辞典。全书共收词目约3万条，800万字。

《中国基础教育学科年鉴》，由国家教育部相关部门组织编写，北京师范大学出版社出版，现已出版2009年和2010年的年鉴，每年的年鉴下分“语文卷”“英语卷”“政治卷”“美术卷”和“信息技术卷”等，内容包括“专家视野”“政策法规”“概况摘要”“学科动态”“全国名校名师”“报刊著作”“研究机构与社会介绍”“大事记”“论著索引”等。

2. 与教育期刊相关的“大工程”

至于和教育期刊有关的“大工程”，当然要首推中国人民大学编制的《复印报刊资料》了。

《复印报刊资料》，是由中国人民大学书刊中心选编出版的社会科学类期刊的数据库。具有以下几个特点：

第一，划分专题，高度汇总。

《复印报刊资料》共有一百余个专题，高度汇总了相关的文章。专题的划分没有机械地使用单一标准，而是根据具体情况采用多个标准。有的按学科划分，如“伦理学”“教育学”；有的以社会行业划分，如“乡镇企业与农场管理”“旅游经济”；也有的依时间划分，如“先秦、秦汉史”“明清史”等。且每年都根据社会科学的最新发展和社会要求进行调整，如“邓小平理论研究”“生态环境与保护”等专题，均为近年来新设的。

据统计，一个专业的文献，在本专业报刊上仅能找到50%左右，而另外的50%左右则散见于其他专业的报刊上，查找不易，翻检费时。而如今一册《复印报刊资料》在手，最近一段时间某一研究方向的研究概况一览无遗，可谓事半功倍，功德无量。

第二，既收全文，也编索引。

《复印报刊资料》的检索范围，包括有国内统一刊号的中央和地方报刊，以及大专院校学报等，近3000种。经国家新闻署批准创办的新报、新刊，也随时收录，并收了部分台、港、澳等海外中文报刊上的文章。对这些浩如烟海的文献，《复印报刊资料》采取了两种办法，分别处理：

第一类是全文复印，这当然是比较重要的文章；

第二类是编制索引，即将未全文复印的文章，编成“未选文献索引”，附于每期目录之后。

目前的每年全文复印的文献，加上编入索引的文章，约有十几万篇，基本上涵盖了国内公开发表的有关社会科学各领域的文章。请注意，只能说是“基本涵盖”，还不能说包括了所有国内公开出版的社科类刊、报。

两种收录办法，分别处理，优点显而易见。重点文章，当时即读；非重点文章，可以依索引指明的出处，再去查找。这就比纯粹编制索引节省时间。既照顾了面，也突出了点。连点带面地读下来，又可对某一专业领域的“线”有一个整体的印象。

既然所有可检索的文章有两种处理方法，那么哪些文章享受第一种的“待遇”，全文复印，哪些享受第二种方法的“待遇”，编入索引，就很关键了。据称这一工作是由人大书报资料中心聘请的几十位专家、学者与中心工作人员一起完成的。对此工作学术界有不同的看法，有人认为全文复印的文章的确是文献学术价值较高的文章，甚至有人指出：“如果说，我国的科技论文以被国际四大检索工具，即《科学引文索引》《科学技术会议录索引》《科学评价索引》和《工程索引》收录而感到光荣，那么我国的社科界则以论文被上述三大文摘（《新华文摘》《复印报刊资料》等）摘录而引为自豪。”但也有人指出，通过对同一年度的三大文摘期刊进行逐篇对比，发现相互之间的耦合度很低。一篇文章是否优秀，理应有一个客观标准。很难想象甲刊认为此文优秀，乙刊却认为此文低劣。因此，人们有理由提出更多的“在质量和公平方面的要求。”换句话说，全文复印的文章也未必一定是重要的，编入索引的文章也未必一定是次要的。

第三，既有文本，也出光盘。

《复印报刊资料》等于是一个一百多种专题期刊的系列产品。不过依专题不同，有的是月刊，有的是双月刊，还有个别的是季刊。

《复印报刊资料》自1995年开始，也出版电子产品。主要有：

A.《复印报刊资料》选中全文复印的文章。可以进行检索和全文浏阅，结果可以进行拷贝、打印和粘贴处理。每一年是4张光盘。

该数据库是从1995年开始建设的，1995年以前的《复印报刊资料》全文数据，据称只有三个专题进行了回溯建库，其余各专题尚在建设之中。

B.《复印报刊资料》专题目录索引数据库。

该数据库共计3张光盘，汇集1978年至1999年《复印报刊资料》各专题收录的全文复印文章。累计达57万篇，每篇文章可以篇名、著者、刊名、刊期等进行检索。检索结果可以打印、拷贝。

此外，《复印报刊资料》自1996年12月起已在网上设站点。可在网上为用户提供服务。有“主要出版物与期务项目”“专题分类表”“索引数据库演示”“全文数据演示”等栏目。

中国人民大学书报资料中心与基础教育有关的产品列表如下：

序号	名 称	备 注
1	教育学	月刊、1995年创刊
2	思想政治教育	月刊、1995年创刊
3	中小学教育	月刊、1995年创刊
4	幼儿教育导读（家长版）	月刊、1995年创刊
5	幼儿教育导读（教师版）	月刊、1995年创刊
6	家庭教育导读月刊	
7	素质教育（中学生版·成长读本）	月刊、2002年创刊
8	素质教育（中学生版·情感读本）	月刊、2004年创刊、2005年停刊
9	素质教育（小学生版·中高年级）	月刊、2002年创刊、已停刊
10	中学语文教与学（初中版）	月刊、2005年创刊
11	中学语文教与学（高中版）	月刊、1995年创刊
12	小学英语教与学	月刊
13	中学外语教与学	月刊
14	中小学学校管理	月刊
15	小学各科教与学	
16	中学数学教与学（初中版）	
17	中学数学教与学（高中版）	
18	中学物理教与学	1998～2001年是双月刊、2002年以后是月刊
19	中学化学教与学	月刊
20	中学历史、地理教与学	月刊、1995年创刊
21	中学政治及其他各科教与学	月刊、1999年创刊
22	教育学文摘	季刊、2002年创刊

更新情况请随时登录中国人民大学书报资料中心网站（http：//www.zlzx.org）查询，在此不赘述。

台湾师范大学图书馆，也编有《教育论文索引》，每年1辑，台湾盛文印书局印行。

3. 国外的相关工具书

至于国外的教育方面的数据库，主要有：

——《教育研究百科全书》（EER）。该书是美国教育研究协会的一个项目，最初的一版是在1941年，基本上每隔10年出一个新版本。

《教育研究百科全书》不仅仅对已完成的研究编制了目录，而且对每一篇文章都有详尽的书目摘要，同时附有批判性的评价分析及对教育研究文献的解释，都由那些熟知本研究课题的知名的教育家写成。

——《教育研究手册》。手册的准备工作亦由美国教育研究协会完成。最初的一本由盖茨（N.L.Gage）编辑并在1963年出版；第二本由佛莱伍斯（R.M.W.Fravers）编辑，在1973年出版；第三本由威屈克（M.C.Wittrock）编辑，于1985年出版。第二、三本都是原始卷，不是第一本的修订本。

手册对包含高等教育和目标教学在内的教学研究都有综合性的论述，在所有三本手册中，包含了许多深入探讨的主题，每一本手册内容都是广泛而综合的。对教育研究者来说，不仅其内容是非常有帮助的，而且手册中的每一章都有一份详尽的参考书目摘要，书目摘要自身也代表了对研究文献的详尽研究。

——《教育研究评论》。这也是一本美国教育研究协会的出版物，《教育研究评论》的出版目的在于通过批判性的和分析性的小品文来检查在教育上的学科调研能力，每篇由该领域学有专长的作者所写的小品文都代表了对近期经验研究的一种尝试性鉴定、评价和批判。每一版本大约涉及10个主题，被分类排在诸如“课程”之类的标题之下。

评论的第一卷出版于1973年，此后每年出版一卷。在很大程度上选本评论取代了前面介绍过的《教育研究评论》1970年前的版本。事实上，美国教育研究协会创办现在这本评论的目的就是为了填补过去的评论在采用新的发表多种主题稿件方针后所留下的空白。

这本评论旨在突出教育研究中的重点和薄弱环节并为该领域未来的研究指明方向，尽管提供书目参考信息只是它的次要任务，但它也的确包含了丰富的信息及有关每一篇文章的详细材料。

年鉴方面，中、英文各介绍一本：

《中国教育年鉴》，中国教育年鉴编辑部编，每年一卷。一般滞后一两年。

《Yearbook of Education（UNESCO）》，这是联合国教科文组织编印的教育年鉴。

考虑到不少一线教师外语都不错，而且又是学什么专业的都有，下面再介绍几本英文的大型“数据库”：

——《工具书指南》（Guide to Reference Books）

此书是国外久负盛名的一部工具书，初版于1902年，我国各大学图书馆所收多为第9版的翻印本以及1986年的第10版。第10版因是美国哥伦比亚大学图书馆参考部主任Sheehy主编，故又简称Sheehy。

Sheehy收书14000种，分为五大类：

A.一般参考书（General Reference Books）
B.人文科学（The Humanities）
C.社会和行为科学（Social and Behavioural Sciences）
D.历史和地区研究（History and Area Studies）
E.科学、技术和医学（Science，Technology and Medicine）

A、B、C、D、E下，又各分为若干小类，每一小类下列相关的书籍，每书均有提要，共收书一万余种。书后有索引，使用方便。

在版权意识渐强之后，我国大学图书馆购入此书的已不多，应尽量寻找最新版本，并不妨将与自己专业有关的部分复印下来。各版之间常有“补编”，在“补编”未出版时，ALA（美国图书馆学会）所办刊物《大学图书馆与研究图书馆》（College and Research Libraries）上常有补充书目，也可以在网上查阅。

——《参考资料指南》（Walford’s Guide to Reference Material）

此书与《工具书指南》相仿，有三卷本，也有简本。我国大学图书馆收藏的多为1990年的第5版，已较陈旧，当注意寻找最新版本。

此书最大特点是带有英国倾向。以第5版为例，所收书美国出版物仅占13%，英国出版物占31%，50%来自英联邦国家和欧洲国家。

老一代学者中有不少人是通过《四库全书总目》或《书目答问》入门的，在学术日益国际化的今天，我们理应通读，至少是了解Sheehy及Worford这一类的书。

——《社会科学情报源》（Sources of Information in the Social Science）

此书是美国研究生用书。以我国大学图书馆普遍入藏的1986年芝加哥出版的第3版为例，计收书8100种，分为九章，每章前有相关学科概览，叙述某一学科的历史、范围、研究方法、重要论著及工具书等，下列有关书籍，每书均有提要。此书作者多为专家，文字深奥，但在学术界评价颇高。应设法找到最新版本，并复印其中与本专业有关的部分，反复阅读。

4. 网上资源

说到“快速路”，自然离不开上网。

第一类是教育网站的检索工具，这方面不少网友已推荐了一些。这里再推荐一个：蟠桃网（www.pantao108.cn），将各类教育网站搜集得比较有序齐全。不妨将这类网站视为教育网站的“谷歌”“百度”。

第二类是国家级的大网站。如“中国基础教育网”“中国教育与科研网”“中国科普网”“中国中小学信息技术教育网”“中国教师研修网”“全国中小学教师继续教育网”，等等。这些网站一般有国家财力支持，是教育网络中的“国有企业”。当然也不是说每个网络都十分完美，比如“中国中小学教育教学网”（http：//www.k12.com.cn），俗称“K12”网，指从小学到高中共12年，涵盖整个小学、初中、高中。当时是投入了不菲的人力、物力的，但离老师们的期待，似乎还有距离。当然有些国家级大网站也是由大公司运作的。如由北京清大新干线教育科技有限公司运作的“中国教育新干线”网。

第三类是地方性的网站。例如“湖北教研网”“湖南省基础教育教学资源中心”“上海市基础教育信息网”一类，一般有地方财政支持，内容比较充实，对了解本地教育信息，很有帮助。

第四类是学校网站，现在几乎所有学校都有自己的网站，想了解哪个学校，将学校名输入一般都能找到。

第五类是专业网站。如语文老师常看的语文网站，数学老师常看的数学网站等。这里情况就很复杂了，有各级政府部门（如教育学会）做的，有专业机构做的，有学术刊物做的，有培训机构（如巨人学校）做的，有出版社做的，还有公司甚至个人做的。质量也相差很大，有的很专业，如“苏教版在线”，为苏教版小学教材的使用和教研提供了一个在线交流平台。又如“我是班主任”，提供班主任工作需要的信息，包括评语、计划、总结等。再如“捷凯数奥”，是有关小学数学奥林匹克的专门网站，有赛题赏析、奥数教程等。有的质量平平，信息陈旧，乏善可陈。

第六类是个人网站。在博客日趋流行的今天，不少老师的个人网站，均以博客形式出现。如一些知名语文教师：余映潮、王大绩、唐建新、胡明道、程红兵、尤立增、蒋念祖、曹公奇、于漪、朱震国、张悦群、刘湘玉、顾之川、董一菲、李震、曹津源、程韶荣、唐巨南、肖家芸、吴泓、杨万欣、池军华、陈玲玲、王鹏伟、范维胜、胡涛海、钟湘麟、陈维贤、李锦超、吴同和、纪勇、任玲、李春华、黄礼先、魏本亚、张宝童、党红英、严华银、张俊峰、宋如郊、陈胜全、潘克勤，等等，均有自己的博客。其他各科知名老师，不少也有自己的博客。

也有不少老师的个人网站，不是以博客形式出现的。如“乡村园丁”是一位一线乡村小学教师的个人网页，有课件、论文、学生习作等。又如“张光涛个人网站”是省级优秀物理教师张光涛老师的网站。再如“高中语文子规园”，是四川省郫县一中高中语文老师莫春林的个人网站。被誉为“中国语文课件第一人”的张国生老师的网站，也有自己的特色。

至于海外的网络，考虑到大部分老师上不了国际网，就不具体介绍了。如果能上国际网，以下网站是应该知道的：

1. EBSCO信息服务网http：//search.global.epnet.com
2. 教学网http：//www.teachnet.com
3. 教师网http：//www.teachers.net
4. 美国教育部http：//www.ed.gov
5. 教育应用图书馆http：//www.csu.edu.au/division/library
6. 美国国会图书馆http：//www.loc.gov
7. Administrative Science Quarterly介绍管理科学的季刊 http://asq.sagepub.com

8. American Educational Research Journal刊载实证研究报告http://aer.sagepub.com

9. British Journal of Educational Psychology刊载英国教育心理学的实证研究报告http://onlinelibrary.wiley.com/journal/10.1111/(ISSN)2044-8279

10. Comparative Education介绍世界各国教育发展趋势http://www.tandfonline.com/toc/cced20/.u3Q23dkBk3I

11. Comparative Education Review比较教育的研究刊物http://www.press uchicago.edu/ucp/journals/journal/cer.html

12. Education Administration Quarterly介绍中小学行政管理的理论http://eaq.sagepub.com

13. The Elementary School Journal介绍小学教育的理论与研究http://www.press.uchicago.edu/ucp/journals/journal/esj.html

14. Journal of Education Psychology介绍教育心理学的理论和研究http://www.apa.org/pubs/journals/edu/index.aspx

15. Review of Education Research专门刊载某一特定问题的综合评论http://rer.sagepub.com

16. Harvard Educational Review哈佛教育研究刊物http://www.hepg.org/her-home/home

17. The Education Digest美国的《教育文摘》http://www.eddigest.com

18. Journal of Teacher Education美国的《师范教育》http://www.jte.sagepub.com

19. The Journal of Experimental Education《实验教育杂志》http://www.tanfonline.com/toc/vjxe20/.u3QfmNKBk3I

20. International Review of Education（UNESCO）《联合国教科文组织的国际教育评论》http://link.springer.com/journal/11159

21. History of Education 英国的教育史杂志http://www.tanfonline.com/toc/thed20/.u3Qf-dkBk3I

22. Education and Psychological Measurement《教育和心理测量》http://epm.sagepub.com

……

另外，ERIC（教育数据库）当然是应该知道的，可用交费委托方式通过国际联机检索系统（DLALOG）查询。

利用网上资源，一是面要广，不要局限在自己窄小的专业领域，如“4221学习网”就很不错，又如从“大夏教育网”和“万千教育”上，都可以获取不少最新的教育图书信息。如果仅从具体学科去寻找，很容易漏掉。再一个是注意收集免费网站，毕竟现在买书、订刊都不便宜。从免费书来说，可上“新浪”，点击“爱问”，打开后再点击“共享资料”，再按分类自己查询即可。其他如“超星”“读秀”（超星运作的商业网站）等也有一批书籍是免费的。国学古籍方面，可上“爱如生”“国学经典”。报刊如《中学生数理化》，均有电子版。“三槐居”“作文私塾”等拥有大量完整资料的网站，应该是老师都很熟悉的。“中学语文网中网”，存有大量免费教案，也可备考。

总之一句话：“快速路”得多走，才会熟，才会真正起到“快速”的作用。

二

适合一线教师阅读的教育书籍

（上）

教育类图书恐怕是各类图书中数量最庞大、质量最不整齐的了，一定要有所选择。我们的选择标准说起来简单，就是一个：要适合一线教师阅读。但细究起来，问题就来了：什么叫“适合一线教师阅读”呢？至少有以下几条“标准”，可以提出来，供大家讨论：

第一，浅显易懂。仿佛学生刚开始学习，一开始得先做些浅显的题，不能一上来就做高深的题一样，读书也应有一个由浅入深、循序渐进的过程。浅显不等同于浅薄，而应是用浅白有趣的语言，深入浅出地讲清楚。当然，符合这个条件的书不多，但还是有一些，尤其是近年来出版的一些大家的教育随笔，一般每本由若干篇文章组成，文章一般也不太长，几千字，就比较适合一线教师阅读。

第二，信息量大。一线教师搞科研的一大局限，就是脑子里的学术信息太少。为此很有必要阅读一些相关的“概论”“综述”一类的书，这样至少面上的一些信息，就都会有所了解。另外，一些大部头的“通史”“目录”等至少应该知道，必要时可以当成“数据库”去检索。比如吴式颖、任钟印老师的《外国教育思想通史》（湖南教育出版社2002年出版），共10卷，好几百万字，如无时间先不读也罢，但脑子里应“存储”有这部书的信息，科研时遇到某个问题，知道上哪查去。

当然，信息量大并不能同篇幅大画等号。有的皇皇大作，空洞无物；有的经典之作，篇幅不大却经得起反复诵读。我们理应如熊十力先生所言：“每日于百十之中，须取古今大著读之。至少数页，毋间断。寻玩义理，须向多方体究，更须钻入深处，勿以浮泛知解为实悟也。”所谓“大著”，当是经典之作意矣。

第三，现身说法。近年来一线教师出书的越来越多。虽然他们的一些议论或许在“专家”“教授”眼里还登不上学术的大雅之堂，但毕竟是自己实实在在的心得。例如苏静老师的《凭什么让学生爱上你》（湖北教育出版社2008年出版），讲述的就是自己从教8年的切身体会。吉光片羽，十足珍贵。说实话，因为这些书的出版东零西落，这家社一本，那家社一本，而且一般印量都很少，老师们甚至都有必要收集同行们出的书。例如中小学校长不妨收集同为校长的作者出的书，又如高中语文老师也不妨收集同为高中语文老师的同行出的书。这些书不少即使是大图书馆也不会有。

第四，理念先进。不少一线教师，尤其是中小城市和农村地区的老师，有一个很大的误解，就是认定自己身处偏远地区，教育理念肯定落后。其实在媒体、信息传递如此发达的今天，即便身处上海、北京等大城市，如果一天到晚忙忙碌碌，不读书不看报，一些相关的教育理念也未必了解；相反，即便身处穷乡僻壤，但坚持学习，注意搜集，那么对教育理念的了解未必就比不上大城市里的那些人。或许就是从这一角度考虑吧，我们对相关译著也比较关注，目的就是想让一线教师对相关教育理念产生兴趣，有所了解。

理念先进，不是说近年新出炉的才是“理念先进”。有些几十年甚至上百年前的经典之作，今日看来仍是“理念先进”的。所谓经典，就意味着不过时。这些经典书最好看原著。正如中国人民银行金融研究所研究员丁鹄宁先生讲的：读书宜直追名家原著，读不懂时不妨先放一放，先往后看，或过一段时间再看。所谓“读全书才懂一页，读群书才懂一书”。

从实际选择的书看，所谓“理念先进”的书，实际上是两头：一头是旧的经典的书，一头是新的才出的书。这倒正符合北京大学中文系教授褚斌杰先生所说的“抓两头”。他说：

> 读书从事学术研究工作，我主张抓两头。要熟悉、精读经典性的、有巨大历史影响的原著，同时，要不脱离学术发展的前沿，掌握学术研究的新动向、新成果。两方面的书，都要读，用心读。

第五，相对新颖。同类的书尽量推介新近出版的。有些出版较早的书如同一坛老酒一样令人回味，但在出版业如此发达的今天，图书愈出愈精、后出转精也已然是规律了。

有些是要具体分析，有的书确实不错，但因作者过世或忙于其他事务，无人、无暇修订，那么尽管出版较早，仍需阅读。

第六，可以获取。推介的图书一般应可以借得、购得。故而港台方面的书、内部印刷的书，一般就很少介绍了。

“可以获取”还有一层意思，那就是学校图书馆已有的图书，一般就不做介绍了。按教育部规定，全国中小学都要按照生均15～40册书的标准配备，图书馆不达标者，一票否决。这些年中小学的图书数量，确实大大增加了，但质量是实在不敢恭维。有兴趣的老师不妨参看2010年9月16日《南方周末》《谁将“垃圾塞进了图书馆”》一文，但不管怎么说，只要是大多数图书馆均有的什么《新课程××案例》《新课标解说》一类，就一般不予介绍了。

大体依据以上几条原则，我们推介了一批图书。回顾学术史，梁启超、胡适等前辈所开列的书单，都曾引发过不少批评意见，更何况我们了。所以，这里推介的图书，只能说是略备资料，聊胜于无，还有待补充、修正。

教育科学的书籍，依照“中图法”（第4版）的规定，是分在G4之下的。国家图书馆截止到2010年，分列在G4下的图书，真是成千上万。这么多书，怎么看得过来呢？其实，这些书中，有不少是教育学的教材、复习资料等，不看也罢。我们不妨大体参照中图法，将其分为N个大类，每类中再挑一些对自己帮助最大的书进行阅读。

站在一线教师的角度，下面这几类书是值得浏览和阅读的：

（一）与教育理论、教育哲学和教育科研方法有关的书

1. 教育学的入门书

和任何一门学问一样，教育这门科学一上来，也是有关教育全局性质的书，比如教育学理论，比如教育哲学，比如教育科学方法论，等等。鉴于老师们大多读过或听过教育学的课，《教育学概论》一类的教材就不在这里介绍了。但有几本颇具特色的书是值得一读的：其一是浙江大学教育学院教授励雪琴老师的《教育学是什么》（北京大学出版社2006年出版），该书用尽量通俗的语言解答了“今日的教育从何处来？”“今日的教育学在研究什么？”“学校是什么？”“课程是什么？”“今日的教育学向何处去？”等问题。附带说说德国人雅斯贝尔斯的《什么是教育》（中译本，三联书店1991年出版）、美国人约翰·S.布鲁柏克的《教育问题史》（中译本，安徽教育出版社1991年出版）也是不错的。其二是华东师范大学教授陈桂生老师的《常用教育概念辨析》（华东师范大学出版社2009年出版），用随笔形式解析了我们常见的“课程”“教案”“考试”等教育概念，可以当一本案头教育小辞典用。其三是湖南科技大学副教授周险峰老师的《教

育文本理解论》（广东高等教育出版社2007年出版），这本书要专业一些，但硬着头皮啃下来会增强自己的理论修养。其四是王新燕老师的《故事中的教育理念更新》（福建教育出版社2008年出版），可读性较强。其五是叶澜等老师的《基础教育改革与中国教育学理论重建研究》（经济科学出版社2009年出版），其中论及改革带给中国教育学理论的冲击与重建部分尤其精彩。其六是李政涛老师的《教育科学的世界》（华东师范大学出版社2010年出版），下分9章，介绍了教育科学下面的各个分支。其七是王鹏伟老师的《和名师一起读语文新课标》（教育科学出版社2013年出版），读此可对新课程标准有一个起始了解。

具体到小学教育方面，潘海燕老师主编的《小学教育概论》（北京师范大学出版社2013年出版），虽属教材，但仍值得一读。该书共计10章：

第一章　小学教育的产生与发展
第二章　小学教育
第三章　小学学生
第四章　小学教师
第五章　小学教育目标
第六章　小学教育内容
第七章　小学教学
第八章　小学德育
第九章　小学教育活动
第十章　小学教育管理

附有《小学管理规程》和参考文献。

沈嘉祺老师主编的《小学教育实践手册》（华东师范大学出版社2012年出版），也值得一读，此书分见习篇、实习篇和研习篇共三篇，基本涵盖了小学教师从入门到教学再到科研的全过程。每篇下分若干单元，如“见习篇”下分“单元一，了解小学和小学生”，“单元二，了解小学教师”；每单元下再分若干专题。如“了解小学和小学生”这一单元下，列5个标题：

1. 进入小学
2. 进入班级
3. 了解学生
4. 低中高年级学生差异
5. 小学生常见的行为问题

此书的一个特点是有大量表格，对新教师迅速建立自己的“情报”系统，当有帮助。

齐佳楠、孙颖老师编著的《论初等教育》（吉林教育出版社2012年出版），仅200页左右，在同类书中算薄的。计七章：

第一章　国际初等教育学制
第二章　国际初等教育管理
第三章　国际初等教育教师的教育
第四章　国际初等教育课程
第五章　国际初等教育的教学
第六章　中国初等教育
第七章　世界初等教育的发展趋势

注意，名曰“国际”，实际重点还是在美、英两国。

教改方面，推荐张荣伟老师的《我们需要怎样的教育——中国基础教育改革概论》（教育科学出版社2012年出版），虽曰“概论”，但可读性颇强，并不是板着面孔千篇一律地说教。

另外，查有梁老师的《给教师的20把钥匙——教师应掌握的教育学方法》（四川教育出版社2008年出版）也可翻阅。英国人埃玛·佩卡德等的《给小学教师的500条建议》（中译本，四川教育出版社2006年出版）也可一读。

专门写给初入教育界新教师的书也不少，在此推荐英国人费希尔的《初为人师：教你100招》（中译本，教育科学出版社2009年出版），王福强老师的《用心做教师——青年教师快速成长的十大定律》（西南师范大学出版社2011年出版）、彭小虎老师的《小学教师专业成长——从新手到专家》（东北师范大学出版社2005年出版）也不错。

2. 新老专家的集子

任何一门学科，都有一个积累的过程，无数的聪明人在这门学科上下过功夫，有独到的见解。尽管有些意见今天看来已经过时，或是不符合中国国情。但看一看人家当时是怎么想的，为何会得出这样的结论，肯定会有所收获的。看专家的集子，一是分享这些聪明人的智慧，二是能够提高自身的专业素质。看看人家都在思考些什么问题，又是怎么在思考。

先看中外大家的集子：

（1）老一辈专家的集子

人民教育出版社从20世纪90年代至21世纪初，出版过一套“中国近代教育论著丛书”，如《蔡元培教育论著选》《陶行知教育论著选》《俞子夷教育论著选》《廖世承教育论著选》《雷沛鸿教育论著选》《梅贻琦教育论著选》《郑晓沧教育论著选》《晏阳初教育论著选》《经亨颐教育论著选》《陈鹤琴教育论著选》《黄炎培教育论著选》《李建勋教育论著选》《傅葆琛教育论著选》《张伯苓教育论著选》《陈宝泉教育论著选》《陆费逵教育论著选》《陈独秀教育论著选》《梁漱溟教育论著选》《胡适教育论著选》《蒋梦麟教育论著选》《孟宪承教育论著选》《舒新城教育论著选》（上下册）、《庄泽宣教育论著选》等数十种，自1912年中华民国成立至1949中华人民共和国成立期间重要专家，似已搜集齐全。但请注意这是“选”，既然是选，当然就有个选择过程，难免有主观偏向。所以要想全面了解某一个人的教育思想，最好再查查有无全集。如陶行知，有四川教育出版社2002年出版的《陶行知全集》，计12卷。又如蔡元培，有浙江教育出版社在1996至1998年出版的《蔡元培全集》，计18卷。

福建教育出版社在2006年从另一角度出版了一套“20世纪中国教育名著丛编”，即将从20世纪初至新中国成立之初的教育家，每一人挑一本最具代表性的著作出版。已出版的也有数十种：如王国维的《教育学》、张子和的《大教育学》、舒新城的《教育通论》、庄泽宣的《教育概论》、李浩吾的《新教育大纲》、陈科美的《新教育学纲要》、孟宪承的《教育概论》、钱亦石的《现代教育原理》、吴俊升和王西征合

著的《教育概论》、孟宪承和陈学恂合著的《教育通论》、熊子容的《课程编制原理》、盛朗西的《小学课程沿革》、陈侠的《近代中国小学课程演变史》、赵廷为的《教材及教学法通论》、俞子夷和朱晸旸合著的《新小学教材和教学法》、龚启昌的《中学普通教学法》、萧承慎的《教学法三讲》、吴俊升的《德育原理》、钟鲁斋的《教育之科学研究法》、陈选善的《教育研究法》、罗廷光的《教育科学纲要》、范寿康的《教育哲学大纲》、吴俊升的《教育哲学大纲》、张栗原的《教育哲学》、陶孟和的《社会与教育》、卢绍稷的《教育社会学》、雷通群的《教育社会学》、张栗原的《教育生物学》、艾伟的《教育心理学》、萧孝嵘的《教育心理学》、高觉敷的《教育心理》、丘景尼的《教育伦理学》、常导之的《增订教育行政大纲》、程湘帆的《中国教育行政》、罗廷光的《教育行政》、史襄哉的《教育卫生学》、王书林的《心理与教育测量》、沈有乾的《教育统计学》、钟鲁斋的《比较教育》、黄绍箕和柳诒徵合著的《中国教育史》、周予同的《中国现代教育史》、陈青之的《中国教育史》、陈东原的《中国教育史》、王凤喈的《中国教育史》、郭秉文的《中国教育制度沿革史》、舒新城的《近代中国教育思想史》、雷通群的《西洋教育通史》、姜琦的《现代西洋教育史》、瞿世英的《西洋教育思想史》、蒋径三的《西洋教育思想史》等。20世纪上半叶中国的教育名著，几乎网罗殆尽。涉及的面比人民教育出版社那套书要广。

（2）外国教育名家的集子

至于外国教育名家的集子，首推人民教育出版社自1984年以来陆续出版的“外国教育名著丛书”，已出计38种44本。每书有简介，有的还附有年表、图片或其他参考资料。这些书广受好评，长销不衰。这38种名著是：《古希腊教育论著选》《昆体良教育论著选》《中世纪教育文选》《大教学论·教学法解析》《夸美纽斯教育论著选》《教育漫话》《理解能力指导散论》《爱弥儿——论教育》《林哈德和葛笃德》《裴斯泰洛齐教育论著选》《普通教育学·教育学讲授纲要》《人的教育》《德国教师培养指南》《斯宾塞教育论著选》《人是教育的对象——教育人类学初探》《乌申斯基教育文选》《科学与教育》《福泽谕吉教育论著选》《凯兴斯泰纳教育论著选》《民主主义与教育》《学校与社会·明日之学校》《我们怎样思维·经验与教育》《实验教育学》《克鲁普斯卡雅教育文选》《蒙台梭利幼儿教育科学方法》《童年的秘密》《教育原理》《教学方法原理——教育漫谈》《教育与新人》《小原国芳教育论著选》《马卡连柯教育文集》《科南特教育论著选》《维果茨基教育论著选》《皮亚杰教育论著选》《教学与发展》《课程与教学的基本原理》《布鲁纳教育论著选》《教学过程最优化——一般教学论方面》等。外国从古代到近代、现代对中国影响较大的教育学家的集子，大体均已在此。但请注意，这38种书有整本专著，也有节选和文章汇编。教育科学出版社2003年开始推出的“20世纪苏联教育经典译丛”，包括了苏霍姆林斯基的《要相信孩子》《和青年校长的谈话》《给教师的建议》《怎样培养真正的人》《帕夫雷什中学》《公民的诞生》，赞科夫的《和教师的谈话》《教学论与生活》《论小学教学》，巴班斯基的《论教学过程最优化》等。同一出版社2007年开始出版的“当代俄罗斯教育理论译丛”，在时间上正好与前一丛书衔接。其中的《新自由主义全球化——资本主义危机抑或全球美国化？》等，颇有看头。教育科学出版社2002年推出的“学校无分数教育三部曲”，收录了阿莫纳什维利的《孩子们，你们好》等3部名著，此人被誉为是苏联继苏霍姆林斯基、赞科夫后的又一大教育家。

美国方面，教育科学出版社2007年推出了“权威教育丛书”计3册：《杜威教育名篇》《杜威学校》和《杜威在华教育讲演》。

实在没有时间的话，也不妨看看导读、快读一类的书。这种书也不少，在这里我们推荐田正平、肖朗先生主编的《中国教育经典解读》（上海教育出版社2005年出版），此书选取了从孔子到徐特立计55位中国教育家的代表作，每人有作者简介、文章节选和解读。撰写者都是相关专家，书籍的质量是有保证的。全书共650多页，70多万字。与此书配套的是单中惠、朱镜人先生主编的《外国教育经典解读》（上海教育出版社2005年出版），介绍了27位外国教育家的代表作，体例同上。类似的图书不少，如任钟印先生主编的《世界教育名著通览》（湖北教育出版社1994年出版），介绍了国外古今名家89人的教育论著120余种，1700余页一巨册；又如李明德、金锵老师主编的《教育名著评介·外国卷》（福建教育出版社2008年出版），介绍了从柏拉图的《理想国》到布鲁贝克的《高等教育哲学》计32本专著。彭新、陶建华老师主编的《新世纪教师必读书目导读》（海南出版社2006年出版）介绍图书50种，主要是近年出版的《新课程改革实用导读》一类的书。但请注意，如是撰写学位论文或正式发表论文，最好引用原书。如引自“选读”“导读”一类，会贻笑大方，让人觉得不够专业。

说起阅读中外大家的集子，有一本书很有特色，值得推荐。那就是杭州市特级教师闫学老师的《教育阅读的爱与怕》（华东师范大学出版社2008年出版），这本书，实际上是一位特级教师阅读经典读后感的结集，所读经典包括：苏霍姆林斯基的《给教师的建议》，夸美纽斯的《大教学论》，亚米契斯的《爱的教育》，黑柳彻子的《窗边的小豆豆》，李希贵的《学生第二》，刘良华的《教育自传》，王荣生的《语文科课程论基础》，泰戈尔的《新月集》《对岸》，金河仁的《我心中的风琴声》，新美南吉的《去年的树》，圣埃克苏佩里的《小王子》，罗曼·罗兰的《贝多芬传》，文森特·凡高的《亲爱的提奥：凡高自传》，纪伯伦的《先知·沙与沫》，大江健三郎的《在自己的树下》，叶灵凤的《叶灵凤文集》，艾米莉·狄金森的《狄金森诗选》，冯友兰的《中国哲学简史》以及对陶行知、杜威、三毛、张爱玲、韩素音、周作人、海子、北岛、顾城、食指、舒婷等人的领悟，还有《红楼梦》《西厢记》《道德经》等。类似的有仇忠海、李敬老师的《教师读书札记》（上海社会科学院出版社2007年出版）。

（3）担任过教育领导工作的专家的集子

接下来就是1949年新中国成立以后的专家的集子了。首先要读的，是一些担任过教育领导工作的专家的集子。如李岚清同志的《李岚清教育访谈录》（人民教育出版社2003年出版），以访谈形式记述了李岚清同志有关教育工作的重大方针、政策法规等的决策过程和体会感受。温家宝同志的《温家宝谈教育》（人民教育出版社、人民出版社2014年出版），收录了温家宝同志1995年至2013年的相关著述66篇。担任过国家教委领导职务的柳斌同志的《关于基础教育的思考》（上海教育出版社1992年出版），还有做过全国人大常委会副委员长、北京师范大学副校长的许嘉璐先生的《未安集——许嘉璐说教育》（教育科学出版社2002年出版）。

在地方做过教育领导工作的集子有：曾任北京市教育局局长的陶西平先生的《一路走来——陶西平教育漫笔》（京华出版社2006年出版）和《追梦人——陶西平教育漫笔》（人民教育出版社2008年出版），教育科学出版社2012年推出了“陶西平教育漫笔选集”两册：《大家不同，大家都好》和《在反思中创新》等；曾任《人民教育》杂志副总编，后任北京市社科院院长的敢峰先生的《敢峰教育文选》（人民教育出版社2008年出版）；山东省教育厅总督学孟庆旭先生的《教育知行思辨录》（山东人民出版社2009年出版）；广东省副省长（主管教育）王屏山先生的《王屏山教育文选》（广东人民出版社2008年出版）；国家教育部督学、上海市教育督导室副主任俞恭庆先生的《公仆手记：教育百篇自选集》（上海外语教育出版社2009年出版）；北京市课改实验领导小组副组长文喆先生的《门里门外谈教育》（北京师范大学出版社2009年出版）等；曾任国家教育部办公厅负责人、中央教育科学研究所副所长兼教育科学出版社社长，同时兼任联合国教科文组织中国教育学术交流中心主任的曹青阳老师的《教育现代化与教育情报研究》；国家教育行政学院院长、教育部干部培训工作领导小组副组长郑树山老师的《1968—2008工作笔谈》（高等教育出版社2009年出版）；湖南省政府督学陈昌清老师的《回头看教育——与新中国教育同行》（湖南人民出版社2009年出版）等，也颇值一读。

国家教育行政学院、中国教育干部培训网合编的《教育局长访谈录》（新华出版社2000年出版），对来自全国各地的70位教育局局长进行了采访；刘洪涛和李永钧老师的《教育局长谈治教》（哈尔滨工业大学出版社2005年出版）汇集了几十篇相关文章；国家教委督导办主任何秀超主编的《国家督学谈教育》（人民教育出版社2012年出版），是同类书中最新的。均当归类于此。恕不一一列举了。

这些领导的集子的共同特点是涉及面广，眼界开阔。而一线教师每日忙于具体事物，容易陷到具体事情中去，过重微观而缺宏观。看看这些领导的集子，可以开阔我们的眼界，扩大我们思维的空间。

（4）担任过中小学校长工作的专家的集子

还有一类领导的集子，估计广大一线教师会更感亲切。那就是称得上是教育家的校长的集子。如在教育界享有盛名的北京市第二实验小学副校长霍懋征老师的《没有教不好的学生：一代名师霍懋征爱的艺术》（中国大百科全书出版社2003年出版）、中国人民大学附属中学校长刘彭芝老师的《刘彭芝教育文集》（中国大百科全书出版社2003年出版）、北京大学附属中学校长赵钰琳老师的《追求优质教育——我在北大附中当校长》（中国人民大学出版社2010年出版）、北京十一学校校长李金初老师的《平生只想办好一所学校》（高等教育出版社2009年出版）、南京师范大学附属中学校长胡百良老师的《胡百良教育文集》（南京师范大学出版社2002年出版）、上海市市北中学名誉校长方仁工老师的《拾掇记忆的碎片》（上海教育出版社2006年出版）等，均值得一读。

事实上，几乎稍好一些的学校的校长，都出过集子，读一读都会让人感到有所启迪。如刘永胜老师的《为了光明的明天》（人民教育出版社2005年出版）、卓立老师的《为了孩子为了明天：北京史家胡同小学校长卓立办学思想文集》（奥林匹克出版社1997年出版）、天津外国语大学附属小学校长张奎文老师的《追求——我的教育生涯》（天津教育出版社2009年出版）、上海市实验小学校长杨荣老师的《教育追梦——一个青年校长的办学感言》（上海教育出版社2009年出版）、成都市磨子桥小学校长刁荣普老师的《一路有阳光——刁荣普阳光教育手记》（科学出版社2006年出版）、深圳外国语学校分校校长邬晓莉老师的《爱的叮咛》（海天出版社2008年出版）、深圳市新安湖小学校长黎娘献老师的《守望教育的蓝天》（辽宁大学出版社2008年出版）、福建泉州幼儿师范学校校长陈雅芳老师的《树人之道：在百年女校里探索》（厦门大学出版社2004年出版）、浙江省瑞安市安阳实验小学校长陈钱林老师的《尊重教育新理念》（人民教育出版社2005年出版）、山东省济南市舜耕小学校长胡爱红老师的《爱耕之路——小学生态化教育的研究与实践》（山东文艺出版社2012年出版）、辽宁省本溪市明山区联丰小学校长贾金荣老师的《心灵的收获：教师教育感悟集萃》（辽宁民族出版社2012年出版）、北京市朝阳区实验小学校长陈立华老师的《为幸福人生奠基》（人民日报出版社2011年出版）、深圳市宝安区坪洲小学校长张云鹰老师的《开放式教育》（教育科学出版社2011年出版）、黑龙江省佳木斯市云环小学校长张建明老师的《与天使共成长：当代小学教育创新的实践与思考》（暨南大学出版社2012年出版）、甘肃省兰州市七里河区建兰路小学校长刘福老师的《“诗意化”教育》（甘肃教育出版社2012年出版）、安徽省蚌埠市五河县实验小学副校长王静邦老师的《串起记忆的碎片》（中国矿业大学出版社2012年出版）、山东省聊城经济开发区顾宫屯联校校长许德刚老师的《让教育更美好》（福建教育出版社2013年出版）、安徽省芜湖市大官山小学校长程斌老师的《且行且思——我的教育生活》（安徽师范大学出版社2012年出版）、江苏省吴县市东山实验小学校长楼靖怡老师的《心雨》（上海文艺出版社2013年出版）。

在校长所著的书中，有些已不是简单的文章结集，而是有了一定的特色思考。如郑杰老师的《从校长到幕僚：学校发展咨询手记》（上海科技教育出版社2009年出版），全书分6章，实际已是一本专著了。甘肃武都一中校长王克明老师的《治校方略录》（兰州大学出版社2001年出版），也将治校提升到“方略”高度。

郭华老师主编的《差异？差距？——中国校长美国考察笔记》（教育科学出版社2012年出版）是出国考察记中的杰作。

小学校长方面，有几部书颇具特色。湖北省保康县马桥镇小学校长屈万军老师的《仰望星空——山村小学校长日记》（华中师范大学出版社2011年出版），以日记体记载了一所山村小学的日常教学、学校管理、教师成长、个人感悟等。其中不少论述十分新颖。如“教育是农业，不是工业”，学生的成长要有“正向心理循环”“教师是一个领袖”，等等。以博文结集的有：广东省深圳市福日区上步小学校长赵道年老师的《成长的记忆：一位小学校长的博客》（广东教育出版社2012年出版）；江苏省扬州市李新梅校长的博客，在当地颇有影响，她将博客文章结集为《静听花开：叙事德育：让教育如花儿绽放般美丽》（南京出版社2009年出版）。

教育科学出版社曾以“全国中学骨干校长高级研究班文库”为名出版过一批校长的集子，如何晓文老师的《教育——发现与发展学生的潜能》、孙鹤娟老师的《学校文化管理》、张德文老师的《为每个学生提供良好的教育》、仇忠海老师的《“全面发展、人文见长”的学校教育》、鲁善坤老师的《人的发展——教育的基本维度》、沙洪泽老师的《教育：为了人的幸福》等。

在众多校长出书的基础上，有一类书是将各位校长的经验、心得汇为一书，倒也颇便阅读。如方国才老师的《中国著名校长的管理细节》（江苏人民出版社2009年出版），汇集了418位校长的管理经验。周柏云老师主编的《武昌名校长》（湖北科学技术出版社2004年出版），介绍了武昌32位中小学校长的事迹。高洪老师主编的《名师名校长讲演录：教育部更新教育观念八周年报告集》（教育科学出版社2011年出版），是校长们的讲演结集。夏锡平老师主编的《小学之道》《西南交通大学出版社2012年出版》，讲述了多位四川泸州农村小学校长的心得，“试图用小学校长们的工作案例和深层思考，体现农村地区小学掌门人的困惑和探索”。天津东丽区苗街小学许士军校长的《有效教学的务实运作》（百花文艺出版社2013年出版），着重讲述了农村小学实施有效教学的途径与策略。洪雨露老师主编的《现代学校建设的实践研究》（上海三联书店2011年出版），集中了上海市徐汇区向阳小学校长洪雨露老师、上海市浦东新区康桥小学校长乔备军老师、上海市闸北区启慧学校校长尹岚老师、上海市普陀区武宁路小学校长孙纳新老师、上海市长宁区天山第一小学校长孟水莲老师等多位老师的文章。深圳市南山区丽湖中学校长房超平老师的《教师发展的阿基米德点》《品牌学校是这样建成的》（均为教育科学出版社2012年出版），所涉及事例既有中学的，也有小学的。

小学校长所出的书还有太原市迎泽区朝阳街小学校长王宝霞老师的《守望凝思——我们这样做得好》（北岳文艺出版社2012年出版），收录了不少一线教师从事得到研究的心得和结题报告。北京市房山区良乡第三小学校长王生老师的《求索——行走在新课程改革路上》（中国戏剧出版社2013年出版）。天津市河东区实验小学校长杨军红老师的《改变，从课堂开始》（天津教育出版社2013年出版），内容充实，其中“说教材”“得例分析”等章节尤为精彩。清华大学附属小学校长窦桂海老师的《超越·主题·整合——窦桂梅教学思想探索》（中国大百科全书出版社2013年出版）。诸如此类，还有很多，恕不一一列举了。

谈到校长写的书，上海北郊学校校长郑杰老师的《顾此失彼——教育理论与实践的困境》《没有办不好的学校——郑杰教育讲演录》《给教师的一百条新建议》等广受好评。其中《边走边叹：一个校长给女儿的52封信》（华东师范大学出版社2008年出版）一书尤具特色，里头有许多大实话，如“示范性高中是中国教育的‘癌’”（第8页）；“中国教育不能再大刀阔斧地瞎折腾了，也不能老弄些什么新潮流或新名词糊弄人”（第11页）；“我坚信，在民间一定还会有鲜活的草根形态的东西存在，而恰恰这些东西，可能是未来中国教育真正的魂魄”（第15

页）；“中国的教师进修学校的末日终将来临”（第33页）；“教研员们真是一代不如一代了”（第34页），等等。尤其是谈及中国的“校长文化”实际是“事必躬亲”加上“自虐”（第212页）并告诫女儿“千万别去搞教育”（第265页），让人印象深刻。你可以不同意他的看法，但这本书读后一定会有所触动。他的新作《学校何以难办：一个教育咨询师的哲学回答》（中国轻工业出版社2010年出版）也充满真知灼见。厦门市湖里区教师进修学校校长蒋宗尧老师的《优秀教师的修炼之道》（华东师范大学出版社2010年出版）可谓语重心长。李希贵老师的《学生第二》（华东师范大学出版社2006年出版）明确提出“教师第一，学生第二”的观点，也让人耳目一新。

说到小学校长的书，还有一类是校长主编的反映该校教学特色和教学成果的集子。这非常多。如尹超老师主编的《隐形的翅膀：讲述北大附小的故事》（北京大学出版社2012年出版），汇集了北大附小八十多位教师的教学心得，言之有物，都是很好的教学随笔。范晓红老师的《聚焦课堂，科研学校》（天津科学技术出版社2013年出版），收录了天津师范大学附属小学老师们的科研成果。诚如于树漫先生所指出的，“一线教师的研究成果是最新鲜的研究成果，一线教师的研究思考是每天在与学生的目光触碰中引发的思考，这些都非常珍贵。”（见“序言”）北京市东城区织染局小学王凤岭老师主编的《知心教育故事文集》（世界知识出版社2013年出版），汇集了该校师生的文章，其中有不少鲜活的案例。类似的还有苏州工业园区胜浦实验小学校长徐海鹰老师主编的《且行且歌：苏州工业园区胜浦实验小学教师随笔集》（南京师范大学出版社2011年出版）。云南省昆明市武成小学校长钟玲丽老师主编的《教坛耕耘录》（云南大学出版社2012年出版）。李艳老师主编的《梧桐树下——贵阳市北郊小学教师文集》（贵州人民出版社2013年出版）。孙西义校长主编的《行走在教育路上》（中国矿业大学出版社2013年出版），汇集了安徽省蚌埠市五河县实验小学几十位老师的成果。广州市沙面小学校长张凤娟老师主编的《与孩子同成长——给小学教师的一本书》（华南理工大学出版社2012年出版），汇集了该校老师实施“协同教育”的成果。上海市松江区实验小学校长胡银第老师的《三乐教育惠泽童心》（上海教育出版社2011年出版）。山东省高密市第二实验小学校长张群老师的《奏响教育和谐曲——高密市第二实验小学人文管理思考与探索》（青岛出版社2010年出版）。武昌市中华路小学校长徐宏丽老师的《教师日常那些事》（上、下册）（湖北人民出版社2011年出版），实际是该校老师对“日常小事”的记录与感悟。类似的还有上海市封滨小学校长高岚岚老师的《百年封小·炫色生命》（上海教育出版社2011年出版）。江苏省吴中市碧波实验小学校长陆建荣老师主编的《在探索中成长：小学课程改革实践与思考》（江苏教育出版社2012年出版）。黑龙江省方正林业局中心小学孔令燕老师的《让花开得更“幸福”》（哈尔滨地图出版社2012年出版）。北京市芳草地国际学校校长刘飞老师的《幸福的教师培养幸福的学生案例集》（台海出版社2012年出版）。石家庄市实验小学校长崔迎霞老师的《一切为孩子成长给力：石家庄市实验小学创新特色教育纪实》（中国文史出版社2011年出版）。上海市康桥小学校长乔备军老师的《创造属于每个孩子的课堂——小学课堂教学中“分层式”师生互动的实践研究》（上海科学普及出版社2012年出版）。上海市九亭二小校长徐平老师的《课堂创新探索》（安徽师范大学出版社2012年出版）。广州颐和实验小学校长李兴球老师的《颐和教育的课改之路——广州颐和实验小学“SQC问题学”型课堂学习模式的实践研究》（世界图书出版西安有限公司2012年出版）。所谓“SQC”，是发现问题、提出问题、分析和解决问题英文词汇首字母缩写。山东省乐陵市实验小学校长李升勇老师的《让学生站在课堂教学的中心——乐陵市实验小学大课堂教学实录》（福建教育出版社2013年出版），此书可与同一出版社出版的《课堂教学的颠覆与重建》参看。前一书是教改实例，后一书是教育学者陶继新与人称“改革校长”的李升勇的对话录。王晓东、徐世贵老师的《风起燕东唱大潮：有效课堂深水探秘》（白山出版社2013年出版），所收文章为辽宁省本溪市满族自治县实验小学教师的文章，讲述了“有效备课”“有效课堂”“有效作业”以及关于学生组织注意力、自主学习、学法指导、学习习惯等方面的事情。文章大多很接地气。如“小学生有了学习计划不能坚持怎么办”“教师如何在上课前了解并分析好学生的现状”，等等。

附带说一句，有关所谓“名校长”的传记，这些年也出了一些，比如《教育，真的不能简单——一位校长的教育叙事》（南京师范大学出版社2010年出版），讲的是江苏天一中学校长沈茂德老师的事迹，不错。但说句实话，值得捧读的实在不多。郑杰老师说："在我看来这类书基本上是'面目可憎'的，人物扁平化、类型化不说，传主往往成了不食人间烟火的神，而且文字'肉麻'得直叫人汗毛直立。"（《边走边叹——一个校长给女儿的52封信》，第235页，华东师范大学出版社2008年出版），倒也不能说是过激之辞。

（5）一线教师的集子

一线教师个人的专集，近年来也渐渐多了起来。如上海市语文特级教师汪叔阳老师的《教育，为了孩子的明天》（东华大学出版社2009年出版），江西广丰语文高级教师蒋敦鑫老师的《东斋论语——一个教师50年的阅历与思考》（江西人民出版社2008年出版），南京师范大学附属中学语文特级教师吴非老师的《不跪着教书》（华东师范大学出版社2004年出版），成都市武侯实验中学李镇西博士的《教有所思》（华东师范大学出版社2003年出版）、《用心灵赢得心灵——李镇西教育讲演录》（华东师范大学出版社2008年出版），姚丽娟老师的《给自己一个爱上教育的理由》（东北林业大学出版社2008年出版），以及陆冰扬老师的《耕耘集：语文教学五十年》（浙江教育出版社1997年出版）、贾志敏老师的《贾老师教语文》（上海教育出版社2000年出版）、王晶华老师的《携智慧和阳光漫步》（山东教育出版社2009年出版）、徐卫祥老师的《教者当自强》（华中师范大学出版社2009年出版）、申延生老师的《让成功伴着我们成长——申延生教育文集》（陕西人民教育出版社2009年出版）、邱广欣老师的《教育，我有话要说：一个教师对教育的深度反思》（中国轻工业出版社2009年出版）、于华强老师的《阅读丁香：华强老师教育日记》（大连海事大学出版社2009年出版）、陈一水老师的《老教师笔记——关于教育的一些思考》（黄河出版社2008年出版）、吴延岭老师的《碎片如歌：我的教育随笔》（山东大学出版社2008年出版）、王丽萍老师的《选择教育的经营与创新》（上海教育出版社2009年出版）、周学静老师的《心会看见》（教育科学出版社2006年出版）、居桂珍老师的《爱，然后教》（教育科学出版社2011年出版）等。西南师范大学出版社2011年还推出了一套"草根名师系列"，所收赵克芳老师的《课堂，诗意还在》、夏昆老师的《率性教书》、马一舜老师的《为爱教书》、许丽芬老师的《做一个纯粹的教师》等，也均为普普通通的一线教师的专集。不管名气大小，相信都一定会让同为一线教师的读者倍感亲切，开卷有益。有的集子让人印象深刻，如江苏省特级教师陈萍老师的《教师专业发展之道：我的教育叙事与生命感悟》（人民教育出版社2008年出版），讲述了自己一步一个脚印从村小走向全国的人生历程。

小学英语老师的文集尚不多见。邓睿老师的《老师好好学习孩子天天向上“麻辣老师”邓睿手纪》（中国轻工业出版社2011年出版），是一部很有特色的小学英语教师文集。邓睿老师的幽默教学语录曾一度在网上蹿红。

说到普通一线教师的集子，还有一类书是将全国优秀一线教师的事迹、经验等结集出版。如西南师范大学出版社2008年出版的“名师讲述系列”丛书：《施教先施爱：名师讲述班主任的核心教导力》一书收录了全国七省市50位优秀班主任的鲜活、生动的教育案例，每文有“名师简介”“案例”“专家点评”等栏目；《让学生做自己的老师：名师讲述如何提升学生自主学习能力》一书收录名师讲述如何提升学生自主学习能力的案例，体例同上；此外还有《引领学生高效学习：名师讲述如何提高学生课堂学习效率》《教育从心灵开始：名师讲述最能感动学生的心灵教育》《在欢乐中成长：名师讲述最具活力的课堂愉快教学》等，不一一详述。

还有一类书是将某一地一线教师的事迹、经验等结集出版。如华东师范大学出版社2008年出版的“上海教师丛书”，即包括了《刘京海和他的“后成功时代”》《吕型伟：见证中国教育30年》《于漪的生活状态：平凡而富于情趣》等。该丛书出过两次，1998年版有李首民老师的《情理相融创和谐：我当校长20年》、徐永初老师的《女校·女生》、毛懿飞老师的《从第二课堂走来：尚文中学教改纪实》、秦璞老师的《搏动的讲台：我教思想政治课》等。特别要提到的是这套书里有一本赵才欣老师的《有效教研：基础教育教研工作导论》，不错。江苏教育出版社2012年推出的《著名特级教师教学思想录》，下分“小学语文卷”“小学数学卷”等，可当工具书备查。唐云增老师的《魏书生教育思想图文详解》（江苏科学技术出版社2013年出版），也颇有特色。

说到普通教师的集子，有几本书附带在此特别推荐：第一本是余文森老师主编的《教育博客：教师专业成长的航程》（福建教育出版社2007年出版）。近年来，越来越多的老师在网上开设了自己的教育博客，如蔡兴蓉老师的博客就很受欢迎，博文结集为《走在孩子的后面》（教育科学出版社2012年出版）。余老师这本书中虽说也有《教育博客的注册与运用》等偏技术的文章，但更多的是《有朋自博客来》《感悟教育博客的价值》等偏人文的文章，主要是老师们自己谈自己的教育博客。第二本是林岩、刘静老师主编的《实习生活叙事》（河北人民出版社，出版年不详），此书是讲述河北师范大学组织学生“顶岗实习支教”的心得体会。内分“感悟篇”“教学篇”“管理篇”“生活篇”“未了篇”。通过一群刚刚步入基础教育的年轻人的眼睛看世界，当中有不少新的发现。第三本是王桂芝老师的《班主任成长日记》（开明出版社2006年出版），肖川老师点评。第四本是张彦春、朱寅年老师主编的《16位教育家的智慧档案》（华东师范大学出版社2006年出版），集中介绍了魏书生、李吉林、李镇西、顾泠沅、张思明、张化万、刘彭芝、康岫岩、龚正行、李烈、刘京海、李希贵、唐盛昌、杨一青、廖文胜、杨瑞清16位老师的教学实践和教育理念。翻一翻，可以大致了解一线教师中的佼佼者的思想和实践。第五本书是张万祥老师的《一句话改变人生：400位优秀教师的智慧感悟》（江苏教育出版社2009年出版），是作者几十年累积的400位优秀教师的精妙语句。

有一类所谓“成长日记”“轨迹访谈”式的书，实际上就是一线教师自己写自己，或采访记，很受一线教师欢迎。如铁皮鼓的《冬去春又来》、陈晓华的《怀揣着希望上路》、刘国营老师的《情到深处》、方海东老师的《守候阳光》、王艳芳老师的《飘着花香的琴弦》、卢惠姗老师的《在两点和一线之间》、秦望老师的《光辉岁月：我与个性一班的高三之旅》、孙国华老师的《那年，我第一次带毕业班》、吕春玲老师的《科学，科学！》、张文峰老师的《留在瓦窑的歌》、刘祥老师的《走过高三》等。以上各书由教育科学出版社编入“新教师成长日记丛书”，自2006年至2011年出版。另有《静静地开放》《阿宽从教记》《低头找幸福》《行走在理想与现实之间》《从有心人做起》等书，由教育科学出版社以“名师成长轨迹访谈录”丛书名义于2007年出版。罗炜老师的《我的教师梦——语文教师成长叙事》（北京师范大学出版社2014年出版）也当归类于此。

一些专业性比较强的一线教师的集子，将在“适合一线教师阅读的教育书籍（下）”中介绍。

（6）新闻界、文学界关心教育的朋友的集子

有不少新闻界、文学界的朋友，一直关注教育，有的甚至就在中小学工作过，他们的作品，眼界比一般教师要开阔，文笔也比一般教师要老到，也值得一线教师作为闲书翻翻，可学到不少知识，知道不少事情。

先看新闻界，如《上海教育》杂志副编审李北宏老师的《教育杂谭》（上海社会科学院出版社2005年出版）、苏军老师的《一个记者的教育视野》（上海教育出版社2003年出版）、宋洪昌老师的《第三只眼看教育》（同心出版社2002年出版）、在湖南教育报刊社工作的王树槐老师的《触摸教育的脉搏》（湖南人民出版社2006年出版）、江西教育期刊社副总编黄安福老师的《从一集》（江西高校出版社2004年出版）、中国教育报人文中心主任张圣华老师的《触摸教育》（北京师范大学出版社2009年出版）等等。新闻记者出身的孙云晓老师所出的《孙云晓教育作品集》（江苏教育出版社2007年出版）更多达11册。最近他和张引墨老师合著的《藏在书包里的玫瑰——校园性问题访谈实录（全本）》（漓江出版社2009年出版），在采访基础上提出的一些结论令人震惊：发生性关系的学生中，半数以上是公认的好学生；三分之一来自重点中学甚至是声名显赫的重点中学……

近年来，新闻界对教育的关注似乎更多了，相关的集子不少，如王敦贤老师的《国之痛：贫困山区教育现状扫描》（新华出版社2008年出版）、夏克军老师的《中国家长心里的痛：当代大陆教育反思》（海天出版社2005年出版）、朗忠老师的《还孩子一片净土——中小学教育弊端直击》（中国文联出版社1999年出版）、丁勤政老师的《痛稿2004：为韩寒祛昧　为中国教育进言》（新世界出版社2004年出版）、上官子木老师的《创造力危机：中国教育现状反思》（华东师范大学出版社2004年出版）、苏军老师的《“苏军专栏”原汁原味》（上海三联书店2006年出版）、施麟俊老师的《一个人的教育视界：教育者之思》（安徽教育出版社2008年出版）等。肖光畔老师的《中国教育问题调查》（大众文艺出版社2005年出版）则出成系列，下有“问题教育”“问题父母”“问题孩子”三个分册。李斌老师的

《把学校交出来——一位青年记者笔下的中国教育》一书由教育科学出版社出版后，也引起一定关注。

至于文学界作家的相关作品也不少，有些还成为畅销书，也反映出大众对教育问题的关注和焦虑。比较流行的有黄白兰老师的《盲点：中国教育危机报告》（中国城市出版社1998年出版）、杨晓升老师的《中国教育，还等什么》（经济日报出版社2001年出版）、李季老师的《中国教育病》（四川教育出版社1999年出版）、柏岳老师的《中国教育现状沉思录》（山东友谊出版社2002年出版）、中原和陈红老师的《现代教育警示录》（河南人民出版社2004年出版）、赵健伟老师的《教育病：对当代中国教育的拷问》（中国社会出版社2003年出版）、郭冬老师的《走出“老房子”：当代中国教育报告》（河南文艺出版社2001年出版）、苏舟子老师的《中国教育流行病》（江苏文艺出版社2004年出版）、杨晓升老师的《拷问中国教育》（文汇出版社2005年出版）、莫忌华老师的《反思中国教育》（上海三联书店2006年出版）、徐平利老师的《教育的陷阱》（广西师范大学出版社2008年出版）、赵一安老师的《拿什么教育我们的下一代》（天津科学技术出版社2008年出版）、熊丙奇老师的《中国教育的100份诊断报告》（百家出版社2010年出版）和《教育熊视：中国教育民间观察》（东方出版社2008年出版）等。武宏伟老师的《大教育要从小教育做起：一位草根教育家说给教育工作者的话》（广东教育出版社2012年出版），多少也反映出一些民意。

郑金洲老师主编过一套“故事中的新课程改革丛书”，共5册，计有《故事中的教育理念更新》《故事中的教师角色转变》《故事中的课堂教学改革》《故事中的师生关系调整》《故事中的学生行为变革》。力争将教育叙事与文学的可读性结合起来，颇受好评，该丛书由福建教育出版社2008年出版。

（7）科研院所教授们的集子

接下来一类，就是科研院所教授们的集子。其中不少集子实际上是专家们的杂文、散文等，阅读起来并无困难，而且相当轻松，收益却不少，适合一线教师阅读。这其中首推北京师范大学教育管理学院名誉院长顾明远先生的集子，他的《热点问题冷思考：透视中国基础教育》（教育科学出版社2010年出版）、《野花集：教育——未来社会的希望》（福建教育出版社2008年出版）、《教育：传统与变革》（人民教育出版社2004年出版）、《杂草集——顾明远教育随笔》（福建教育出版社2001年出版）、《我的教育探索》（教育科学出版社1998年出版）、《世界教育发展的启示》（四川教育出版社1989年出版）等，均极具启迪意义，值得一读。此外，苏州大学博士生导师朱永新先生的《朱永新教育文集》（人民教育出版社2004年出版），共10卷：卷一为《新教育之梦：我们教育理想》、卷二为《滥觞与辉煌：中国古代教育思想史》、卷三为《沟通与融洽：中国近现代教育思想史》、卷四为《嬗变与建构：中国当代教育思想史》、卷五为《困境与超越：教育问题分析》、卷六为《反思与借鉴：中外教育评论》、卷七为《心灵的轨迹：中国本土心理学研究》、卷八为《校园守望者：教育心理学论稿》、卷九为《享受与幸福：教育随笔》、卷十为《诗意与理性：教育问答录》。其中有些（如卷九）是随笔性质，可以当闲书来看；有些（如卷七）是应该反复研读的。华东师范大学博士生导师郑金洲老师《教育絮语》（华东师范大学出版社2009年出版），计20万字共110多篇，平均每篇文章不到2000字，文章虽短却意义深远，值得品读。华东师范大学另一位博士生导师钟启泉老师《教育的挑战》和《课程的逻辑》（华东师范大学出版社2008年出版）是姊妹篇，系钟启泉老师多年来有关教育改革、课程改革、教师教育、比较教育方面的自选集。北京大学博士生导师钱理群先生的《做教师真好》（华东师范大学出版社2009年出版），华东师范大学教授陈桂生老师的《教育实话》（华东师范大学出版社2003年出版）、《聚焦教育价值》（教育科学出版社2011年出版），北京大学孔庆东老师的《摸不到门——孔庆东谈教育》（华东师范大学出版社2009年出版），北京师范大学肖川老师的《好教育，好人生——肖川教育美文精选》（江苏教育出版社2009年出版），江西师范大学钟志贤老师的《教育的事：一个观察者的散点透视》（江西高校出版社2005年出版），北京理工大学杨东平老师的《杨东平教育随笔：教育需要一场革命》（上海人民出版社2007年出版）以及徐九庆老师的《中国教育怎么了？一个大学校长的忧思录》（广西师范大学出版社2009年出版）、郭思乐老师的《教育激扬生命：再论教育走向生命》（人民教育出版社2007年出版）等，都是言简意赅、意蕴久远的好书。

一些已故专家的集子也饱含了深刻的智慧。如《傅任敢教育文集》（教育科学出版社2011年出版）等。前述这些人的年龄，比“老一辈专家”要小一些。

说到科研院所专家的集子，安徽教育出版社2007年推出的一套“中国中青年教育学者自选集”或应引起我们的重视。这套书收录的是相对年轻的学者（40～50岁）的作品，已出10本。周洪宇老师的《教育公平是和谐社会的基石》、张斌贤老师的《教育是历史的存在》、程斯辉老师的《教育之道》、石中英老师的《教育哲学的责任与追求》、涂艳国老师的《科学教育与自由教育》、徐辉老师的《国际视野——本土行动：比较教育的若干思考》、张新平老师的《教育管理学的持续探索》、汪霞老师的《课程理论与课程改革》、马健生老师的《教育改革论》、王本陆老师的《现代教学理论：探索与争鸣》。这些老师不少有海外求学经历，信息较新，但从可读性来看，并非本本都适合一线教师阅读。西南师范大学出版社2010年开始推出的“思想者系列”，也当引起重视。已出的有许锡良老师的《追寻教育的真谛——许锡良教育现实思考》、许传利老师的《教育，细节的深度反思》、扈永利老师的《今日教育之民间立场》等。

说到科研院所专家们的集子，近年来出版了一些“讲演录”“访谈录”，因较口语化，更少专业术语，倒是十分适合一线教师阅读。如华东师范大学出版社2008年出版的“大夏书系·教育讲演录”书系，包括《我的教师梦——钱理群教育讲演录》《用心灵赢得心灵——李镇西教育讲演录》《做一个幸福的教师——陶继新教育讲演录》《一流学校的建设——陈玉琨教育讲演录》《转向教育的背后——吴康宁教育讲演录》《教育是慢的艺术——张文质教育讲演录》《给教育一点形上的关怀——刘铁芳教育讲演录》《没有办不好的学校——郑杰教育演讲录》《教师专业成长——刘良华教育讲演录》《过一种幸福完整的教育生活——朱永新教育讲演录》等。绝大部分是高校教授的讲演结集。福建教育出版社在2007年也推出过郑金洲老师的《教育的思考与言说——一位教育学者的演讲录》等书。至于访谈录，有中国人民大学出版社2009年出版的一套“教育名家访谈录丛书”，包括对北京师范大学博导顾明远先生、劳凯声先生，华东师范大学博导顾泠沅先生、钟启泉先生，中央教育科学研究所原所长朱小蔓先生，华中师范大学博导周洪宇先生的访谈。

还有一类，是学者自传式的作品，如北京师范大学出版社2010年推出过一套“教育口述史”，也很不错。包括中国教育哲学奠基人黄济先生的《黄济口述史》、教育史大家王炳照先生的《王炳照口述史》、教育家顾明远先生的《顾明远教育口述史》，以及《潘懋元口述史》《林崇德口述史》等。此外，还有老教育家吕型伟老师的《吕型伟从教七十年散记》（上海教育出版社2004年出版）。吕老师人称“中国基础教育界的‘活字典’”，这本书也很值得一读。

至于当代海外学者的集子，特别推荐中国青年出版社近年陆续推出的“世界名师新经典系列丛书”，如《美国最优秀教师的自白》《为孩子更强大而教书》《如何在考试时代提升教育本质》《我是这样和家长沟通的——美国当代名师写给家长的信》等。该社推出的“教师一生的读书计划”丛书中，也有一些外国学者的集子颇值一读。如英国人海柔尔·贝内特的《师范学院学不到的》，英国人麦克马兰的《中学课堂管理的7个要点》《班主任一定要面对的9个问题》，美国人桑德拉·哈利斯的《美国获奖中小学校长的建议》，美国人托德·威特克尔的《优秀校长一定要做的15件事》《如何调动和激励教师》，美国人黛安娜·罗曼斯的《优秀教师的课堂艺术》，英国人爱恩·戴维斯的《教师一定要思考的四个问题》，英国人苏·里奇的《如何成为一名优秀的中学教师》，美国人琳达·梅特卡尔夫的《教师、学生和家长焦点难题解决方案》，美国人莫尔盖思·L.唐纳森的《给新教师的忠告》，等等。这批书的特点：一是作者均为英、美等国当代教育名家；二是一般都不太厚，也就10万字左右，内容实用，阅读起来不是很累。另一些散见的书也不错，比如美国人盖托的《上学真的有用吗》（中译本，三联书店2010年出版）、卢安·约翰逊的《跳出教育的盒子》（中译本，中国青年出版社2009年出版）等。

3. 教育哲学和教育科研方法论方面的书

（1）教育哲学

什么是教育哲学？用刘铁芳老师的话讲：“如果说哲学就是对个人生活的询问，那么教育哲学无疑就是对个人周遭的教育生活本身的询问，是对什么样的教育是值得追求的教育的不断询问。”（《走向生活的教育哲学》，前言，湖南师范大学出版社2005年出版）。教育哲学方面的书不少，但适合一线教师阅读的并不多。一本就是刘铁芳老师的《走向生活的教育哲学》。作者声称“本书试图从我们习以为常却思之不多的教育问题出发，避开体系化、规范化的教育哲学言说方式，抓住当前日常教育生活的关键因素，逐一探讨。”（出处同前）。高伟老师的《回归智慧，回归生活——教师教育哲学研究》（教育科学出版社2010年出版），也可一读。再一本是译著，美国斯坦福大学诺丁斯教授《教育哲学》的中译本，北京师范大学出版社2008年出版，许立新译。该书“关于本书及其作者”中声称“无论是对于教师和未来教师来说，还是对于需要了解教育哲学当代趋势的任何人来说，它都是一本必需的著作”。而美国教育哲学的大学教材也已有中译本：《教育的哲学基础》。（第7版，奥兹门等著，中国轻工业出版社2006年出版）

（2）教育科研方法

至于教育科研方法方面的书，据冉乃彦老师讲：“现在教育科研书籍虽然不少，仅仅在我的案头就有三十多本，但是真正适合中小学教师读的寥寥无几。”（《中小学教师如何做研究》，前言，人民教育出版社2006年出版）。冉乃彦老师有感于此，专门写了《中小学教师如何做研究》一书，该书共15讲18万多字，平均每一讲也就一万字多一点，篇幅不长。共介绍了经验总结法、科学观察法、调查研究法、教育实验法、个案研究法、质的研究法、行动研究法和统计法共8种科研方法。第13讲“如何从实践经验中提升观点——掌握论文的基本要求与写法”、第2讲“怎样在工作中从‘经验型’走向‘科研型’”尤其精彩。同一作者还出过一本《中小学教师如何用哲学》（教育科学出版社2011年出版），实际也是讲方法。华东师范大学教授郑金洲老师《教师如何做研究》（华东师范大学出版社2005年出版）一书也很受一线教师欢迎。该书共分10章，也是18万多字。从第6章至第10章，分别介绍了5种“教育研究成果的表达形式”，诸如教育日志、教育叙事、教育案例、教育反思、教育课例。每种均有范例，是其特点。同一作者还有《教师反思的方法》（教育科学出版社2006年出版）、《学校教育研究方法》（教育科学出版社2008年出版）。郑金洲老师还主持编写了“中小学教育科研指导丛书”，由教育科学出版社近年陆续推出。其中丁念金老师的《研究方法的新进展》、郑金洲老师的《校本研究指导》等尤为精彩。任勇老师的《任勇：研究让教育更精彩》（首都师范大学出版社2011年出版）分为七个部分，第二部分“做研究型的教育行动者”、第三部分“研究，让教育更精彩”等，都是十分精彩的一线教师从事科研的自叙。耿涓涓老师的《教育信念：一位初中女教师的叙事探究》（教育科学出版社2002年出版）、王枫老师的《教师印迹：课堂生活的叙事研究》（教育科学出版社2008年出版），也一定会让人有所启迪。当然，更专注于研究的自述型书，是刘波老师的《从新手到研究型教师——我的专业成长手记》（宁波出版社2011年出版）。

其他适合一线教师阅读的相关书籍，还有刘英琦老师的《做研究型教师——问题·方法·实例》（广东教育出版社2013年出版），叶澜老师的《教育研究方法论初探》（上海教育出版社1999年出版），张健老师编著的《研究报告撰写指导》（教育科学出版社2003年出版），黄毅英主编的《教授现在告诉你：如何开展教育研究》（华中师范大学出版社2010年出版），张民生、金宝成主编的《现代教师：走近教育科研》（教育科学出版社2002年出版），鲍传友老师的《做研究型教师》（教育科学出版社2009年出版），刘玉莲老师的《在学校教育中学作研究》（首都师范大学出版社2011年出版），谢春风和时俊卿老师主编的《新课程下的教育研究方法与策略》（首都师范大学出版社2004年出版），李冲锋老师的《教师教学科研指南》（华东师范大学出版社2009年出版），李臣之老师的《教师做科研：过程、方法与保障》（海天出版社2010年出版），潘海燕、何晶老师的《教师怎样进行反思与写案例和论文》（中国轻工业出版社2008年出版），钱爱萍老师的《教师怎样做课题研究》（中国轻工业出版社2007年出版），宁虹老师的《教师成为研究者——国际互动理论路径实践》（首都师范大学出版社2002年出版），徐世贵、刘恒贺老师的《教师怎样做小课题研究——高效助力教师专业化成长》（西南师范大学出版社2011年出版），柳文浪老师的《教师研究的意蕴》（教育科学出版社2007年出版），冯卫东老师的《今天怎样做科研：写给中小学教师》（教育科学出版社2012年出版）等，也各具特色。

全国教育科学规划领导小组办公室编的《教育科研大家谈》（教育科学出版社2007年出版）是在三十多年来申报项目基础上编撰的论

文集。类似的还有《中国教育科学规划回顾与展望：从“六五”到“十五”》（教育科学出版社2006年出版）；青岛市教育科学研究所编的《教育科研访谈面对面》（中国海洋石油大学出版社2004年出版）分所辖地区记录了不少案例，都是一线教师的现身说法，故而其中有城市中小学老师的经验，也有乡镇中小学老师的心得，很有特色，值得品读；管锡基老师的《教师科研有问有答》（教育科学出版社2010年出版）采用问答式体例，也颇便一线教师阅读。

欲了解海外同行的科研情况，台北心理出版社2005年出版的《教师动手做研究：十三位行动教育工作者的研究飨宴》一书值得一览；台湾师范大学教授贾馥茗老师的《教育学方法论》（江苏教育出版社2008年出版）一书也可一览，可了解人家的研究思路与大陆有何不同。译作方面，美国人威廉·维尔斯曼的《教育研究方法导论》（中译本，教育科学出版社1997年出版）享有盛名，国内所出中译本为其第6版的翻译，是作为研究生教材使用的。刘旭等老师的《一线教师教育青年科研指南》（四川教育出版社2007年出版）也有其特点。附带提一句，钱仓水老师的《教师职业写作及范式》（苏州大学出版社2001年出版）中，“教学文体”中也包括了“试卷分析报告”“听课记录”“教学总结”等实用内容。

池春燕老师的《切磋：教师如何做教研》（中国人民大学出版社2008年出版）一书，抓住了“教研”这一特点，讲述了“备课”“听课——评课”“公开课”及“网络教研”等，在众多有关中小学教师科研的书中显得别具一格；单鹰老师的《中小学教师如何做好课题研究》（北京师范大学出版社2013年出版），对于课题研究已成常态的中小学教师，会有很大帮助；河南省教育科学研究所高尚刚老师的《中小学课题研究指导》（中国轻工业出版社2007年出版）共分8章，着重点仍在课题与论文；王福强老师是教研员出身，也做过学校管理工作，他的《用心做教研》（吉林大学出版社2010年出版）也有其特点；贺慧老师的《老师这样做研究——来自一线的小专题个案剖析》（四川教育出版社2008年出版）也汇集了不少很好的案例；叶澜、李政涛老师的《“新基础教育”研究史》（教育科学出版社2010年出版）实际是若干结题报告的集子，虽然从中也能学到许多东西，但毕竟不是我们所期待的基础教育方面的研究史；吴为民老师的《教育叙事与案例撰写》（华东师范大学出版社2007年出版）是所有有意撰写教育叙事的老师应参考的一部书；胡兴宏老师的《怎样写课例》（上海科技教育出版社2004年出版）是课例方面较好的一本小册子；汪利兵老师的《教育行动研究：意义、制度与方法》（浙江大学出版社2003年出版）、谢广田老师的《小学综合实践活动课题研究与论文写作》（浙江大学出版社2009年出版）、潘海燕和何晶老师的《教师如何写教育案例与论文》（北京师范大学出版社2013年出版），都专注于某一方面的研究。陶保平的《学前教育科研方法》（华东师范大学出版社1999年出版），是不多见的专讲某一阶段科研方法的专著。吕洪波老师的《教师反思的方法》（教育科学出版社2009年出版）抓住“反思”二字做文章，抓住了问题的要害。美国人查尔斯的《教育研究导论》（中译本，中国轻工业出版社2003年出版）是国外在这一方面的名作。

浙江大学出版社出版过一套“中小学各科课题研究与论文写作指导丛书”，是以教师申报或参与集体课题及进修撰写相关论文为主旨的。以滕云老师的《小学语文课题研究与论文写作》（2007年出版）一册为例，共计7章，目录如下：

上编　小学英语课题研究理论与方法
　第一章　课题研究概述
　　第一节　课题研究的选择
　　第二节　课题研究的设计
　　第三节　课题研究的实施
　　第四节　课题研究的评价
　　思考与实践
　第二章　论文写作概述
　　第一节　写作前的材料准备
　　第二节　论文的结构与形式
　　第三节　论文的内容与语言
　　第四节　论文的写作与修改
　　思考与实践
下编　小学英语教研论文的写作案例与答辩
　第三章　教学论文的写作

最后附有："小学英语教研课题与论文参考选题""基础教育英语学科教研论文参考文献""全国英语学科教育与研究主要核心期刊""国内外中小学外语学科教育与研究主要网址""美国科研项目的评审标准"等。

其中第二章、第六章尤见新意。

第四章谈及“教学调查报告”“教学观察报告”的写作；第五章谈及“教学随笔”“教学短评”；第六章谈及“教学综述”的写作。

具体到小学，严开宏老师编著的《小学教育研究方法》（华东师范大学出版社2010年出版），虽说属于教材，但仍值得推荐。原因之一就在此书的第一条编写原则：“规范性的操作知识与原理性的理论知识相结合”（见本书前言），比较务实。《中小学教育科学研究：原理、方法与表达》（徐丽华老师主编，浙江大学出版社2013年出版）。下分4编：第一编，小学教育科学研究基本原理；第二编，小学教育科学研究的基本方法；第三编，小学教育科学研究资料分析；第四编，小学教育科学研究成果的呈现。每编下设若干章，每章下列若干节。其中以第二、第三编特色最为突出。如第二编，下设第三至第七计5章：

第三章　课堂观察研究
第四章　教育调查研究
第五章　教育实验研究
第六章　教育叙事研究
第七章　教育行动研究

每一章下，基本设三节，分述相关研究概述、研究设计和案例与评析。

较早一些的相关著述有：杨小微老师的《小学教育科学研究》（北京师范大学出版社1999年出版）、谢广田老师的《小学教育科学研究及其方法》（浙江教育出版社2001年出版）、徐丽华与黄燕老师的《小学教育科学研究新论》（天津人民出版社2004年出版）、薛根生老师的《小学教师科研论文导写》（湖南师范大学出版社2000年出版）等。特别推荐北京师范大学出版社2012年推出的《中小学教师如何成长为名师》一书，其中有不少现身说法，十分实用。

事实上，一线教师不妨读一些教育以外讲方法的书。如于光远先生的《导师与研究生的对话》（苏州大学出版社2001年出版），此书主体是于光远先生写给研究生的50封信、研究生们对导师上述信件的反应及于光远先生对这些反应的反应，涉及做学问、做人、做事等多个方面。此书初版于1989年，此次再版，未作改动。附带说一句，前两年有一部名为《十九札：一个北大教授给学生的19封信》的书颇为风行，涉及面比于光远先生的书窄一些，但比较薄，读起来或许更轻松一些。

如果学有余力，一定要看一看丁钢老师的《中国教育：研究与评论》，自2003年由教育科学出版社推出第1辑后，已出了十几本，这本书正如书名所提示的，包括专家的“研究”专文与书评两大部分内容，有助于了解教育科学的“前沿”动态。中央教育科学研究所的《2001年中国基础教育发展研究报告》（教育科学出版社2002年出版，已出5册），含有丰富的学术信息。郑金洲等老师主编的《中国教育研究新进展》，实际上是一本研究综述的综录，所收十几个专题，实际可视为十几篇大综述，内容不仅限于基础教育。但其中“教科书问题分析”“课程改革的实践困惑与理论反思”“高考改革研究”等显然均属基础教育。此书为系列出版物，所出第一本为《教育基本理论之研究（1978～1995）》（福建教育出版社1996年出版），从2000年起改为现书名，一年一册，现已出到2008年（2010年出版），一般要滞后两三年，这是本书的一个缺点。

郑金洲先生叙述了该书的编纂方法：

> 每年我国出版的教育类著作成千，发表的教育研究论文上万，如何甄别材料，再将这些材料加以整合？纂辑的过程就是我们学习的过程。在经过集思广益、粗定课题“总目”初稿的前提下，我们采用了如下工作步骤：①查检索引和收集其他有关的论、著目录；②按图索骥，悉心查找相应的报刊和书籍；③分门别类摘要记录论、著的主要观点；④在进一步确定各个课题框架结构的同时，把摘要加以汇总分析，整合进框架结构之中，这样一个过程，实际上也是纂辑者较全面地了解与掌握该课题的过程；⑤确定各个课题序列，形成“总目”；⑥各个课题纂辑的初稿，在统稿中都做了少则二三次、甚至更多次的修改与调整。（《中国教育研究新进展·2007》前言，华东师范大学出版社2008年出版）

这一编纂方法本身不就是值得我们效仿的工作方法吗？附带指出，此书虽说查检的是“论、著目录”，但介绍的成果，还是以论文为主，著作有限。

另外，美国哈佛大学博士后哈里斯·库珀的《如何做综述性研究》（中译本，重庆大学出版社2010年出版）一书，虽说稍为专业了一些，但对于初涉科研的教师，还是值得一读的。因为对于初入门者而言，从撰写综述入门，或许是一个切实可行的选择。而关心在基础教育科研中常用的调查研究方法的老师，不妨看看程方平老师的《新中国教育调查回顾》（天津教育出版社2010年出版）。教育科学出版社2006年始推出的“哈佛教育名著译丛”中，也包括了好几种教育科研方法方面的书，如美国人埃伦·康德利夫·拉格曼的《一门捉摸不定的科学：困扰不断的教育研究的历史》、美国人凯瑟琳·莫塞斯的《教育管理的案例研究》、美国人理查德·沙沃森·丽萨·汤的《教育的科学研究》等。美国人威廉·维尔斯马等的《教育研究的方法导论》，教育科学出版社2010年据第9版译出，是权威之作。

方法论与研究史密不可分，这方面就推荐郑金洲、瞿葆奎老师的《中国教育学百年》（教育科学出版社2005年出版）。《教育研究》杂志社的《中国教育科学30年》（教育科学出版社2010年出版）亦可参考。

综上所述，教育理论、教育哲学和教育科研方法都是与教育这门学科的宏观有关的。我们读一些中外大家的集子，读一些担任过教育领导工作的专家的集子，读一些担任过中小学校长工作的专家的集子，读一些一线教师的集子，读一些新闻界、文学界的朋友的集子，读一些科研院所教授们的集子，就已经广泛地接触了教育理论的经典和课题，初步了解了教育理论的术语和内容。再读一点教育哲学和教育科研方法，熟悉了教育科学的思维模式和科研方法，就为我们下一步真正从事科研，打下了一个虽说是初级的但却很坚实的基础。

大家或许注意到了，我们很少推荐教育理论的学术专著。这是因为对处于入门阶段的一线教师，不论是从时间还是从知识储备来说，一上来就去硬啃学术专著，效果未必好。倒是一些所谓“教育随笔”，因浅显易懂、篇幅不长，反倒比较适合一线教师阅读。而这些“教育随笔”，因不够“专业”，似乎很少有人向一线教师推荐，或许是因为推荐的书越叫人看不懂，越透出推荐者有“学问”吧。

华东师范大学教授陈桂生老师在所著《教育实话》（华东师范大学

出版社2003年出版）一书序中，是这样评说教育随笔的：

> 首先声明的是，这本小册子算不上什么“教育研究成果”，登不上大雅之堂。因为“教育研究”自有不少讲究，有公认的研究规范和检验成果的学术标准。我在研究过程中虽少不了动动笔，而动笔写出来、抄出来、编出来的东西，未必都堪称什么“研究成果”。此理，信不信由你，至少本人是相信的。
>
> 说它算不上“教育研究成果”，它算是什么呢？可称其为“教育随笔”，这是由于其中多数短作或有那么一点意思，也就是那么一点意思而已。

实际上，一线教师还是先通过这些“登不上大雅之堂”的教育随笔，把“那么一点意思”弄明白再说。这或许是我们主推教育随笔集的理由吧。这就好比给刚入道的学生，不能一上来就布置难题、怪题，而是应先做一些普通题练练手的道理是一样的。

教育随笔的作者，包括科研院校的教授、一线教学的老师、名校的校长、报刊的记者，甚至民间学者等。但不管作者是什么人，一般都可读性较强，文章也不长。

或许正是因为教育随笔这种形式雅俗共赏、销路不错，近几年多家出版社都出版过自己的教育随笔性质的丛书。其中比较著名的有华东师范大学出版社近年推出的“大夏书系”系列，包括张文质老师的《幻想之眼：一个教育者的内在冲突》《教育的十字路口》，吴非老师的《前方是什么》《不跪着教书》，李希贵老师的《学生第二》，朱永新老师的《写在新教育的边上》，陈桂生老师的《教育实话》《师道实话》，李镇西老师的《教有所思》，刘铁芳老师的《守望教育》，郑金洲老师的《教育碎思》，郑杰老师的《给教师的一百条新建议》，商友敬老师的《坚守讲台》，窦桂梅老师的《玫瑰与教育》，高万祥老师的《我的教育苦旅》，程红兵老师的《做一个书生校长》，薛瑞萍老师的《给我一个班，我就心满意足了》等。张文质老师主编的《中国最佳教育随笔》第一、第二辑，《生活在痴迷之中——20位教师的生命探索》，《永怀生命的初恋：99个温润的课堂》，《迷恋人的成长：20位教师的课堂发现》，《轻风掠过心灵：99个感人的教育故事》等，也均由华东师范大学出版社近年出版，尤其适合一线教师阅读。张文质老师还与人合作，出版了《一节好课需要的教育智慧》《今天我们应怎样进行教学反思》《今天我们应怎样评课》等书，均由西南师范大学出版社2011年出版。

四川教育出版社2003年起陆续推出李镇西老师主编的“教育随笔系列”，包括李吉林老师的《如诗如画》、朱永新老师的《享受教育》和《行走新教育》、袁卫星老师的《细数阳光》、李镇西老师的《E网情深》和《呵护生命》、陈明华老师的《微笑如花》、陈晓华老师的《追求教育的诗意》、王丽老师的《人世间最美丽的》、程红兵老师的《心听校园》、于春祥老师的《用脚做梦》等。

高等教育出版社2004年起推出“中国当代教育家丛书”，其实也大多是教育随笔性质的文章结集。已出版的有康岫岩老师的《生命因教育而精彩》、杨一青老师的《搭建飞翔的舞台》、李镇西老师的《与青春同行》、刘永胜老师的《教育造就成功人生》、张建平老师的《风雨彩虹求实路》、王桂儒老师的《托起明天的太阳》、蔡福全老师的《志远行近》、赵福庆老师的《教育每天从零开始》、任勇老师的《为发展而教育》、李金初老师的《平生只想办好一所学校》、刘畅老师的《教人幸福地生活》、李烈老师的《给生命涂上爱的底色》、张思明老师的《用心做教育》、唐盛昌老师的《终生的准备与超越》、李吉林老师的《情境教育的诗篇》、杨瑞清老师的《走在行知路上》、刘彭芝老师的《人生为一大事来》、张化万老师的《我的语文人生》、李希贵老师的《为了自由呼吸的教育》、郑佳珍老师的《立美人生》等。

福建教育出版社2005年以来推出的“新教育文库”系列也很不错。该书系由朱永新老师主编，下面又分“我的教育随笔”“我的教育故事”“我的教育实验”等几个小系列。其实都是文章结集，随笔性质。“我的教育随笔”包括袁卫星老师的《教育有梦》、高万祥老师的《教育有乐》、李镇西老师的《教育有道》、韩军老师的《教育有悟》、薛农基、冯卫东老师的《教育有悔》等。“我的教育故事”包括《魔法作文营》《守望高三的日子》《走在教育的路上》《发生在教育在线的故事》《麻辣学生酷老师》等。“我的教育实验”包括章敬平老师的《新希望工程：媒体眼中的“新教育实验”》、周建华老师的《行动与收获：昆山玉峰实验学校“新教育实验”纪实》、卜延中老师的《与崇高对话：“新教育实验”与书香校园建设》和《与理想同行：“新教育实验”指导手册》、袁卫星老师的《窗外的声音：新教育实验学校报告选》等。

教育科学出版社近年也出版过不少教育随笔，如徐建敏、管锡基老师的《穿越生命的流光——教师阅读随笔获奖作品精选》，李镇西老师的《李镇西教育讲演》《我的教育心》，孟繁华老师的《赏识你的学生：最贴心的教育艺术》，严育洪老师的《这样教书不累人》，徐洁老师的《教师的心灵温度》，吴非老师的《致青年教师》，居桂珍老师的《爱，然后教》，等等。

山东教育出版社也推出了由张志勇、齐健老师主编的一线教师的教育随笔。已出版的计有《每一棵树都想开花》《永不停滞的追问》《向真教育靠近》《叩问教育的真谛》《读懂每个儿童》《别忘了自己也曾是个孩子》《喧嚣与超越》等。

北京师范大学出版社近年也推出过“京师教育随笔”系列，如曹洪敏老师的《教而思教》、任勇老师的《师者回眸》等，主要收录北京教师的教育随笔。

首都师范大学出版社近年来也出版了一些港、澳、台或海外教育随笔，广受欢迎，如美国人艾斯特·莱特的《教室里的心灵鸡汤》，美国人约翰·霍特的《孩子为何失败》，美国人艾尔菲·科恩的《家庭作业的迷思》，美国人威廉·格拉瑟的《没有失败的学校》，美国人理查德·派克的《走了一位老师之后》，台湾黄武雄老师的《童年与解放》《学校在窗外》，台湾林文虎老师的《好老师在这里》《好老师在这里Ⅱ》，台湾李崇建老师的《移动的学校》《没有围墙的学校》，台湾李雅卿老师的《乖孩子的伤最重》等。

西南师范大学出版社近年推出的“名师工程系列丛书”实际上是将一些“名师”的文章按不同主题重新编排，也不妨视为教育随笔集。如《教师心灵读本：教师，做反思的实践者》《教师心灵读本：成为有思想的教师》《教师成长读本：给新教师的建议》《名师最受欢迎的特色教学艺术：用特色吸引学生》《拿什么打开思路：名师最吸引学生的课堂切入点》《名师讲述：如何提升学生自主学习能力》等数十种。

事实上，仅从数量而言，我们在此开列的书单已经够长的了。曾有老师提出这样的意见：

> 对中小学教师来说，阅读大量的经典名著几乎不太可能，但至少应该选择两到三本教育经典名著，比如杜威的《民主主义与教育》、罗素的《论教育》、联合国教科文组织编写的《学会生存》等来作为重点阅读的文本。当然，也可以阅读时下流行的比较有影响的某个当代研究者的著作。（刘良华著《教育研究方法：专题与案例》，第2页，华东师范大学出版社2007年出版）

刘良华老师指出："对中小学教师而言，日常阅读一直面临一个基本难题：书太多而无法选择。"（同前注页32）。故而仅暂时推荐"适合教师阅读的九本书"（实际上是"九组书"）。实际上，不管是"两到三本"，还是"九本书"，都远远不够。《普通高中语文课程标准（实验）》明确要求"教师要努力适应课程改革的需要，继续学习，更新观念，丰富知识，提高自身文化素养：要认真读书，精心钻研教科书"。但教师们课外阅读的情况，很不理想。这方面媒体多有报道，说是不少老师"不看书不读报"，"读书不如老板"。然而一线教师要想在科研方面有所突破，必须放眼看书。一些一线教师写的"科研"文章显得轻飘飘没有分量，很大一个原因就在于阅读面没有打开，阅读量没有上去。

（二）教育学与其他各门学科交叉的书

教育学与其他各门学科相交叉，便产生了诸多教育学下的二级学科。比如教育学与心理学"联姻"，便产生了教育心理学；教育学与历史学结合，便产生了教育史。其他诸如教育经济学、教育社会学、教育管理学、教育未来学等，不一而足。但与一线教师关系最为密切的，还是教育心理学、教育史和教育管理学等几个分支。下面就重点介绍一下这几个分支的书籍。

1. 教育心理学方面的书

教育心理学方面的书非常多，而且是雅的学术专著和俗的通俗读物这两类都非常多，但令人遗憾的是，适合一线教师阅读的既轻松愉快又雅俗共赏的书，似乎并不多。我们只能挑选以下几类书，推荐给广大一线教师：

第一类书是关于教育心理学的普及读物。这方面可以向大家推荐的有美国人比格和谢米斯合著的《写给教师的学习心理学》（中译本，中国轻工业出版社2005年出版），此书以问答的形式叙述了教育心理学方面的一些常识。再有就是石国兴、白晋荣老师主编的《每天学点教育心理学》（西南师范大学出版社2009年出版），此书以一个个经典的小故事、小案例为切入点，加以简明而深刻的心理学分析，传授如何在教育中运用教育心理学的知识。西南师范大学出版社1995年出过一本张庆林老师的《当代认知心理学在教学中的应用：如何教学生学会学习和思维》，也不错。张梅玲老师的《心理致胜：一位心理学家的教育发现》（中国石化出版社2007年出版）是一部文集，涉及面颇广。何东涛老师的《学习问道——中学生高效学习的心理学视角》（浙江大学出版社2009年出版），虽说是一本专业书，但文字比较流畅，也可作为入门书来阅读。刘儒德老师的《教育中的心理效应》（华东师范大学出版社2013年出版），是名家之作。

第二类书是有关的实际案例。读者可以从中看到前人是如何具体运用教育心理学知识，来解决教育中所遇到的各种问题的。这方面值得一读的书有丛培翔、王贵福老师主编的《鸡西市小学素质教育的理论与实践》（哈尔滨工程大学出版社1995年出版）、张海钟老师的《来自河西走廊的报告：心理卫生与心理教育的理论与实践》（甘肃教育出版社2001年出版）、上海市虹口区第三中心小学特级教师毛蓓蕾老师的《小学生心理辅导札记》（上海教育出版社1996年出版）、北京市朝阳区小学生心理咨询中心编著的《学贵有方》（新时代出版社1997年出版）、陈晖等老师所著《小学生心理热线》（中年级版、高年级版各一册，新世纪出版社1996年出版）、沈家鲜和崔合美老师的《中学生心理热线》（高中版、初中版各一册，新世纪出版社1996年出版）、《心理访谈：高考心理》（中国轻工业出版社2008年出版）是中央电视台12频道同名栏目组所做节目的结集，中国社会科学院研究所王极盛老师的《王老师高考心理热线：高考心理调节实用指南》（中国社会科学出版社2004年出版）也可参看。孙义农老师的《消融着的冻土带：学校个别心理辅导

案例评析》（浙江大学出版社2005年出版）则汇集了50多个真实案例。马志国老师的《做学生的心灵导师——学生心理辅导的60个典型案例》（教育科学出版社2011年出版），也属此类。

第三类书是有关学困生转变的书。这是一线教师普遍关注的一个问题。这方面的学术专著有沈烈敏老师的《学业不良心理学研究》（上海教育出版社2008年出版）、钟启泉老师的《差生心理与教育》（上海教育出版社1994年出版）。比较通俗一些的书籍有王树华、陈彩凤老师的《差生教育转化方法》（中国人事出版社1998年出版）、黄金权老师的《教育后进学生的艺术》（江西高校出版社1999年出版）、高妙根老师的《教海拾贝：问题学生教育方法漫谈》（上海教育出版社2004年出版）、侯一波老师的《一个都不能落：名师提升学困生的针对教学》（西南师范大学出版社2008年出版）等。清澈小舟的《没有孩子是差生》（人民文学出版社2004年出版）虽说不是严格的教育心理学书籍，但同样会给予我们诸多启迪。鞠文灿、陈善卿老师主编的《差生教育启示录》（江苏教育出版社2005年出版），以对100名学生的问卷调查为基础，介绍了这些同学的状况，书中收录有相关的个案访谈、学生习作和书信等。考虑到不少同学学习不好的原因就在于缺乏正确持久的学习动机，麻凤军老师的《中小学教师谈学生学习动机》（东北大学出版社1999年出版）当可一览。另外，不少一线教师反映与学困生沟通相当困难，故而不妨看看李秀萍老师的《读懂老师：中学生眼中的老师》（中国青年出版社2003年出版），书中收录了“我是差生我怕谁”等师生之间的小故事。关文信老师的《问题学生教育指南》，分“小学班主任版”和“中学班主任版”两册，由首都师范大学出版社于2010年出版，是将差生转变与班主任工作相结合的专著。不少差生迷恋上网，可参看《青少年网络心理解析》（开明出版社2012年出版）。此外，美国人凯·伯克的《与问题学生“过招”》（中译本，中国轻工业出版社2008年出版）、美国人霍尔等的《如何教育叛逆学生——教师与家长的指导手册》（中译本，中国轻工业出版社2006年出版）和美国人科特勒的《轻松搞定使你“发疯”的问题学生》（中译本，中国轻工业出版社2009年出版），虽然说的是美国学生，但其与中国“问题学生”仍有其共性的一面，可以一读。

第四类书是一些译作。这些外国作者写的书一个突出的优点是可读性较强，例如日本人佐藤忠男的《为何而学》（广西教育出版社1999年出版）、日本人山内光哉的《学习与教学心理学》（教育科学出版社1986年出版）、日本人高野清纯等著的《小学生心理》（山西教育出版社1992年出版）按年级进行分析研究，日本人小林利宣的《中学教育心理学》（四川辞书出版社1991年出版）也是叙述了学生从初中到高中各个年龄段的生理心理特点。教育科学出版社近年推出的《儿童的秘密——秘密、隐私和自我的重新认识》（马克思·范梅南等著，中译本，2004年出版）、《儿童与情绪：心理认知的发展》（美国人保罗·哈里斯著，中译本，2012年出版）、《情绪教育法——将情商应用于学习》（加拿大人沙博等著，中译本，2009年出版）等，值得从事小学尤其是低幼年级教育的教师注意。另外，郑金洲老师的《教学方法应用指导》（华东师范大学出版社2006年出版）其实是很重要的一部书，学有余力的话应该一读。

2. 教育史方面的书

教育学与历史学结合，便产生了教育史。

教育史方面，首先应了解本校、本地区的教育历史。不少学校均已出版校史，不少地区也已出版本地区的教育史。最好备上一部，时时翻览，熟知本地、本校的教育史，会让人有诸多方面的收获。

除了本校、本地区的教育史，还应了解本省、市、自治区的教育史。经济稍发达的省、市、自治区，几乎都有《广东教育改革发展30年纪事》（广东高等教育出版社2008年出版）、《山东教育改革发展三十年（1978—2008）》（教育科学出版社2008年出版）一类的书，可找来翻阅。

人民教育出版社1999年推出过一套“中国名校丛书”，一校一册。就以学校名为书名，包括了《北京师大附中》《北京四中》《北京第一实验小学》《天津市南开中学》《上海市大同中学》《江苏省扬州中学》《南京师大附中》《南京市金陵中学》《苏州市实验小学》《浙江省春晖中学》《厦门市集美中学》《湖南省长沙一中》《广东省广雅中学》《成都市石室中学》等数十种。肖川、周颖老师的《新中国基础教育典型学校》（天津教育出版社2010年出版）介绍了26所学校。至于引起争议的湖北黄冈中学，可参阅李金奇、袁小鹏老师的《黄冈中学“教育神话”解读》（湖北人民出版社2008年出版）等。一些特色校也大多

出过“经验集”。如肖明华老师的《开发潜能的教育策略》（四川教育出版社2004年出版），集中展示了成都实验外国语学校的教改成果。李金初、曲艳霞老师的《学校国有民办制——北京市十一学校八年办学体制改革总结报告》（中央民族大学出版社2003年出版），介绍了国有民办试点校北京市十一学校的经验。高亚军老师的《学案导学法：教学改革的一个创新性实验》（中国科学技术出版社2002年出版），实际是对浙江省金华一中教改经验的全面介绍，而非仅仅介绍一种具体学法。袁卫星老师的《窗外的声音：新教育实验学校报告选》（福建教育出版社2007年出版）则描述了试点教改校14位老师的喜怒哀乐。《我眼中的人大附中》（中国人民大学出版社2002年出版）、《在附中的日子》（京华出版社2001年出版），是以学生的眼光看母校。后一本分上、下册，是讲北京师范大学附中的事情。

对本校、本地乃至本省、市、自治区的教育史有所了解后，当然对全国的教育史也应有所了解。这方面最重要的著述当属石鸥老师的《中国基础教育60年》（湖南师范大学出版社2009年出版）；叶澜老师的《中国基础教育改革发展研究》（中国人民大学出版社2009年出版），没有史之名，但有史之实。其他也可以参看北京师范大学出版社2009年推出的《中国教育改革30年》，该书下分课程与教学卷、基础教育卷、关键数据及国际比较卷、教师教育卷、学前教育卷、政策与法律卷、高等教育卷等。华东师范大学出版社2008年出版的《改革开放30年教育经典》，是专家、学者的相关对话，也可一览。杜成宪老师的《共和国教育60年》（广东教育出版社2009年出版）共4册，对了解新中国成立以来的教育史很有帮助。教育科学出版社2008年出版过一套丛书，计有《教育大国的崛起（1978—2008）》《改革开放30年中国教育重大理论成果》《改革开放30年中国教育重大历史事件》，对于了解改革开放30年来的教育史有一定帮助。储朝晖老师的《中国教育六十年纪事与启思（1949—2009）》（山西教育出版社2013年出版）也不错。至于几千年来的中国教育史，可借助两套书进行了解。一套是山东教育出版社2000年推出的8卷本《中国教育通史》，这是按时代顺序编的，从古代一直到新中国成立后；一套是顾明远老师主编的《中国教育大系》（湖北教育出版社1994年出版），这是按专题编的，下分马克思主义与中国教育、历代教育制度考、历代教育名人志、历代教育论著选评、现代教育理论丛编等分册。教育科学出版社2010年出版的《全国教育工作会议文件汇编》是重要的历史文献集。

外国教育史方面，当代外国教育请参看下面的章节。如果没有特别的兴趣，仅仅一般了解，可利用几部工具书。一部是顾明远先生的《世界教育大事典》（江苏教育出版社2000年出版），收集条目近4000条，从人类有记载开始一直到1999年，按亚洲、非洲、欧洲等地域排列；吉林教育出版社1990年出版的《中外教育史大事对照年表》、上海教育出版社2001年出版的《中外教育大事年表：公元前—公元2000年》和职工教育出版社1990年出版的《世界教育史大事记》等。中国近现代一段，有刘英杰老师主编的《中国教育大事典（1840—1949）》（浙江教育出版社2001年出版），中央教育科学研究所编《中国现代教育大事记》，中央教育科学研究所编辑，教育科学出版社1983年出版的《中华人民共和国教育大事记》（1949—1982），查阅起来都很方便。单中惠老师的《外国中小学教育问题史》（山东教育出版社2005年出版）也颇有特色。

至于一些专门史的书，如教会学校史、女子教育史、课程设置史、教育管理史等，也几乎应有尽有，有兴趣的老师可以选看山西教育出版社出版的“中国教育史专题研究丛书”。如无特别兴趣，则只有蒋超老师的《中国高考史》（中国言实出版社2008年出版）不妨一阅。该书共4卷：创立卷、动荡卷、改革卷和展望卷。杨学为老师的《中国高考史述论（1949—1999）》（湖北人民出版社2007年出版）仅一册，但内容也很丰富。当然东北师范大学出版社的《中国师范教育十五年》，老师们也许会更有兴趣。小学老师可参看吴洪成老师的《中国小学教育史》（山西教育出版社2006年出版）、吴洪成老师的《历史的轨迹——中国小学教育发展史》（西南师范大学出版社2003年出版）。

再就是一些从教育史角度谈教育的集子了，如谢泳老师的《教育在清华》（百花文艺出版社1999年出版），文章浅白有趣，当可一读。熊承涤老师的《中国古代学校教材研究》（人民教育出版社1996年出版）虽说是一本专门史，但读一读，也会扩展我们的思维空间。王丽老师的《追寻失落的中国教育传统》（教育科学出版社2010年出版），论及“开笔礼”“成人礼”“游学”等诸多已“失落”的传统，颇值一读。刘铁芳老师主编的《重温古典教育传统》（华东师范大学出版社2008年出版）可读性也不错。

3. 教育管理学方面的书

教育和管理学的交叉，就产生了教育管理学。

这方面除了一些通行教材外，稍早出版的，有江铭老师主编的《中国教育督导史》（人民教育出版社1994年出版）、成有信等老师的《教育政治学》（江苏教育出版社1993年出版）和孙绵涛老师的《教育政策学》（武汉工业大学出版社1997年出版）和《教育行政学》（华中师范大学出版社1998年出版）等，尽管这几本书都有待修订，但却把我们带入从国家政治和国家政策层面来理解教育管理的高度。

管理学是从国外引进的洋味扑鼻的学科，故而一些译作也当翻阅，如中国轻工业出版社2003年出版的《教育管理学：理论与实践》、江苏教育出版社2009年出版的《教育管理：基于问题的方法》等。也可翻阅冯大鸣老师的《美、英、澳教育管理前沿图景》（教育科学出版社2004年出版），对欧美教育管理取得一个面上的了解。教育科学出版社2009年推出的“教育管理新概念丛书”包含有彭虹斌老师的《教育管理学的文化路向》等书，汇集了国内有关教育管理的“新题”“新作”“新人”，也有启迪。李希贵老师的《学生第一》（教育科学出版社2011年出版）图文并茂，饶有兴趣。

如果想了解国内教育，尤其是民办教育的管理经验，有两本书值得一读：一本是王宇老师的《俞敏洪新东方管理日记》（中国铁道出版社2010年出版），一本是张永琪等老师的《育者无疆：环球雅思的连锁传奇》（机械工业出版社2009年出版）。

（三）与教学论、课程论、考试学有关的书

作为一线教师，当然更关心与自己任教学科有关的教学论、课程论、考试学方面的信息。这方面的内容。我们放在“适合一线教师阅读的教育书籍（下）”中来介绍，但对不涉及具体学科的教学论、课程论、考试学方面的书，也应有一个基本了解，不一定本本都去细读，但至少应该翻过。

1. 与教学论有关的书

和以往相同，教学论方面，我们也不准备推荐什么专著、大作了。

偏理论的书，我们准备推荐有限的几本。著名教育家张楚廷老师的《教学细则一百讲》（湖南师范大学出版社1999年出版）是一部经典之作。于永昌老师的《教学其实很简单》（岳麓书社2009年出版），涉及何为教学、为何教学、如何教学等教学论的基本问题，也可当作教学论的入门书来读。严育洪老师的《这样教书不累人》（教育科学出版社2009年出版）、周成平老师的《新课程名师教学100条建议》（中国科学技术出版社2008年出版）、郝志军等老师的《当代国外教学理论》（教育科学出版社2012年出版）、郭永贤老师的《课堂学习研究概论》（安徽教育出版社2011年出版）、杜小宜老师的《养成教育·英语习得的36条钻石法则》（安徽教育出版社2009年出版）等也可参考。此外，李定仁、徐继存老师主编的《教学论研究二十年（1979—1999）》（人民教育出版社2001年出版）虽说有待补充，但仍是每位对教学论有兴趣的老师必读必备的书；董远骞老师的《中国教学论史》（人民教育出版社1998年出版）、美国人尼克·帕卡德等的《美国中小学教学技巧2000则——美国教师教学法》（中译本，首都师范大学出版社2004年出版）等均可当成一部工具书备用。小学语文老师看一看白金声老师的《小学语文教学新体系》（教育科学出版社2012年出版），也可增进自己的理论修养。

美国著名教育心理学家奥苏伯尔等的《教育心理学：认知观点》（人民教育出版社1994年出版）中译本厚达760多页，但还不像国内某些皇皇大作那样板着面孔，面目可憎。

第五类书是备查的书，可参览高学贵老师主编的“学校心理的十万个为什么”（教育科学出版社1998年出版）一套8册，涉及面颇广，缺点是出版时间稍早了些；刘晓明老师主编的《学校心理咨询百科全书》（吉林人民出版社2000年出版），下分理论卷、方法卷、案例分析卷、团体训练卷等，也很不错，但也是10年前出版的书了。

王子木、李淑玉老师编著的《小学教师课堂引导技巧与方式》（白山出版社2012年出版），计分6章，分别是：

第一章　课堂的趣味引导艺术
第二章　课堂的组织引导艺术
第三章　课堂的情境引导艺术
第四章　课堂的情绪引导艺术

第五章　课堂的思维引导艺术
第六章　课堂的记忆引导艺术

这是一部十分实用的书。

教学论领域有大量的论文集，汇集了老师们的教学心得。我们首先关心的，当然应该是本地甚至本校的论文集，这就无法一一举例了。下面只是列举一些质量不错的论文集，仅供参考。北大附小的《在路上——北大附小教学获奖案例解析》（北京大学出版社2010年出版），是分学科出版的。丁建强老师的《学程导航·活力课堂：海门的小学课堂教学改革》（南京师范大学出版社2012年出版）也不错。还有山东省教学研究室编的《山东省教学能手经验选编》（山东教育出版社1992年出版）、广西教学研究部编的《教改之花：广西“中小学各科教学目标管理实验”获奖论文选集》（广西教育出版社1993年出版）、李波老师主编的《教法与学法：骨干教师优秀教学论文集》（辽宁大学出版社1997年出版）、梅争利老师主编的《全国教师优秀教育教学论文集：〈教育报〉第五届全国教师征文大赛获奖作品选》（中国文联出版社2003年出版）。《金钥匙——全国中小幼教学优秀改革“金钥匙奖”获奖论文集》（人民教育出版社1989年出版），下分“中学卷”和“小学幼卷”两册。《上海市青年教师教育教学研究课题获奖成果汇编（2004—2005）》（上海科技教育出版社2006年出版）。程勇智老师主编的《优秀论文暨试题汇集》（山西人民出版社2001年出版），收录太原市师资培训“双五”工程成果，下分“小学幼版”“中学文科”“中学理科”三册。山东教育出版社1992年出版，2003年重印的“全国特级与优秀教师教学艺术集萃丛书”共5册，每位老师下列“课堂教学经验总结”“课堂教学实录片断”和“课堂教学片断评介”等栏目。人民教育出版社2004年推出的《中小学探究教学200例》文、理科各一册，实际也是老师们教学结晶的汇集，不妨当资料集使用。注意文科分册仅包括语、英、政三门学科。

张玉彬老师编著的《理想课堂的构建与实施：一个教研员眼中的理想课堂》（西南师范大学出版社2010年出版），从教研员角度看教学，不多见。连瑞庆老师主编的《形象思维与中学语文教学》（北京科学技术出版社2006年出版），是从思维学看教学，也很珍贵。对此感兴趣的话还应看看郅庭瑾老师的《为思维而教》（教育科学出版社2007年出版）、温寒江老师主编的“脑科学·思维·教育丛书”（教育科学出版社2010年出版）丛书，包括《小学英语教学与形象思维》《教学改革的回归与创新——“学习与思维”课题研究20年》等。

谈到老师们的教学经验，近期有几套书值得关注。张化万老师主编的“名师成长之路丛书”（浙江教育出版社2009年出版），下有《走进作文——专题研讨》《走进心灵——全景式生活化名师培养》《走进殿堂——浙派名师青年讲坛》《走进经典——青年名师的阅读人生》《走进理想——高端学科带头人培养的实践与研究》《走进课堂——磨课的幸福》等书。再一套书是朱永新老师主编的“新教育文章·新生代名师课堂探索”（福建教育出版社2006年出版），下有《走进徐斌》《走进钱守旺》《走进王文丽》等书。教育科学出版社2012年出版的《这样教语文——余映潮创新教学设计40篇》，集中了一位名师的语文教学案例。北京师范大学出版社近期推出的“中小学教师教学策略书系”，有按主题分的如《网络教学策略》《学会学习教学策略》《多媒体教学策略》《差异教学策略》《创新教学策略》等，也有按学科分的计几十种。其实，早在2000年，人民教育出版社就已出版了陈心五老师的《中小学课堂教学策略》。

除了上述偏理论和偏实践这两类书外，涉及实际教学技能的书，也应引起一线教师的关注。这方面的书也不少，我们着重介绍两套书。一套是郑金鹏老师主编的“课堂新技巧丛书”（教育科学出版社2006年出版），下有《课堂掌控艺术》等书；再一套就是中国人事出版社1999年推出的“优化课堂教学方法丛书”，下有《课堂有效提问方法》《讲解概念与板书设计方法》《课堂引入技巧》《课堂学习方法指导策略》《课堂演示与教学结课方法》等书。刘显同老师的《课堂提问的艺术》（天津人民出版社1997年出版）、杜素槐老师的《教师板书入门》（河北美术出版社1993年出版）等，也当归类于此。另外，有些专著讨论的是相当细化的问题，如叶澜老师的《新基础教育探索性研究报告集》（上海三联书店1999年出版）、《“新基础教育”论——关于当代中国学校变革的探究与认识》（教育科学出版社2006年出版）涉及如何在课堂上创设学生自由支配的时间和空间等问题，一线教师不妨先抛开其理论部分，关注其可操作部分；东北师范大学出版社邢秀凤老师的《语文课堂对话艺术》，用“对话”而不用“提问”，书名中就透出平等交流的理念。李振村老师的《教育的体态语言》（教育科学出版社2011年出版）、徐丽华老师的《小学课堂观察》（教育科学出版社2012年出版）等也颇受好评。说到课堂观察，更为细化的书有余文森、林高明、叶建云老师的《名师怎样观察课堂（小学数学卷）》和余文森、林高明、许玉兰老师的《名师怎样观察课堂（小学语文卷）》，两书均由华东师范大学出版社2009年出版。

译作方面，美国人沃姆利的《50种教与学的总结技巧》（中译本，中国轻工业出版社2006年出版）、美国人丹东尼奥的《课堂提问的艺术——发展教师的有效提问技能》（中译本，中国轻工业出版社2006年出版）、美国人麦格恩的《提问吧》（中译本，中国商业出版社2010年出版）、日本人内山辰美编著的《专家指点提问的技巧》（中译本，科学出版社2006年出版）、美国人斯特宾的《实用讨论式教学法》（第二版中译本，中国轻工业出版社2011年出版）等，也均不错。英国人苏·考利的《教会学生思考》《教会学生创造》（中译本，教育科学出版社2010年出版），美国人沃思等的《教会学生阅读：方法篇》，美国人坦珂斯莉的《教会学生阅读：策略篇》，美国人厄克特等的《教会学生写作》，美国人斯普伦格的《教会学生记忆》，英国人斯蒂芬·鲍凯特的《这样一想就明白：100招教会思考》《让学生突然变聪明》等，中译本均由教育科学出版社2009—2010年出版。

倡导自主学习的“剑桥教育：学习性评价丛书（小学版）”，中译本也由教育科学出版社2010年出版，包括《分享学习目标》（小学版）、《提更好的问题》（小学版）、《让反馈更有效》（小学版）、《促进学生的自我评价》（小学版）。广东教育出版社，2013年推出了一套有效教学译丛，计有美国人克瑞的《有效讲解和提问的技巧》、美国人克里亚科的《有效教学基本技能》、美国人费舍的《教会孩子学习》、美国人贾维斯的《有效教学心理学》和美国人佩第的《循环教学：一种有效的教学法》等。

说到实用技能，与电化教学、网络教学方面相关的书，也附带在此做一介绍。对这一领域有兴趣的教师可以参看詹青龙老师的《网络教育学》（江西教育出版社2007年出版）、黎军老师的《网络学习概论》（上海人民出版社2006年出版）、刘清堂等老师的《网络教育资源设计与开发》（北京大学出版社2009年出版）和许晓艺老师的《网络学习方法：教你做成功的网络学习者》（清华大学出版社2008年出版）、黄伟老师的《教师网络学习》（首都师范大学出版社2009年出版）等。张菊荣等老师的《发生在教育在线上的故事》（福建教育出版社2005年出版），讲的是各地各科的老师们与一个教育网站一起成长的真实故事。上海市北虹初级中学的《初中“电子学案”的设计与教学实践》（百家出版社2007年出版）对想了解目前正方兴未艾的“电子学案”学习的人，会有所帮助。王陆、刘菁老师的《信息化教育科研方法：发挥技术工具的威力》（教育科学出版社2008年出版），介绍了一些教师常用的软件和工具。武法提老师的《国外网络教育的研究与发展》（北京师范大学出版社2003年出版），对我们了解国外相关情况也很有帮助。

网络环境对教与学的影响，可参览北京师范大学出版社近年推出的“全国现代教育技术实验学校教改成果丛书”。如王岚、高雅萍老师的《信息技术文化视野下的小学课程改革》，讲的是北京灯市口小学的事情。还有孟毅、祝建群老师的《信息化环境下的小学成长教育》，李先启、张鹏老师的《信息技术环境下小学语文教学改革的探索》，沈建山老师的《信息化环境下的小学德育》，以及唐盛昌老师的《直面数字化挑战的中学教育改革》，陈国明、张挥老师的《信息化环境下中学课程资源的共建共享》，林慧敏、万代红老师的《信息化环境下的有效学习》，任奕奕、陈晓明等老师的《中学数字化校园的建设与应用》等。

相关的教学经验，书本式和电子版的都很多。有一些论文集虽稍老了一点，但能从中看出前人是如何摸索的，颇有启迪。如《求索：山西省现代教育技术优秀论文集》（山西科学技术出版社2001年出版）、《探索者的足迹：上海电教文选》（上海科学普及出版社1999年出版）、《茂名市优秀教育论文集（电化教学卷）》（广东高等教育出版社1999年出版）等，还有天津市滨江中学、天津市教育科学研究院编的《滨中创新之路：多媒体教育》（天津科学技术出版社2000年出版）、李佟慧等老师的《网学天下：小学教育创新在网上》（人民教育出版社2007年出版）记载了一线教师对信息化教学的亲身感受。将优秀教学案例集中出版的丛书也不少。如科学出版社2002年推出的《多媒体教学设计方案选》，下分初中数理化、初中语文、英语、小学语文、小学数学、小学自然等分册。至于技术方面的书，因相关技术日新月异，就不多介绍了。海洋出版社2002年推出过一套《多媒体课件制作一例通》，下面依物理、化学、数学、语文、英语、美术等学科分册，较切实用，但也应修订了。

令人遗憾的是，至今还没有一部理想的网上教学资源及音像制品、课件的检索工具书。中共吉林省委宣传部编写过一部《多彩的电影世界：中小学电影系列化教育指导》（北方妇女儿童出版社1991年出版），介绍了244部电影。蒋鸣和老师的《新课程学习主题网络资源索引》（上海科技教育出版社2003年出版），按学科介绍了不少线索，但还远远不够，其他线索，只能自己在网络上查找了。

除了上述各书外，如果学有余力，有些译著也是不错的。如美国人阿兰兹的《学会教学》（中译本，华东师范大学业出版社2007年出版），此书在海外已出到第七版，中译本是据第六版译的；美国人麦克罗斯基等的《课堂交流指南：交流在教学和培训中的作用》（中译本，中国轻工业出版社2006年出版）；美国人麦克劳德等的《课堂管理要素》（中译本，中国轻工业出版社2006年出版）；澳大利亚人Frangenheim的《活跃课堂思维的教学策略》（第六版中译本，中国轻工业出版社2011年出版）；美国人佩奇的《让学生都爱听你讲——课堂有效管理6步法》（中译本，中国轻工业出版社2010年出版）；美国人希尔伯曼的《积极学习：101种有效教学策略》（中译本，华东师范大学出版社2005年出版）；美国人巴恩斯的《新教师如何有效控制课堂》（中译本，四川教育出版社2009年出版）；美国人鲍里奇的《有效教学方法》（中译本，江苏教育出版社2002年出版）；美国人达克沃斯的《精彩观念的诞生：达克沃斯教学论文集》（中译本，高等教育出版社2005年出版）和《多多益善——倾听学习者解释》（中译本，高等教育出版社2004年出版），后者记述了7位一线教师在各自学科中进行研究性教学的故事。美国人詹姆斯·贝兰卡等的《多元智能与多元评价——运用评价促进学生发展》（中译本，中国轻工业出版社2004年出版）、美国人戴维·拉齐尔的《智慧的课程——利用多元智力发掘学生的全部潜力》（中译本，教育科学出版社2003年出版）、英国人沃特金等的《100个常用教学技巧》（中译本，教育科学出版社2009年出版）等，均为我们带来国外新的教学理念和教学经验。美国人帕丁的《教师课堂实用手册：新老教师教学与管理策略》（第二版中译本，中国轻工业出版社2006年出版）是针对新入职年轻教师的课堂小百科。美国人Renee的《你必须去学校，因为你是教师》（中译本，中国轻工业出版社2007年出版），用诙谐幽默的语言，介绍了250条课堂管理策略。美国人奥林奇的《避免课堂失误的44招》（中译本，中国轻工业出版社2008年出版）、美国人布鲁肖等的《改善学生课堂表现的50个方法：小技巧获得大改变》（中译本，中国青年出版社2010年出版）等都比较有可操作性。

至于教材，有两本“研究”不错：一是陈月茹老师的《中小学教科书改革研究》（教育科学出版社2009年出版），二是王建军老师的《中国近代教科书发展研究》（广东教育出版社1996年出版）。

2. 与课程论有关的书

课程论方面，主要介绍几本译作，如英国人麦克·杨的《未来的课程》（中译本，华东师范大学出版社2003年出版）、日本人佐藤学的《课程与教师》（中译本，教育科学出版社2003年出版）、美国人小威廉姆·E.多尔和澳大利亚人诺尔·高夫主编的《课程愿景》（中译本，教育科学出版社2004年出版）、美国人丹尼尔·坦纳等的《学校课程史》（中译本，教育科学出版社2006年出版）、美国人威廉·F.派纳的《课程：走向新的身份》（中译本，教育科学出版社2008年出版）、澳大利亚人科林·马什的《理解课程的关键概念（第3版）》（中译本，教育科学出版社2009年出版）、美国人埃利斯的《课程理论及其实践范例》（中译本，教育科学出版社2005年出版）、日本人水原克敏的《现代日本教育课程改革》（中译本，教育科学出版社2005年出版）等。许新海老师的《澳洲课程故事——一位中国著名校长的域外教育经验》（福建教育出版社2006年出版），分国别介绍了课程设置和课程改革的故事。

至于国内的相关著述，有些专著是下了功夫的，如教育科学出版社2007年推出过一套“变革”丛书，包括：郑金洲老师的《说课的变革》、刘家访老师的《上课的变革》、林存华老师的《听课的变革》、吴亚萍和王芳老师的《备课的变革》等，名家名作，力透纸背；杜成宪老师和日本人深田晴雄合著的《城市中小学校课程开发的实践与课题：中日比较研究》（华东师范大学出版社2005年出版）也是一本不错的中外比较专著。但真正适合一线教师阅读的，实在是乏善可陈。这或许是因为国内的课程改革，不是流于形式，就是变味走样吧。只有王荣生老师的《语文科课程论基础》（上海教育出版社2003年出版）等不多的几本专著，受到一线教师的欢迎。另外，李定仁、徐继存老师的《课程论研究二十年（1979—1999）》（人民教育出版社2004年出版）可作为基本工具书使用。陈时见、杨茂生老师的《高中课程改革的国际比较——侧重2000年以来的经验、问题与趋势》（西南师范大学出版社2010年出版）是同类书中比较扎实的一本。郑金洲老师的《课改新课型》（教育科学出版社2006年出版），是新近出版的一部专著。金海清老师主编的《课型集萃（小学卷）》（江苏教育出版社2012年出版），下分语文篇、数学篇、英语篇、品德篇和科学篇计5篇，每篇下列相关课型。如英语篇下列：

阅读教学基本课型
词汇、句型教学基本课型
综合板块教学基本课型
复习课教学基本课型

每一“基本课型”下，大体有“基本模型”“操作说明”“典型案例”“简要点评”等几个板块。

至于各地课改的经验教训，大多有专书。如北京，有《北京市普通高中课程改革》（首都师范大学出版社2009年出版）、《守正创新第三年：北京高中新课程首轮实验纪实与思考》（首都师范大学出版社2010年出版）。上海有《上海二期课程教材改革的探索与实践——来自课改研究基地学校的报告》（上海科技教育出版社2006年出版），下分幼儿园至高中共4册。江西有《走过五年：江西省基础教育课程改革经验汇编》（人民教育出版社2006年出版）等。罗玲玲老师的《让创意破壳而出——激发中学生创造力》（教育科学出版社2008年出版），是讲沈阳东北育才外国语学校开设“创造课”六年来的事情。

3. 与考试学有关的书

如果对考试学确有兴趣，那么当然应该阅读甚至购买陈明庆等老师主编的《考试研究方法导论》（北京大学出版社2009年出版）。如果仅是为出题或建库需要了解一些相关知识，可参览王晶华等老师的《考试命题与试题库》（大连理工大学出版社1993年出版）一书；顾明远、申杲华老师主编的《考试与命题管理运作全书》（开明出版社1995年出版）也可备查。

至于考试技巧方面的书，内容比较翔实的有陈祥星老师的《考无不胜：考试高手坦言学习应考策略》（华文出版社2002年出版）、许斌老师的《追寻考试成功》（云南人民出版社2005年出版）、王秋虎等老师编著的《学会考试：轻松通过考试必备的77种技能》（中国对外翻译出版公司2005年出版）、林可行老师的《考试高手》（大众文艺出版社2007年出版）等。

考试心态调整方面的书也不少，可操作性较好的有周梅华老师的《考试让你增加50分：谈考生的心理调节方法》（东北大学出版社1997年出版），刁志萍老师的《考你一份好心态：考试心境》（华文出版社2003年出版），申燕萍老师的《考试心理训练60法》（上海大学出版社2003年出版），王寅、杜金川老师的《考试心灵鸡汤100味》（书海出版社2004年出版）等。任勇老师推荐的叶一舵著、开明出版社出版的《高考心动力》也不错。王常春老师的《中国传统文化教你应对考试焦虑：考出最好的自己》（教育科学出版社2012年出版）一书颇有特色。另有几本相关的译作也可一读，如英国人迈克·伊万斯的《B-2考试法：决胜考场得高分的技巧与方法》（中译本，金城出版社2003年出版）、英国人艾琳·特雷西的《我是考场高手：怎样成功通过考试》（中译本，湖南教育出版社2008年出版）等。

（四）教师与学生

教师不仅仅是教学，还要做人的工作，这也许恰恰是做一名教师的难点与魅力所在。语文老师对学生的影响，或许更加直接。作家马原曾谈到他上小学时的一件事：

> 我刚才讲到的《早上八九点钟》这篇小说，就是写一次作业没完成，然后老师家访。我心里的恐惧，我要如何面对父母……因为我们家崇尚皮肉教育，孩子有过错就得挨揍。今天我也继承了这个传统，我儿子虽然不像我小时候挨

打那么频繁，但是偶尔也免不了挨打，我们是实行体罚的。那次家访之后，老师看出了我们家这种情况，老师跟我父亲说，这样吧，让马原到我家里去坐一坐。老师要带学生去自己家里，家长肯定很高兴，肯定不反对。我跟老师回家，本来以为老师还是会一直板着脸训我，可我到老师家以后，她把我放到一个房间里就不来管我了。那个房间里有一书橱的书，那是在我脑子里第一次有这样的概念，一个家庭里居然可以有整整一书橱的书，而且全都是——我当时不管它们叫小说，我叫它们故事书——一书橱都是故事书，因为这位老师是语文老师。老师平时很威严，也不很年轻，当时和我母亲年龄差不多，我从来没见这老师笑过。但我去她家里，我发现她和家人和丈夫、孩子在一起的时候是非常快乐的一个人，这个给我印象特别深。她叫我自己随便翻翻书橱，我后来在书橱前面一待待了三个小时，一动都没动。临走时，我问老师借了三本书，一本叫《第四高度》，苏联小说，是那种很有积极教育意义的小说；一本叫《普通一兵》，写一个苏联英雄的故事；还有一本是凡尔纳的《地心游记》。应该说，从那个年龄开始，我养成了读小说的这种习惯。后来我把这篇小说完成之后，把它题献给我的那个老师——关老师。（《小说密码：一位作家的文学课》，第42～43页，作家出版社2009年出版）

毫不夸张地说没有这位关老师，就没有作家马原。

在这方面首先值得读的是优秀一线教师的先进经验，如中共山东省高校工委编的《我的学生我的爱：山东优秀教师演讲比赛获奖作品》（山东教育出版社2000年出版）；中共湖北省委高校工委编的《奉献者之歌》（新华出版社1991年出版）；蒋笃运主编的《师为范：河南师德风范录》（河南大学出版社2007年出版）；松江县人民教育基金会编的《红烛之光》（学林出版社1991年出版），介绍了松江县工作优秀教师的先进事迹；文可义等主编的《爱的奉献》（广西人民出版社1989年出版），介绍了红水河畔王遐方老师的事迹及部分一线教师的感想。中国教科文卫体工会编的《捧一颗心来：第一届全国青年教师师德演讲比赛文集》（中国工人出版社2008年出版）；中国教育工会编的《“树、创、献”活动经验荟萃》（天津科学技术出版社1997年出版）等。也有按学校编的，如关承华老师的《凭什么让学生服你》（中国青年出版社2007年出版）、辽宁教育出版社1991年出版的《桃李春晖》。还有教师个人做学生工作的例子，如王晓春老师的《育病树为良材》（光明日报出版社1989年出版）、常作印老师的《不做庸师》（湖南教育出版社2010年出版）、李兆德老师的《魏书生教育方法100例》（辽宁教育出版社1985年出版）等。

殷楠老师主编的《心在这里相遇——我和学生的故事》（中国劳动社会保障出版社2013年出版），等于收集了几十个师生交往的鲜活案例。范晓兰老师的《点化“悟空”》（陕西人民教育出版社2012年出版），结合自身20年班主任工作的体会，讲述了如何点化学生尤其是大闹天宫的“悟空”型学生的心得。辽宁省凤城市东方红小学鄂秀春老师的《用幸福感点燃教育激情》（辽宁民族出版社2011年出版），是一本一线小学班主任自撰的书，内容很充实。北京史家胡同小学语文老师万平老师的《教育是温暖的——一位班主任的18个教育故事》（北京出版社2010年出版），可读性也不错。

班主任工作方面，熊华生老师的《班级管理智慧案例精选》（华东师范大学出版社2011年出版）集中了不少相关案例，同一书系还有《班主任专业成长——100个千字妙招》《中小学班级主题活动40例》等，都是《班主任之友》杂志文章的结集。刘坚新、郑学志老师的《班主任工作的55个“鬼点子”》、万玮老师的《遭遇问题学生——问题学生的教育与转化技巧》、杨兵老师的《魅力班会是怎样炼成的》《与学生家长“过招”——班主任的家长工作艺术和技巧》等书，均为中国轻工业出版社2010年推出的“班主任工作助手丛书”中之一种，颇受好评。齐学红老师的《精神家园共营造：班主任与每个班级》（教育科学出版社2009年出版），分别论述了班主任与差乱班、优秀班、新接班、寄宿班、外来子女班等各类班集体的关系，也兼及班主任与科任老师的关系。王宝祥老师的《阳光心态每一天：班主任的每一天》（教育科学出版社2009年出版）依照时间顺序讲述了班主任每一天的工作，类似的还有李玲惠老师的《日升日落：老师的一天》（广西教育出版社1999年出版）、李

威熊老师的《春去秋来：老师的一年》（广西教育出版社1999年出版），吴增强老师的《学生心声细聆听：班主任与每一个学生》（教育科学出版社2009年出版）也阐述了班主任与学生沟通的实际经验。韩东才老师的《班主任叙事——讲述你的教育故事》（暨南大学出版社2008年出版）、江兴代老师的《天使的翅膀：一百个精彩的班主任工作案例》（安徽教育出版社2007年出版）和《阳光的吟唱——一百个震撼心灵的教育故事》（安徽教育出版社2007年出版）、《魅力班会课》（高中类）（华东师范大学出版社2009年出版）等，严育洪老师的《“事”说师生关系》（首都师范大学出版社2007年出版），以具体案例来阐述师生关系，均为鲜活的案例。

关于班主任主题活动的书不少，比较值得推荐的有赵力乾老师主编的《华彩五云：主题活动指导参考设计》（西泠印社2012年出版），是按年级编的，以表格形式呈现。

如果是初任班主任，有几本书不妨当入门书看：张万祥老师的《致青年班主任》（教育科学出版社2012年出版），丁如许老师的《给班主任的建议》（教育科学出版社2010年出版），陈宇老师的《你能做最好的班主任》（教育科学出版社2011年出版），郑英老师的《班主任，可以做得这么有滋味》（教育科学出版社2012年出版）。这几本书中都包含有大量鲜活案例，而王晓春老师的《今天怎样做班主任——点评100个典型案例》（教育科学科学2010年出版），更是以案例为主。

有几本书值得特别注意：一是吴晓芳老师的《我们的导师制》（江苏教育出版社2007年出版），实际是南京一中相关经验的结集；二是李玉芳老师的《多彩的学生评价》（教育科学出版社2010年出版），论及目前流行的新式评价，值得参考；三是胡庆芳老师的《让孩子灵性成长：青少年野外活动教育创新》（教育科学出版社2010年出版）。

专家的著述方面，魏书生老师的《班主任工作漫谈》（漓江出版社2005年出版），尹建国老师的《当个好老师》（四川教育出版社2005年出版），吕洪波老师的《教师反思的方法》（教育科学出版社2006年出版），芮彭年老师的《班主任要做的15件事》（上海教育出版社2009年出版），黄燕老师的《中国老师缺什么：新课程热衷教师角色的冷思考》（浙江大学出版社2005年出版），陈桂生老师的《聚焦班主任——“班主任制”透视》（教育科学出版社2012年出版）和《聚焦学生角色——现今学生价值倾向问题》（教育科学出版社2011年出版）等，均值得一读。

国外的译著，有不少好书，如美国学者克莱因的《教师能力标准：面对面、在线及混合情境》（中译本，华东师范大学出版社2007年出版）介绍了信息化环境下对教师能力的新要求；美国教育学博士麦金太尔·D.J.和奥黑尔·M.J.合著的《教师角色》（中译本，中国轻工业出版社2002年出版）认为教师是组织者、交流者、激发者，介绍了教师在扮演这些角色时的一些实用策略；日本学者上寺久雄的《教师的心灵与风貌》（中译本，春秋出版社1989年出版）阐述了教师应具备什么样的素质，教师成长的动力是什么，这样一些严肃而又实际的问题；美国学者凯利的《新任教师完全手册》（中译本，中国轻工业出版社2007年出版）是针对初为人师者的培训教材，在国外享有盛誉；美国学者科特勒等著的《怎样成为一名优秀教师》（中译本，华东师范大学出版社2009年出版）；英国学者狄龙等著的《如何成为一名出色的教师》（中译本，人民教育出版社2010年出版），论述的领域相同但侧重有所不同，均会予人启迪；美国学者基诺特的《师生沟通技巧》（中译本，世界图书出版公司2003年出版）不仅介绍了国外相关的技巧，也反映了国外相关的理念；而赵国忠老师主编的《外国教师的奇迹》（江苏人民出版社2010年出版）仿佛是外国“优秀教师”的“先进事迹”介绍。有这样一些题目：“美国最好的教师”“一个心怀理想的教育奇人”“他就是奇迹……”美国学者伯登的《成功地经营你的班级》（第三版）（中译本，中国轻工业出版社2006年出版），收录了大量美国中小学的案例。美国学者吉尔的《你必须面对的10种学生：中学教师课堂管理技巧》（中译本，中国轻工业出版社2009年出版）叙述了如何面对好学生、叛逆生、孤僻生、贵族学生等10种学生。

教育科学出版社近年集中出版过一批班主任工作方面的书籍。如丁如许老师的《给班主任的建议》、王晓春老师的《今天怎样做班主任：点评100个典型案例》、万玮老师的《班主任兵法：震撼教

育36计》、闫学老师的《跟苏霍姆林斯基学当班主任》、王宝祥老师的《班主任必读：全国著名班主任论工作艺术》、刘守旗老师的《班主任教育艺术》、林岩老师的《班主任工作的策略与艺术》、屠荣生老师的《师生沟通的艺术》、王宝祥老师的《班主任必读——全国著名班主任论工作艺术》（教育科学出版社2011年出版）等；教育科学出版社2009年还出过一套“中小学班主任案例式教程”，其中张万祥老师的《专业发展梦之旅：做一个专业的班主任》等尤其精彩。

美国著名教师培训专家帕克·帕尔默先生的《教学勇气——漫步教师心灵》（中译本，华东师范大学出版社2005年出版）是给那些“热爱学生、热爱学习、热爱教学生涯”却又“不愿意自己心肠变硬”的教师写的，相信也会引起老师们的共鸣；美国人威廉·格拉瑟先生的《了解你的学生：选择理论下的师生共赢》（中译本，首都师范大学出版社2011年出版）是从心理学角度谈师生关系的新作。另外还有一些书简直可以给教师尤其是新入职教师当成励志书看。如《在与众不同的教室里：8位美国当代名师的精神档案》（华东师范大学出版社2007年出版），其中两位名师另有专著：即艾斯奎斯的《第56号教室的奇迹：让孩子变成学习的天使》（中译本，中国城市出版社2009年出版）、罗恩·克拉克的《优秀是教出来的：创造教育奇迹的55个细节》（中译本，电子工业出版社2005年出版）；美国人汤普森的《从教第一年：新教师职场攻略》（中译本，中国轻工业出版社2007年出版）虽说是针对美国教师说的，有些“攻略”未必符合中国国情，但那种激情与创新仍是值得我们学习的；茅卫东老师的《重寻教师尊严》（首都师范大学出版社2011年出版）、杨茂秀老师的《好老师是自己找的》（首都师范大学出版社2011年出版），均是台湾学者从新的视角探寻师生关系的随笔集。从台赴美的唐菲力老师的《全美优秀教师的快乐学习课》（中译本，龙门书局2010年出版）值得推荐，作者在美国加州担任小学教师25年，其心得会让我们感叹：我们也想这样当教师。

（五）学校管理

有关学校管理方面的书相当多，其中相当一部分是相互重复，了无新意的，反正是以各种名目卖给学校领导的，这些书不看也罢。

我们首先推荐的仍为一线学校管理者的自述类书。这在前面校长所著文集中介绍了一部分，这里再列举一些叙述一线校长体会的书：李金初老师的《一个校长的教育创新思考：北京十一学校改革发展20年（1987—2007）》（教育科学出版社2012年出版）、程红兵老师的《书生校长》（教育科学出版社2012年出版）、刘可钦老师的《教育其实很美》（教育科学出版社2012年出版）、韩珍德老师的《教育是实践的艺术》（教育科学出版社2011年出版）、吴子健老师的《教育在哪里：一个校长的365天》（上海教育出版社2010年出版）、刘国华老师的《校长领导力：引领特色学校建设》（上海教育出版社2009年出版）、王珺老师的《校长叙事》（开明出版社2005年出版）、熊晓武老师的《校长叙事》（江西人民出版社2006年出版）、马春元老师的《校长手记》（河南人民出版社2001年出版）、王仲翰老师的《校长手记》（兰州大学出版社1994年出版）、卢元锴老师的《学校管理创新：来自一线校长的创新理念与实践》（中国轻工业出版社2007年出版）、广州市白云区望岗小学校长胡庆生老师的《平凡的教育不平凡：一位校长的工作手记》（暨南大学出版社2009年出版）、赵艳然老师的《成为有思想的校长》（西南师范大学出版社2011年出版）等。当然也有别人代笔的，如肖斌臣老师的《教育唯真——黄敏与武汉外小的“真教育”》（教育科学出版社2011年出版）。另有几本台湾出版的书，不太好找，但颇值一读。一本是杨雪真老师的《迈向主任校长之路》（台北驿站文化事业公司2001年出版），一本是施坤鉴老师的《和校长聊天：15位校长畅谈教育理念》（高雄派色文化出版社1999年出版）。林文律老师的《中学校长的心情故事》《小学校长的心情故事》均为台湾中小学长谈校务经营的事，由心理出版社2010年出版。

当然还有一类，就是将若干校长的心得汇为一书的。例如徐云知老师的《原来他们这样做校长——北京西城智慧校长访谈录》、高洪老师的《名师名校长教育讲演录》，两书均由教育科学出版社2011年出版。陶继新老师的《治校之道——20位名校长的智慧档案》（华东师范大学出版社2007年出版）、刘洪涛老师的《名优校长谈治校》（哈尔滨工业大学出版社2005年出版）、朱永新老师的《中国著名校

长办学思想录》（江苏教育出版社2006年出版）、陈玉琨和杨永博老师的《中华名校管理集萃》（华东师范大学出版社2000年出版）等。西南师范大学出版社2009年出版的《大师谈教育激励》《大师谈教育管理》，将相关文章集中起来，便于阅读。至于华东师范大学出版社2009年出版的《学校管理的50个典型案例》和北京工业大学出版社2010年出版的《新编学校内部管理制度范本大全》，吴霓老师的《学校教育质量体系文件范本》（教育科学出版社2005年出版），可当工具书查览。褚宏启老师的《中国教育管理评论》，已出7卷，由教育科学出版社出版，是从事教育管理研究的老师必须关注的一个连续出版物。同一作者另有《教育管理与领导》，已出3卷，教育科学出版社2008年到2012年推出。

教育科学出版社2010年推出了一套“守望者的凝思：读懂学校读懂校长”书系，实际是将校长的创新实践汇为一集。如《小学校，大雅堂——成都市实验小学教育创新研究》《敢为人先，面向明天——北京市人大附中教育创新研究》《志向高远，自强不息——清华大学附中教育创新研究》《追寻绿色教育生态梦想——北京市万泉小学教育创新研究》《做最好的“我”——北京市中关村第一小学教育创新研究》《绽放和谐快乐之光——北京大学附属小学教育创新研究》《构筑生命之基——深圳市大新小学教育创新研究》等计十几种。

近年来兴起的所谓“校园文化”，似也可纳入学校管理的范畴。如北京市丰台区右安门第一小学，以“和”文化引领学校实践跨越式发展，其成果汇集为《跬步致和》（金城出版社2012年出版）一书。河北省石家庄市机场路小学张立新校长的《翔——不断放宽的思想和行为》（河北人民出版社2012年出版），讲述了该校“飞行文化”的理念与实践。王欢等老师的《和谐教育：史家小学的教育理念》（中国发展出版社2012年出版），讲述了北京市名校史家小学的和谐教育校园文化。青岛嘉峪关学校校长徐学红老师的《善的教育》（青岛出版社2010年出版），讲述了该校问善、寻善、行善的善文化特色教育的实践。宁波市江东区中心小学胡震珍老师主编的《小学智慧教育的实践探索》（浙江大学出版社2013年出版），是该校从事“智慧教育”实践的结晶。所举实例涉及语、数等多个学科。

专家们的著述，首先推荐陈桂生老师的《学校管理实话》（华东师范大学出版社2004年出版），其他如李希贵老师的《新学校十讲》（教育科学出版社2013年出版）、严华银老师的《今天如何做校长》（华东师范大学出版社2010年出版）、王永和老师的《教研组建设简论》（华东师范大学出版社2008年出版）、方中雄和陈丽等老师的《学校品牌策划》（重庆大学出版社2009年出版）、韩延伦老师的《学校管理：问题、理论及模式》（中国海洋大学出版社2008年出版）、瞿梅福老师的《校本教研：薄弱学校改造的策略》（百家出版社2007年出版）、赵中建老师的《学校经营》（华东师范大学出版社2006年出版）、徐建华老师的《优势集成：学校管理的真谛》（上海三联书店2007年出版）以及云南教育出版社2005年推出的“校长讲坛”丛书中的《学校量化管理技术》等书，均各具特色，言之有物。程红兵老师近年来致力于校长学研究，陆续推出了《给校长一生的建议》（南京大学出版社2010年出版）、《优秀校长99个成功的管理细节》（华东师范大学出版社2010年出版）、《如何做一名好校长》（中国轻工业出版社2010年出版）、《名校成长之路——程红兵谈学校发展与学校文化建设》（北京大学音像出版社2007年出版）等。辜伟节老师的《特色学校与校长个性》（南京师范大学出版社2004年出版）相信会引起一定阅读兴趣。徐汝玲老师主编的《外国中小学教育管理发展史论》（红旗出版社2000年出版）从史的角度对外国中小学教育管理的历史及其现状，进行了详尽的论述。郑杰老师的《给校长的建议》（教育科学出版社2010年出版）、《学校的秘密》（教育科学出版社2011年出版），是他关于校长与教育的最新思考。时晓玲老师的《用心做校长》（教育科学出版社2010年出版）、《优秀校长的管理智慧》（教育科学出版社2010年出版），也属用心之作。另外，教育科学出版社所出“学校管理自我诊断丛书”，包括《学校管理诊断》等书，也颇有特色。

在中国目前体制下，教改只能由管理者为主来实施，故有关教改的书也一并在此介绍。李韶、虞志浩老师的《筑碶：从个性教育到选择教育的实践》（宁波出版社2013年出版），分为上、下两篇，上篇主要探讨小班化“个性教育”；下篇主要探讨“选择教育”，认为这是由“食堂”向“超市”的转变。俞吉祥老师的《细说小班化教育——一项基于个别化教学的新探索》（上海教育出版社2011年出版），是上海市小班教育先行校虹口区幸福四平实验小学的实践总结。相关图书还有《走进小班化教育——一所从小班教育走向成功的学校》（上海教育出版社2011年出版）、《解读小班化教育——一位基层校长潜心研究的新论著》（上海教育出版社2011年出版）、《指点小班化教育——一群一线教师改革实践的新经验》（上海教育出版社2011年出版）等。汪笑梅老师的《小班化教学应用性研究》（江苏教育出版社2012年出版），偏学术一些。除了大中城市小班、分层教学，广大基层学校的教改也是有声有色。单付辉、王健生、王羽老师主编的《守望花开的幸福——一个教育团队的探索足迹》（中国矿业大学出版社2012年出版）。朱永新先生为该书作序称："在新教育的版图上，安徽有两个闪闪发光的亮点：一个是霍邱县新教育实验区，一个就是五沙县第二实验小学。"此书就是五河实验二小教师从事新教育实验所写下的教育叙事、读书笔记、感悟随笔的结集。朱永新先生说："严格地说。这还不是一本真正意义上的新教育著作，而是一份尚属稚嫩的行动记录。"

国外著作的译著，有不少颇值一读。如挪威达林的《理论与战略：国际视野中的学校发展》（中译本，教育科学出版社2002年出版）、美国人德雷克等的《校长学》（中译本，江苏教育出版社2009年出版）、美国人麦克依万的《卓越校长的7个习惯：如何应对教师的愤怒、苦恼、倦怠和困惑》（中译本，华东师范大学出版社2007年出版）、美国人萨乔万尼的《校长学：一种反思性实践观》（中译本，上海教育出版社2004年出版）、美国人巴尔奇等著的《捕捉管理的智慧：教育管理者专业发展档案袋》（中译本，中国轻工业出版社2007年出版）、美国人罗宾斯的《新校长成功策略》（中译本，中国轻工业出版社2006年出版）、英国人霍普金斯的《让每一所学校成为杰出的学校：实现系统领导的潜力》（中译本，华东师范大学出版社2010年出版）等。美国人诺兰的《教学督导与评价：理论与实践的结合》（中译本，中国轻工业出版社2007年出版），是专给督导看的。重庆大学出版社自2003年推出的"学校管理新趋向译丛"，下含美国人厄本恩的《校长论：有效学校的创新型领导》、美国人雷·J.R.的《学校经营管理：一种规划的趋向》、美国人瑞布的《教育人力资源管理：一种管理的趋向》、美国人麦克依万的《高绩效校长的十大特质：从优秀走向卓越》、美国人布劳维特的《学校安全工作指南》、美国人韦勒的《副校长：有效学校领导的关键要素》、英国人埃弗拉德的《有效学校管理》等。教育科学出版社出版的美国人韦思·K.霍伊等的《教育管理学：理论·研究·实践（第7版）》（中译本，教育科学出版社2007年出版），是一本享誉世界的经典之作。

学校管理离不开听课，这里也推荐两本书：一本是中国的、偏实践的。陈大伟老师的《怎样观课议课》（四川教育出版社2006年出版）；一本是国外的、偏理论的。美国人安德森等编著的《学习、教学和评估的分类学》（中译本，华东师范大学出版社2007年出版）。语文课方面，特别推荐王小庆老师的《带着思想去评课》（江苏科学技术出版社2013年出版）。

学校管理也离不开教师培训，对办学英语教师的培训，请一定看一看廖立红老师的《反思式教师培训模式与小学英语教师专业素质的提高》（暨南大学出版社2011年出版）。徐碧美老师的《追求卓越：教师专业发展案例研究》（人民教育出版社2003年出版），讲的虽说是英语教师的事情，但道理是相通的，各科老师均可通用；美国人塔格特的《提高教师反思力50策略》（中译本，中国轻工业出版社2008年出版），阐述了对教师专业成长至关重要的反思能力。“反思力”也可视为对自己的工作进行总结归纳的一种能力。冉乃彦老师曾深有感触地说：“经常总结自己工作经验的教师往往进步比较快；经常组织教师之间交流经验的学校，教师队伍的水平也提高得比较快。”（《中小学教师如何做研究》第67页，人民教育出版社2006年出版）。用美国心理学家波斯纳的话说，就是：“教师成长公式：成长=经验+反思。”其他如《骨干教师成长的秘诀》（中国轻工业出版社2007年出版）、美国人布洛克的《校长如何指导新教师》（中译本，中国轻工业出版社2007年出版）、美国人布洛克的《重燃火焰：校长如何帮助教师摆脱职业倦怠》（中译本，中国轻工业出版社2008年出版）等也均具可操作性。

管理离不开校园网建设和科研管理。北京市名校史家小学的《阳光e家：史家小学的数字校园》和《智慧探究：史家小学的教育科研》（均为中国发展出版社2012年出版），或许会有所启迪。至于学校规章制度的建立，可参见管国贤老师《学校如何建章立制》（江苏科学技术出版社2013年出版）一书。另外，这两年所谓“教育集团”越来越多，可参见邵志勇老师的《小学教育集团这7年》（华东师范大学出版社2012年出版）。管理学方面另一本很有特色的书，是郑杰老师的《忠告中层：给学校中层管理者的47封信》（华东师范大学出版社2013年出版）。至于各级教研员，徐世贵、秦辉老师的《教研员工作方法与技能》（吉林大学出版社2007年出版）一书可供参考。

研究管理眼界一定要开阔，袁振国老师的《中国教育政策评论》自2005年由教育科学出版社推出，一年一本，已出到2010年。类似的还有朱小蔓老师的《对策与建议：2003—2004年度教育热点、难点问题分析》，目前已出到2006—2007年度。谢维和老师的《教育政策分析》，目前已出到2008年。丁钢老师的《中国教育：研究与评论》、褚宏启老师的《教育发展评论》《教育管理与领导》，金生鋐老师的《教育：思想与对话》，均为连续出版社物。国家教育发展研究中心的《中国教育绿皮书》，目前已出到2008年。以上各书均由教育科学出版社出版。同一出版社还出版了教育部新闻办公室的《对话教育热点2009》《对话教育热点2010》，中央教育科学研究所的《中国基础教育发展研究报告》，看来也会陆续出下去。杨润勇老师的《国家中长期教育改革和发展规划纲要（2010—2020年）学习读本》（吉林大学出版社2010年出版），也不妨一阅。北京师范大学出版社的《中国基础教育学科年鉴》，是按年度分学科出版的，如《语文卷2009》，是不错的工具书。

（六）外国教育、社会教育与家庭教育方面的书

至于学校以外的教育，可以分为外国教育、社会教育与家庭教育来介绍。

1. 外国教育

如今网络发达，想了解外国教育用网络更直观、更便捷。当然有些书还是值得一读的。比如加拿大富兰的《突破》（中译本，教育科学出版社2009年出版），阐述了教育变革的革命性方向，富兰的另一本书《教育变革的新意义》（中译本，华东师范大学出版社2010年出版）讲述了地方层面、地区和国家层面的教育变革，对于我们理解当下席卷全球的教育变革很有帮助；英国人托勒的《全球教育产业：发展中国家私立教育的经验教训》（中译本，上海人民出版社2004年出版），对于对此书感兴趣的读者也会很有用处；加拿大人李宁玉的《梦想跨越太平

洋：我在中国做外教》（中译本，五洲传播出版社2008年出版），是不可多得的外国人看中国教育的书。

至于中国人写的书，有黄全愈老师的《素质教育在美国：留美博士眼里的中美教育》（广东教育出版社1999年出版），此书近期已由中国人民大学出版社推出修订本。他的近作《动一动中国基础教育的基础：中国素质教育之辩》（中国人民大学出版社2010年出版），是作者近年来相关文章的结集。同时推出的还有《美式教育——素质教育在美国》《望子成龙——家庭教育在美国》《孩子就是孩子——玩的教育在美国》《培养智慧的孩子——天赋教育在美国》等。龙柒老师的《都说美国教育好》（中国画报出版社2011年出版），罗慰年老师的《留学美国的个人见证：多元化美国教育聚焦》（黑龙江教育出版社2014年出版），陶继新、黄思路老师的《说“长”论“短”中美教育》（湖北教育出版社2009年出版）也属这一类书。事实上，这一观感类的书近年出了不少。如李希贵老师的《36天，我的美国教育之旅》（华东师范大学出版社2006年出版），唐劲松和王秋英老师的《走进美国课堂：美国中小学教育观感》（中国轻工业出版社2006年出版），魏嘉琪老师的《美国中学生报告》（作家出版社2002年出版），张蓉老师的《走近外国中小学教育》（天津教育出版社2006年出版），胡庆芳老师的《美国教育360度》（出版社2007年版），等等。这里特别值得推荐的是《体验新加坡：27位留学生眼中的中新教育差异》（华东师范大学出版社2006年出版），正如钟启泉老师在该书“序”中所提出的：“摆在读者面前的这本书别具一格，相信可以引发读者的思考。这是因为27位作者都是留学新加坡的高中生，由于小学和初中都是在国内念的，两相对照，他们笔下记录的中新教育差异就更具真实性和可信度。”类似的书还有李逸超老师的《加州校园迷迭香——上海少年美国游学日记》（语文出版社2009年出版），蔡四伟老师的《美国桑叶中国蚕——新华裔美国公民子女教育小故事》（云南美术出版社2005年出版）；长沙雅礼中学陶湄同学的《美式教育——我在美国留学的日子》（湖南人民出版社2008年出版），在报刊上连载时即已引起轰动。张悦同学的《外面的世界：一个中国女孩环球游学的心灵感悟》（哈尔滨出版社2008年出版），北京五中杨莫非同学的《我的留学故事》（生活·读书·新知三联书店2013年出版），以及《我在美国做交换生》（中国文联出版社2011年出版）、

《空降美国中学》（新世界出版社2012年出版）等，均为小留学生们所著。别敦荣、周明星老师的《国外学生实践能力培养借鉴全书》（华龄出版社2000年出版）中收集了大量国外学生实践能力培养方面的素材。顾明远老师的《世界教育发展的启示》（四川教育出版社1989年出版）虽出版时间稍早，但仍有不少启示。较新的专著有陈霞老师的《标准驱动——基于标准的美国基础教育改革》（安徽教育出版社2010年出版）。另外，如果写文章需要查找相关文献，可参览吕达、周满生老师的《当代外国教育改革著名文献》（人民教育出版社2004年出版），分别收录各国相关文献；李希贵、沙建华老师的《美国中学教育：管、教、学案例》（山东大学出版社2004年出版），胡庆芳老师的《美国学生课外作业集锦》（教育科学出版社2008年出版）也提供了一些原汁原味的资料；人民教育出版社1994年出版的《日本中小学教育和课程》，是国家教委赴日考察团的考察报告，也汇集了不少一手材料；徐小洲老师的《国外中学创业教育》（浙江教育出版社2010年出版），美国爱德华·休姆斯的《美国最好的中学是怎样的：惠尼中学成长纪实》（中译本，中国青年出版社2009年出版），都有助于我们了解国外中学更具体的某一方面。

教育科学出版社出版了一批关于外国教育尤其是当代外国教育的书，如《21世纪的日本教育改革：中日学者的视点》《当代俄罗斯教育理论思潮》《20—21世纪之交中俄教育改革比较》《西方怎样培养博士：法、英、德、美的模式与经验》《关于美国教育改革的演讲》《奥巴马的教育蓝图》等。王晓辉主编的《全球教育改革文献汇编》（教育科学出版社2008年出版）也是不错的资料集。

如要了解国外，尤其是一些非热点国家的基础教育情况。广东教育出版社2004年推出的“新世纪国家基础教育丛书”可资参考，其中不仅包括了英国、美国等热点国家，还有泰国、新加坡、瑞典、马来西亚、俄罗斯、印度等非热点国家，一国一册；孙河川等老师的《从薄弱走向优质——欧盟国家薄弱学校改进之路》（高等教育出版社2006年出版），介绍了英国、荷兰、西班牙、葡萄牙、芬兰和希腊等国家相关情况。

2. 社会教育

社会教育方面，先可以看一些经验介绍和案例精选。如黄建明老师的《社会育人育社会人：校外教育论文与活动案例精选》（浙江科学技术出版社2008年出版），康景波老师的《播洒阳光：全国青少年校外教育论文集》（辽宁教育出版社2008年出版），崔向红、陈子芸老师的《北京校外教育理论与实践研究优秀论文集》（学苑出版社2009年出版），张民生、朱怡华老师的《现代学校发展创意设计》（上海远东出版社2006年出版）下有“教育教学”“学生自主活动”“教师专业发展”“课程建设”等方面的创意，实际是如何利用各种资源的案例选等。李敏老师的《游戏与学习：以游戏提升学生的生活质量》（教育科学出版社2010年出版）也很不错。偏理论的书，可参考日本人小林文人等的《当代社区教育新视野》（中译本，上海教育出版社2003年出版）。

谈到社会教育，不能不涉及奥数和网瘾。在这方面还没有特别好的书可以推荐，有几部书可以帮助我们了解相关信息，如咏鹏老师的《奥数是个替死鬼：别让一代更比一代累》（生活·读书·新知三联书店2010年出版）、马雷军老师的《告诉孩子“网”向何方：戒网不如正确上网》（中国经济出版社2005年出版）、张春良老师的《网络游戏忧思录》（中央民族大学出版社2005年出版）等。

中国各地区差异很大，也有专门研究某一地或某两地相互比较的论著。如罗洁老师的《从教育责任到教育行动》（教育科学出版社2010年出版），专门研究北京的基础教育；任运昌等老师的《他们输在起跑线上：中国西部农村基础教育问题与对策》（重庆出版社2005年出版）是关于西部农村基础教育的专著；而高明山老师的《辉煌与困惑》（陕西人民出版社2009年出版）侧重于东西部基础教育对比研究。

3. 家庭教育

有关家庭教育，如果确有兴趣，请看专门研究家庭教育的北京师范大学赵忠心老师的有关专著；如果仅是一般了解，那么无妨看看一些家长现身说法的书。例如金培奇老师的《一个全国十佳少年的家庭教育故事》（上海教育出版社1993年出版），张云的《教子日记》（中国少年儿童出版社1989年出版），楼旨君老师的《中国的勃朗特三姐妹：妈妈帮女儿成功手记》（中国城市出版社2002年出版），于德北老师的《父爱：一个年轻父亲和儿子的成长经历》（知识出版社2001年出版），陈克正老师的《玩学习：三个博士姐妹的家庭教育》（湖北教育出版社

2001年出版），郑春华老师的《做你的妈妈真幸福：生活中的“大头儿子”》（二十一世纪出版社2001年出版），胡玉华、何侃老师的《我和你一起长大：家庭教育》（世界图书出版公司1999年出版），李振霞老师的《我家走出四个博士》（中国文史出版社2001年出版），赵锁仙老师等的《姐姐北大，妹妹清华——与孩子一起成长》（中国广播电视出版社2005年出版），谢伟平老师的《北大女孩谢舒敏：素质教育纪实报告》（时代文艺出版社2001年出版），章建华、许小莉老师的《清华男孩章启轩：素质教育纪实报告》（时代文艺出版社2001年出版），唐成军、张金阑老师的《走进清华不是梦：一个家庭成功的教育范例》（中国社会出版社2000年出版），李德生老师的《教子走进清华园》（天津教育出版社2001年出版），巫德凤老师的《欣慰——四个女儿成才的故事》（贵州人民出版社2002年出版），王开敏老师的《架个天梯给孩子》（湖北教育出版社2003年出版），号称“中国狼爸”的萧百佑著《所以，北大兄妹》（上海三联书店2011的出版）等，均为教子成龙、教女成凤的现身说法。蓝水怡老师的《儿在高三——让孩子赢在冲刺时刻》（东方出版中心2006年出版），丁立梅老师的《等待绽放：一位高考母亲的陪考笔训》（金城出版社2011年出版），孟宪青、任军高老师的《我的孩子要高考》（中国统计出版社2002年出版）等对“家有考生”的父母一定会有帮助。王伯庆、施雨老师的《我家有个小鬼子：中国孩子在美国》（四川人民出版社2000年出版）和张鸣山、杜鹃英老师的《我家笨笨上剑桥：张驰父母的教子手记》（中国社会出版社2001年出版）对于想让孩子出国的家庭一定会有启发。

曹治国老师的《我帮外孙成长》（知识出版社2002年出版）和于光远老师的《非非，我的观赏动物》（中国工人出版社2001年出版）均为隔代人写的家教心得。孙时进老师的《你是一匹脱缰的马》（学林出版社2000年出版），是以心理学家兼家长双重身份谈家庭教育；韩国母亲李又淑女士的《只懂ABC的妈妈培养出了英语天才》（吉林摄影出版社2003年出版）让我们感到韩、日等东亚国家的家长与我们很相似。

还有一类书，不是父母自己写的，而是专家、学者访谈、编著的。如王极盛老师的《状元培养实录：高考状元父母访谈与点评》（北京出版社2001年出版），分为父亲篇和母亲篇两册；黄力夫老师的《1990年中学生国际奥林匹克现代信息学竞赛中国获奖者家庭教育透视》（人民日报出版社1992年出版），收集了19位获奖者的家教经验。光明日报出版社1999年出版过一本《全国最优考生家长访谈录》；于韵嫣老师的《一百个父亲的自述：我怎样当爸爸》（中国妇女出版社1989年出版）收集了100位爸爸的见解与反思。

还有一些书是比较有特色的：如台湾家长江秀雪女士《美国小学是这样教孩子的》（湖北人民出版社2010年出版），对于想了解美国小学教学情况的读者，是很适合的。美籍华人蔡美儿《我在美国做妈妈》（中译本，中信出版社2011年出版）则是中国传统“虎妈教育”的自述。武春华老师的《让你的孩子超过日本人：中国留学生对日本家庭教育的实地考察手记》和《让你的孩子超过美国人：中国留学生对美国家庭教育的实地考察手记》（均为北京工业大学出版社2001年出版）对我们了解国外家庭教育有所帮助；《请你这样教育我：清华、北大、人大十省高考状元向家长老师呼吁》（人民文学出版社2002年出版）、《老爸，我有话说》（广西教育出版社2000年出版）、《学生实话实说：学生自述内心深处的压抑困惑渴望》（中国人事出版社1998年出版）、《两代人的对话》（上海教育出版社2000年出版）、《回首高中——大学生的高中记忆及教育学评点》（天津教育出版社2006年出版）、《假如又回到高中》（清华大学出版社2000年出版），希望出版社几年前出过一套书：《中国100个孩子的理想报告》《中国100个孩子的烦恼报告》《中国100个孩子的闲暇报告》《中国100个孩子的成功报告》《中国100个孩子的家庭报告》，也汇集了不少材料，这些书都有助于我们了解孩子们的真实想法。矿矿著《我的七个美国老师——我在美国的中学课堂》《我和我的美国同学——我在美国读高中》（均由中国人民大学出版社2010年出版）是从一个孩子眼中看美国基础教育；冯林老师的《中国家长批判：家庭教育焦点问题访谈录》（中国商业出版社2001年出版）采访了近50位社会各界人士，展示了中国家庭教育的方向，读一读也很有帮助；陆先文先生的《别让教育打败我们：家长要为孩子维权》（知识产权出版社2006年出版）从家长角度提出了一些批评和改进意见；英国人伯克等的《我喜欢的学校：通过孩子们的心声反思当今教育》（中译本，中国轻工业出版社2006年出版），是依据中小学生的绘画和征文，描述孩子们心中的理想学校；董广生老师的《问题的背后——中国“特殊”家庭青少年成长经历述实》、赵春梅老师的《窗边的孩子——青少年电子游戏成瘾的家庭因素研究》均由浙江大学出版社2010年出版，均是研究家庭的负面影响的。

译作方面，推荐美国人玛丽·安·斯密亚莱克女士的两部书：一本叫《家长驾校——学会驾驶孩子那辆车》，书中有不少实用方法，如“无泪管教法”“家校合作法”等；另一本叫《教师和家长同上的几堂课》，两书均由黑龙江教育出版社2013年出版。

再有一类书，实际上是推荐给家长看的。这类书相当多，鱼龙混杂，相互抄袭严重。比较具有原创性的有赵忠心老师的《家教成功100法》（农村读物出版社2000年出版）、成墨初老师的《让孩子主动学习60招》（重庆出版社2010年出版）、卢勤老师的《知心姐姐告诉你做人与做事》（中国少年儿童出版社2005年出版）、日本人中谷彰宏的《家长再教育的62种方法》（中译本，当代中国出版社2005年出版）、美国人克莱门特·赵的《培养出你的“比尔·盖茨”》（中译本，海天出版社2008年出版）、日本人铃木健二的《男子汉成功之路：青春之火照亮整个人生》（中译本，重庆出版社1989年出版）、美国皮特·L.本生的《我家孩子顶呱呱：塑造青少年的未来》（中译本，知识产权出版社2002年出版），等等。

（七）学习方法方面的书

学习法，是基础教育三大热点（课程论、考试学和学习法）之一，故而也是近年来出版热点之一，北京西单图书大厦常年备货的学习法类书，约有200种。考虑到目前“教法”与“学法”的界限已是越来越不清——这么教好学生就这么学，这么学好老师就这么教，学习法类书似应引起一线老师的重视。下面试分成几类进行介绍：

第一类书是所谓“原创型”，即高分考生的学习经验。这类书非常多，又可细分为打大学牌的，如《等你在北大》（内蒙古文化出版社2002年出版）、《相约在清华》（光明日报出版社2000年出版），《清华状元谈高考》《北大状元谈高考》（新世界出版社1998年出版），《高考奶酪和清华状元一起分享》《高考奶酪和北大状元一起分享》（新华出版社2002年出版），《我们是这样考上北大的》《我们是这样考上清华的》（兵器工业出版社2001年出版），《高三经验：来自北大状元的报告》《高三经验：来自高考现场的报告》（中国人口出版社2004年出版），等等。

还有就是打状元牌的，如《2002年全国高考状元自述高分秘诀》（中国工商出版社2002年出版）、《状元之路：2004年河南省18地市55位中考高考状元的培养细节和学习方法》（中央民族大学出版社2004年出版）、《2006年新状元：22位高考状元的成功之路》（现代出版社2006年出版）、《走进第一——高考状元采访实录》（外文出版社1998年出版）、《像状元一样高考——2009年高考状元访谈》（漓江出版社2010年出版），等等。

再有就是打名校牌的，如《高分是怎样诞生的：北京四中学生谈学习方法》（中国发展出版社2004年出版）、《从北京四中到北大清华：打开高考“黑匣子”》（中国言实出版社2004年出版）、《百年名校北京四中的高考斑斓路》（中国言实出版社2007年出版）、《从黄冈中学走向北大清华》（新世界出版社2005年出版）、《从这里走向交大——上海交大附中33位学子的成功之路》（上海人民出版社2006年出版），等等。

当然还有就是打某个个人的牌的，如《刘亦婷的学习方法和培养细节》（作家出版社2004年出版）、北京二中刘玥君同学的《数学高考夺分笔记》（中国国际广播出版社2004年出版）、以重庆高考文科状元身份考入中国人民大学的李晓鹏同学的《学习改变命运》（新世界出版社2005年出版）、以高分考入中国政法大学的张义同学的《高三啦涨分啦》（人民文学出版社2005年出版）等。袁鸿林老师的《14岁都能上大学》、何德耀老师的《十三岁考上中国科技大学的秘诀》对天才儿童成长提供宝贵经验，均由湖北教育出版社2010年出版。金一娜同学的《我同时考上了清华和伯克利》（新世界出版社2011年出版）、李容老师的《和我一起上剑桥》（东南大学出版社2010年出版）、廖江龙老师的《加拿大的邂逅——一个初一学生的93天加拿大修学纪实》（浙江大学出版社2010年出版）等一类小留学生的书随着中学生出国热的升温也开始出现。

第二类书是所谓“心得型”，即一线教师写的有关学习类的书。如《魏书生精讲学生高效学习法》（河海大学出版社2005年出版）、《王金战育才方案——学习哪有那么难》（北京大学出版社2009年出版）

等。事实上，一些并非从事基础教育的人写的有关学习方法的书，也属此类。如钟道隆老师的《学习成功的乐趣：从学会英语与电脑说起》（清华大学出版社1998年出版）、《学习贵在开窍》（清华大学出版社2002年出版），陈祥星老师的《考无不胜：考试高手坦言学习应考方法与策略》（华文出版社2002年出版），等等。

其实有些学者讲自己学习方法的书，教师读读，也会受益匪浅。如张世林老师的《家学与师承：著名学者谈治学门径》（广西师范大学出版社2007年出版），此书偏人文社会科学。而冶金工业出版社2002年推出的《院士治学体会谈》则为中国科学院、中国工程院两院院士学习理工科的学习体会。于光远老师的《导师与研究生的对话》（苏州大学出版社2001年出版）也十分值得一读。

第三类书是所谓“增值型”，即在一线师生学习经验的基础上，加以选择、点评、整理，使读者可用更少的时间与金钱学习到更多的经验与绝招。首都师范大学丁晓山老师一直在做这方面的工作，1999年他在新世界出版社出版的《中国孩子学习法》一书，汇集了200多种源自一线的学习方法，该书被评为全国畅销书，分年级、分学科的《中国学生学习法》系列，已出到第四版（电子工业出版社2013年出版），被誉为“学习方法的品牌图书”。丁晓山老师的“马列主义必须与中国实际相结合——学习方法必须适合中国这块土地”“学习方法也有一个与时俱进的问题”“学习方法也要‘四化’——学生经验系统化、教师心得理论化、古人方法现代化、洋人理论中国化”等观点，均得到广大读者的共鸣。

第四类书是译作。一般而言，欧美的书在观念上会有所启发，而同有“考试地狱”之称的日、韩等国或地区的书则具体一些。

美国人约翰·D.布兰思福特的《人是如何学习的》（中译本，华东师范大学出版社2013年出版）、美国人戴维·拉齐尔的《学习之路：教给学生和家长多元智慧》（中译本，教育科学出版社2004年出版）、丹麦人克努兹·伊列雷斯的《我们如何学习》（中译本，教育科学出版社2013年出版）、加拿大人丹尼尔·沙特的《情绪教育法：将情商应用于学习》（中译本，教育科学出版社2009年出版）、美国人希拉·奥斯特兰德的《超级学习法》（中译本，中国戏剧出版社2001年出版），美国人隆恩·弗莱的《如何学习》《掌握时间》（中译本，新世纪出版社

2001年出版）、法国人米拉伊的《读书？我们才不乐意》（中译本，湖北人民出版社1999年出版）、美国人约翰·霍特的《学习像呼吸一样自然》（中译本，电子工业出版社2005年出版）、美国人汤白斯的《学习的密码：天才的学习模式引领孩子成功》（中译本，江西人民出版社2007年出版）、美国人纽坡特的《如何成为尖子生》（中译本，中国青年出版社2007年出版）、美国人约翰逊的《学习之道：50种巧办法帮助你的孩子成为学习高手》（中译本，经济科学出版社2005年出版）、德国人克诺伯蒂等的《学习压力，拜拜！——33个提高学习效率的实用策略》（中译本，新华出版社2004年出版）、美国人乔登的《学并快乐着》（中译本，当代中国出版社2004年出版）、美国人克莱恩·彼得的《天天·天才：重视你与孩子未来的学习乐趣》（中译本，远方出版社1998年出版）、英国人高温的《学习的艺术》（中译本，河南教育出版社1992年出版）、澳大利亚人奥尔的《怎样使你通过考试》（中译本，吉林美术出版社1987年出版）、英国人麦吉尔等的《行动学习法》（中译本，华夏出版社2002年出版），美国人鲍凯特的《让学生突然变聪明》《这么一想就明白——100招教会思考》（中译本，均由教育科学出版社2010年出版），美国人马修斯的《每个孩子都爱学——美国KIPP学校的奇迹》（中译本，华东师范大学出版社2011年出版），讲述了近年十分流行的KIPP学习。

至于日本方面，比较充实的有日本人石川勤的《小学生自学法》《中学生自学法》（中译本，河北人民出版社1985年出版）、日本人野口悠纪雄的《“超”学习法》（中译本，中国友谊出版公司1998年出版）、日本人山本光明的《快脑学习法》（中译本，中国物资出版社1998年出版）、日本人七田真的《七田式高速学习的秘密》（中译本，科学技术文献出版社2006年出版）、日本人古市幸雄的《每天坚持30分钟：人生取得成功的学习法》（中译本，金城出版社2009年出版）、日本人齐藤英治的《王者速读法》（中译本，浙江教育出版社2008年出版）等。韩国方面的有韩国人赵承延的《我能考第一：轻松成为优等生的学习秘诀（全彩漫画读本）》（中译本，海峡文艺出版社2004年出版）、韩国人赵昇衍的《我是天才优等生：亚洲奇才无敌学习法》（中译本，中国社会科学出版社2003年出版）等。另外，有些书是面向上班族的，其实就学习方法而言，中学生也完全可以参考。如日本人胜间和代的《“白骨精”学习法：让你的年收入持续增长》（中译本，中信出版社2009年出版）和日本人中岛孝志的《20几岁，痴迷于学习吧》（中译本，南海出版公司2008年出版）、日本人石川秀树的《6色荧光笔学习法》（中译本，中国海关出版社2005年出版）等。

第五类书是专著，最近二三十年，学习理论发展迅猛，自我调控学习、学习风格和后认知学习等相关理论层出不穷。如对学习学确有兴趣，不妨读一些学习法的“概论”“导论”一类的书，如李辉、王钦平老师的《学习学导论》（浙江大学出版社2000年出版），吴沁老师的《学习学概论》（东北师范大学出版社2000年出版），蔡胜铁和郭震老师的《新学习学概论》（福建教育2001年出版），龚裕德老师的《学习学概论》（团结出版社1990年出版），许运南老师的《学习方法导引》（河海大学出版社1992年出版），叶瑞祥老师的《学习学概论》（广东高等教育出版社1997年出版），周瑛、胡玉平老师的《学习学导引》（陕西人民教育出版社2003年出版），于云才、董业老师的《学习学导论》（山东人民出版社2004年出版），等等。这些书内容都差不多，读一读，会开卷有益。另外，有几本颇有特色的书：如周瑛老师的《学习指导学》（河北人民出版社2004年出版），刘守立、唐春良老师的《学习管理学》（陕西师范大学出版社2004年出版），熊川武老师的《学习策略学》（江西教育出版社1997年出版），朱新秤老师的《心智无极限：心理大师的学习策略》（湖北教育出版社2001年出版），黄荣怀老师的《移动学习：理论·现状·趋势》（科学出版社2008年出版）对移动学习的理论、技术和应用进行了全面的介绍。上海教育出版社的《学习论——学习活动的规律探索》，江苏教育出版社的《学习理论：教育的视角》等虽说出版时间稍早，但仍值得重视。崔相录老师的《研究中学习：写给中小学生的教师和家长》（教育科学出版社2005年出版）很不错，可惜似未引起大家的重视。周志毅老师的《网络学习与教育变革》（浙江大学出版社2006年出版）也当引起大家的重视。潘洪建老师的《有疚学习与教学——9种学习方式的变革》（北京师范大学出版社2013年出版），是讲学习方法的变革对教学的影响的，也很重要。如对这一问题感兴趣，还可参看美国人阿兰柯林斯的《技术时代重新思考教育》（中译本，华东师范大学出版社2013年出版）。

苏成栋老师的《小学生的学习策略》（贵州民族出版社2013年出

版），下分“小学生的学习”“小学生学习动机的发展”“小学生的学习策略”“小学生言语的学习”“小学生陈述性知识的学习”“小学生程序性知识的学习”“小学生创造力的发展”“小学生的学习群体”等8章。

至于一线教师所编写的相关书，有几本值得注意：一是阎春红老师主编的《走向自主学习——小学生学会学习教学策略研究》（辽宁大学出版社2009年出版），这是大连市凌水小学老师们探索如何教会小学生学习的心得，有教学设计、教学论文、教学案例及“读书悟语”，内容相当充实。二是郭磊、尤靖希老师的《教学本色牧歌》（凤凰出版社2010年出版），这是二位老师长期从事小学语文教学时指导学生学习方法的感悟与小结。三是从事了一辈子小学教育工作，在三所小学当过校长的郑良国老师所著《有效助学的六个怎么做：别让书包迷茫又无助》（北京师范大学出版社2012年出版），不乏真知灼见。如识字，必须学会查字典，“从二年级开始学，养成使用工具书的主动学习习惯，孩子将终身受益”（第73页）。数学学习要“护渠通流”（第104页）等等。四是辽宁省大连市周水子小学校长兰秀玲老师的《乐学——小学生快乐学习教学策略》（吉林人民出版社2011年出版），快乐学习喊了很多年了，究竟如何与学习教学很好地结合，此书有些独到之处。五是江苏省江阴市实验小学校长徐健湖老师的《改造三年级》（现代教育出版社2011年出版），作者认为，“三年级，值得研究”，“三年级是学业成绩分化的年级。抓好了三年级，就是抓好了小学教育的一半，甚至是抓好了整个小学教育”。原先人们认为四年级是一个关键，看来随着课程难度的加大，三年级即已成为学习成绩和学习能力的分水岭。六是郭应曾老师的《用清单代替小结（小学版）》（凤凰传媒2014年出版），至少是为我们提供了一种实实在在的学习方法。七是崔允淳老师的《研究性学习在农村》（华东师范大学出版社2004年出版），以事实证明研究性学习，不是城市好学校的专利。

清华大学教育科学研究所、北京教育学院等联合实施的“学习与思维”课题研究坚持了20年，取得不少成果。如《教学改革的回归与创新——“学习与思维”课题研究20年》（教育科学出版社2010年出版），实际是一本论文集，涉及中小学多个学科。《走进现代教育——“发展形象思维的理论研究与教学实验”课题研究十五年》（北京科学技术出版社2006年出版），回顾了该课题的研究史。

第六类书是相关工具书，如姜庭晨老师的《学习方法小词典》（中华工商联合出版社2001年出版），收录中学生适用的学习方法880条，以首字拼音为序。狄长庆等老师的《中学生学习方法大全》（陕西师范大学出版社1995年出版），是按学科编排的。王立美、张海军老师的《学生实用学习方法大全（初中卷）》（学苑出版社1999年出版）也是按学科编的。每一学科下又分“基本学法”和“具体学法”两部分。

三

适合一线教师阅读的教育书籍

（下）

（一）涉及小学英语教学全局的书

涉及中学英语教学全局的书，大致可以分为“概说类”“文集类”和“方法类”来介绍，下面试分而述之：

1. 概说类

概说类中实际上又可细分为两类：一类是偏通俗一些的，一类是偏学术一些的。当然雅俗共赏，书名是通俗的但内容学术水准很高的书也不是没有。

不过，正如有人指出的：“长期以来，英语学科教学方法的论著或教材大致有两种倾向：一是以通论的方式论述第二语言习得的问题，偏重引介理论研究成果，而对于课堂教学及其问题触及不深；另一个倾向就是集中于课堂教学过程叙述，或者是对教材进行内容分解。”（《英语教学论·后记》，安徽人民出版社2007年出版）。换句话说，英语，尤其是小学英语概说类著述，大多还不甚理想，不是失之过深，就是失之过浅。真正融理论与实践于一体的论著，并不多见。

先看前者，尹刚、陈静波老师的《给英语教师的101条建议》（南京师范大学出版社2004年出版）不错，其中有些建议是颇具实践意义的。赵庆华老师的《细节决定成败：英语教学中的细节》（内蒙古大学出版社2009年出版）不能认定是一本“跟风”书，而是确确实实谈到了不少我们习以为常的细节。刘鹰老师的《原来英语可以这样教：新课程下的高效能英语教学模式》（未来出版社2009年出版），分为“英语教学问答”“英语教案与点评”等8个部分。刘美萍、赵庆华老师的《如何上好英语课》（内蒙古大学出版社2009年出版），对“教学资源”“教案撰写”“课堂导入”“课堂互动”“课堂讲授”等均有介绍。沈丽新老师的《英语可以这样教》（中国轻工业出版社2010年出版），从开学第一天，到课堂反思、如何结合教学进行科研等，讲述了自己从事英语教学尤其是小学英语教学多年的经验、心得。焦晓骏老师的《怎样成为一名优秀英语教师》（华东师范大学出版社2011年出版），也很不错。

在这类书中，还应提到一些译作。如英国人安杰拉·库兹（Angella Cooze）的《事半功倍教英语》（中译本，教育科学出版社2009年出版），对近年来国外流行的英语教学方法进行了介绍，值得推荐。

再看后者。王蔷老师的《英语学科教育理论与实践》（安徽教育出版社2003年出版）、《英语教学法教程》（高等教育出版社2006年出版）是一定要通读的。肖礼全老师的《英语教学方法论》（外语教学与研究出版社2005年出版）也有其特色。林立、杨传纬老师的《英语学科教育学》（首都师范大学出版社2001年出版）是一部颇受好评的专著。再早一些的，有许恩美老师的《新英语教学法》（吉林科学技术出版社2002年出版），王电建等老师主编的《小学英语教学法》（北京大学出版社2005年出版），徐艳芳老师的《小学英语教学法》（江西高校出版社2005年出版），洪子锐老师的《小学英语教学法》（广东人民出版社2006年出版），鲁子问老师的《小学英语教育学》（中国电力出版社2004年出版），张莺老师的《小学英语教学法》（东北师范大学出版社2007年出版），孟万金老师的《小学英语教学法》（学苑出版社2005年出版）。安凤歧老师和惠幼莲老师，分别出版过《小学英语新课程教学法》，安著由首都师范大学出版社2010年出版；惠著由东北师范大学出版社2006年出版等。

老一辈学者的专著，最好也找来读读。他们为中国外语教学事业献出了毕生的心血。

新中国成立前的老专家的集子，有张士一先生的《英语教学法》（中华书局1922年出版）。周越然先生是写过《初级外国语科教学法》的，但他更广为人知的身份是藏书家，不妨看看他的《六十回忆》《书书书》等作品。此外陈东林的《英语教学法概论》（世界书局1948年出版）、陆殿扬先生的《革新的外国语学习法》（1933年出版）等也均可参考。

新中国成立后"文革"前老专家的集子，有华东师范大学吴棠先生的《中学英语教学法》、北京师范大学李庭芳先生的《英语教学法》、胡春洞先生的《英语教学法》（高等教育出版社1990年出版）。胡春洞先生还出过《英语学习论》《英语阅读论》。广西师范大学的王才仁先生的《英语教学法交际论》（广西教育出版社1996年出版）、《英语双重活动教学法——中国特色的外语教学法》等。西南师范大学的张正东先生有《外语教育学》《外语立体化教学的原理与模式》《英语教学法双语教程》（科学出版社1999年出版）、《英语教学的发展研究》《外语教育技巧新论》等。他散见的一些论文收入了《张正东英语教育自选集》（外语教学与研究出版社2007年出版）。

有些资料集也一并在此介绍，如吴欣老师的《中国中小学英语教师现状调查与分析》（人民教育出版社2008年出版），翻一翻会发现不少有趣的结论。刘道义老师的《基础外语教育发展报告（1978—2008）》（上海外语教育出版社2008年出版），简直是写作时一座取之不尽的资料宝库。

谈到资料，当然离不开辞典。有几本书是应该知道的：徐振忠老师的《英文词典使用指南》（华东师范大学出版社1995年出版）很不错，但亟待修订。

至于网上的资料，有林红老师的《网上英语学习与英语资源》（广东人民出版社2000年出版）一书，可惜过于陈旧了，亟待修订。王昌海、陶斐斐老师的《中国教育信息化研究》（贵州人民出版社2009年出版），涉及学校信息化、数字化教育资源等，可以挑自己感兴趣的章节看。

2. 文集类

英语教师个人的集子近年来也时有所见，但似乎远远没有语文教师、数学教师出的集子多，是三门主科中个人文集出得最少的。看来，英语老师们在这方面还要多多努力。

张思中老师的《张思中与十六字外语教学法》（北京师范大学出版社2006年出版）介绍了自己的成长道路、教学观念以及社会反响等。同类的书有张思中的《一门外语基础过关不是梦——“张思中教学法”为你作保证》（百家出版社2007年出版）。刘兆义老师的《英语绿色教与学：我对英语教学改革的探索与思考》（未来出版社2009年出版），共计8章，涉及“英语教学实践”“课程资源运用”“义务支教助学纪实”“与英语教师的对话”等内容。何一希老师的《何一希英语教育艺术》（江苏教育出版社2010年出版），介绍了成长历程、教学感悟，并对目前教学中存在的一些问题阐述了自己的看法。吴作军老师的《我的教与悟：小学英语教师吴作军教育教学活动实践汇编》（天津教育出版社2013年出版），也为数不多的出自一线小学英语教师之手的集子。

当然，将若干位老师的心得汇为一书的也不少。如陶子萍老师的《走进名师课堂·高中英语》（山东人民出版社2009年出版），介绍了山东省优秀高中英语教师的心得体会。河北省教育学会的《英语教学案例集》（河北教育出版社2007年出版），收录了来自河北、山东、广东、广西、福建、甘肃等地小学英语教学案例49篇，中学英语教学案例29篇。

再有一类文集，就是论文集了。例如《回顾与展望——中国教育学会外语专业委员会成立20周年纪念文集》（人民教育出版社2001年出版）、席玉虎老师的《全国中小学英语教育教学优秀科研成果文集》（中国科学技术出版社2005年出版），包天仁老师的《春华秋实：中小学英语教学科研成果奖优秀论文集》（沈阳出版社2008年出版），马俊明老师的《基础英语教育论文集》（人民教育出版社2004年出版）收录了1962—2001年的相关文章，有的是没公开发表过的。也有某一学校的论文集，如吴青恩老师的《英语教学探索：石家庄市41中英语教学的研究与实践》（河北人民出版社2005年出版），杜法老师的《在“全境”中成长》（浙江古籍出版社2007年出版），是讲述杭州新世纪外国语学校的故事的。

谈到文集时，有一套书必须提及，那就是外语教学与研究出版社近年推出的“中国英语教育名家自选集”，已出版的有《刘道义英语教育自选集》《戴炜栋英语教育自选集》《胡文仲英语教育自选集》《刘润清英语教育自选集》《王宗炎英语教育自选集》《胡壮麟英语教育自选集》《钱冠连英语教育自选集》《张正东英语教育自选集》等。

3. 方法类

方法类值得推荐的书不多。王蔷老师的《英语教师行动研究》（外语教学与研究出版社2007年出版），是值得一线教师认真研读的。王哲老师的《校本研究与英语教师的可持续发展》（中山大学出版社2008年出版），下分“教学法研究”“技能教学研究”“学习者及评价模式研究”“词句语法教学研究”等几个部分，虽说较偏学术但毕竟涉及面较广，不妨当作一本“研究概论”看。乐伟国老师的《新课程小学英语教学叙事研究》（宁波出版社2007年出版），马剑波老师的《小学英语教学论文撰写与例举》（宁波出版社2005年出版），蒋娟老师的《小学英语新课程校本教研问题与指导》（陕西师范大学出版社2005年出版），也均各有所长。更早一些的有蔡昌卓、刘振聪老师的《英语教学研究与论文写作》（广西师范大学出版社2002年出版）等。

如果对方法确有兴趣，一些学术专著是不得不啃的。如桂诗春、宁春岩老师的《语言学方法论》（外语教学与研究出版社1997年出版），韩宝成老师的《外语教学科研中的统计方法》（外语教学与研究出版社1998年出版），刘润清老师的《外语教学中的科研方法》（外语教学与研究出版社2002年出版）等。

讲方法，离不开相关的历史。付克老师的《中国外语教育史》（上海外语教育出版社1988年出版）、豪厄特的《英语教学史》（上海外语教育出版社2000年出版）可供参考。

一些所谓“行动研究”，实际上也是讲的方法及相关案例。如美国人哈德利的《教师行动研究》（中译本，人民教育出版社2007年出版），收入了8篇教师行动研究报告。

（二）涉及中学英语教学局部的书

1. 教法与学法

（1）教法

论及教法，首先就面临一个问题：什么是好的“教法”，这就涉及所谓“教学评价”问题。这方面的专著不少，但要特别推荐沪、浙两地英语课例研究项目组的《听诊英语课堂：教学改进的范例》（教育科学出版社2009年出版）一书，比较适合一线教师阅读。其他如王笃勤老师的《真实性评价：从理论到实践》（外语教学与研究出版社2007年出版），此书由理论和实践两部分组成，理论部分从评价的发展、学习理论的发展以及语言学的发展三个方面论述了真实性评价的理念，讨论了真实性评价与课堂教学、学习以及课程考核等的关系；实践部分阐述了阅读理解真实性评价、听力理解真实性评价和语言能力真实性评价的具体操作方法。

“教学评价”是由国外输入的一个概念，这方面的译作也值得注意。例如英国人巴克斯特（Baxter，Andy）的《英语课堂教学评价活动》（中译本，译林出版社2008年出版）等。

有关测试的专著，也一并在此介绍，应该提到王秀芳老师的《学习检测学》（新华出版社1996年出版）和李筱菊老师的《英语测试的科学与艺术》（湖南教育出版社1995年出版），吴尊民老师的《英语测试的理论与实践》（外语教学与研究出版社2002年出版），刘润清、韩宝成老师的《语言测试和它的方法》（外语教学与研究出版社2004年出版）等。小学英语方面，有余晓珍老师的《小学英语学业质量评价标准》（辽宁师范大学出版社2012年出版），禹明老师的《小学英语教学评价》（东北师范大学出版社2004年出版）等。

对各种英语教学法的评述，有以下专著值得推荐：徐强老师的《交际法英语教学与考试评估》（上海外语教育出版社2000年出版），薛中梁老师的《谈英语课堂教学》（湖北教育出版社2000年出版），孙勉志老师的《汉语环境与英语学习》（上海外语教育出版社2001年出版），王笃勤老师的《英语教学策略》（北京师范大学出版社2010年出版），薛中梁老师的《英语课堂教学过程》（安徽教育出版社2002年出版），鲁子问老师的《中小学英语真实任务教学实践论》（外语教学与研究出版社2003年出版），均为可沉淀下来的学术专著。李世虬老师的《英语互动式教学法》（科学普及出版社2008年出版），包括听、读、写、唱歌、表演、游戏等十种“互动”方式。景学成老师的《英语异步教学法》（甘肃人民出版社2006年出版）论证了甘肃省教育科研重点项目异步教学改革的方式方法，指出这是一种课堂自主学习的好方法。冯增俊老师的《综合英语教学模式概论》（广东人民出版社2006年出版）是广东省教育科研重点项目的结题成果，从幼儿园到中学各个阶段均有实验。吴秀老师的《小学英语教学与形象思维》（教育科学出版社2011年出版）也颇值一读。

专论小学英语教学偏理论的书近年来出了不少，如王蔷老师的《中国小学英语教学研究》（外语教学与研究出版社2010年出版），张小皖老师的《小学英语有效教学实用课堂教学艺术》（世界图书出版公司北京公司2009年出版），秦贤老师的《小学英语课堂教学设计透视与导引》（世界图书出版公司北京公司2010年出版），杨启光老师的《小学英语课堂教学问题诊断与教学技能应用》（世界图书出版公司北京公司2009年出版），林立老师的《小学英语教学研究》（首都师范大学出版社2004年出版），詹丽芹老师的《小学英语课程与教学论》（北京大学出版社2012年出版），傅丽萍老师的《新课程小学英语教学理论与实践》（四川大学出版社2011年出版），贾秋林老师的《小学英语教学探索与实践研究》（首都师范大学出版社2012年出版），戈向红老师的

《小学英语高效教学》（南京大学出版社2012年出版），孟清老师的《有效上课：问题、探究·对策：小学英语》（光明日报出版社2009年出版），王丽春老师的《小学英语教学中的问题与对策》（东北师范大学出版社2005年出版），张琳琳老师的《小学英语课程教学论》（兰州大学出版社2008年出版），禹明老师的《小学英语教学理念与教学示例》（华南理工大学出版社2004年出版），温满玉老师的《小学英语课程理念与实施》（广西师范大学出版社2003年出版）等。另外，傅小平、王咏梅老师分别出版过《小学英语教学论》，分别由湖南人民出版社2007年和新华出版社2006年出版。

有不少书是以丛书形式出版的。如首都师范大学出版社2005年推出的“国家新课程标准教师研修丛书·英语系列”，下分《任务型学习在英语教学中的应用》《探究学习在英语教学中的应用》《人本主义活动在英语教学中的应用》《合作学习在英语教学中的应用》《自主学习在英语教学中的应用》等多册。中国电子出版社2005年推出的“中小学英语教育理论与实践丛书”计10册，其中《中学英语教育学》《小学英语教育学》等均颇见功力。

译著方面，英国人泰斯（Tice Julie）的《分层次英语教学活动》（中译本，译林出版社2008年出版）填补了“分层次”英语教学这一空白，一线教师应有兴趣。美国人阿戈尔《英语课程标准在课堂教学中的应用》（中译本，外语教学与研究出版社2007年出版）也是不可多得的一部专著。

在教学技巧方面，有专著，如张正东老师的《外语教学技巧新论》（科学出版社2001年出版）也有不少讲英语教学活动的书，哈萨克斯坦人杜申诺娃与王小庆老师的《好用的英语教学游戏：最新中小学英语教学游戏分类精选》（华东师范大学出版社2009年出版）收入228个游戏，很新颖。张子强老师的《培红中学与四步教学法》（中国林业出版社2009年出版）可成一家之言。杨晓钰老师主编的“中小学课堂教学实用指南丛书”（四川教育出版社2009年始出版）中与英语教学有关的有《小学英语短剧故事集》《英语课堂简笔画》《英语小诗和短剧》《英语文化背景》《英语课堂用语和绕口令》，以及贺杰老师的《小学英语课堂游戏集中营》（中国轻工业出版社2010年出版），祝海燕老师的《小学英语游戏教学示例》（南开大学出版社2006年出版），徐国平老师的《小学英语课堂游戏100例》（浙江教育出版社2006年出版），卢福波老师的《小学英语教学活动设计案例精选》（北京大学出版社2012年出版），鲁子问老师的《小学英语游戏教学理论与实践》（中国电力出版社2004年出版）等。均可供教师备课时参考。

一些名校的经验结集，或许更受老师们的关注。如北京市史家小学所出版的《品语识文：史家小学的英语教育》《数学聚能：史家小学的数学教育》《世界之窗：史家小学的英语教育》《灵韵流转：史家小学的艺术教育》《造梦空间：史家小学的科技教育》《奠基健康：史家小学的体育教育》（以上各书均为中国发展出版社2012年出版）等。上海市徐汇区东二小学，原为华东局子弟小学，也是一所名校，所出《在生活中教与学》（上海教育出版社2008年出版）一书，汇集了该校教师的教学心得。《表达使语文更灵动》《登攀的见证——小学语文教学改进实践探索》则是上海市名校长名师培养工程的成果汇编，均由上海三联书店2011年出版。一些地方名校也推出了自己的丛书，如河南省安阳市殷都区所出《殷都样板：小学低年级导学案点评》《殷都样板：小学语文导学案点评（3—6年级）》等，均由山东文艺出版社2011年出版。

也有以教案或案例形式呈现的教法书。如北京市《海淀区深度教研案例精选》（小学卷，北京师范大学出版社2012年出版），汇集了小学语文、小学数学、小学英语、小学综合方面的案例。张纯富老师主编的《新时期课堂教学实践研究》（黑龙江教育出版社2012年出版），实际上是佳木斯市小学第六届“百家讲堂”课堂教学竞赛得奖论文的结集。《小学高效教学实践活动》（天津教育出版社2011年出版），是天津市参加全国性小学学科教学比赛成果汇集。李莉莉老师的《小学语文口语交际教案选粹》（语文出版社2008年出版），则集中了某一类型的教案。李云桥老师的《小学语文课堂游戏100例》（浙江教育出版社2006年出版）更适合低幼年级。

还有一类书，是以地区为主题编写的，如广东省小语会编《广东省小学语文教学改革30年》（语文出版社2010年出版）等，《新蕊集：河南省小学语文优质课评比优秀说课稿》（河南大学出版社2010年出版），《布衣者的耕耘：浦东新区小学语文骨干教师优秀论文选》（江苏科学技术出版社2012年出版），薛炳群老师的《小学语文教学名家地图》（青岛出版社2012年出版）介绍了山东潍坊市小学语文教学名家的心得。石学东老师的《语文教学在探索中创新》（海南出版社2011年出版），汇集了湖南省湘西地区小语教师的课改成果。语文出版社所出《北京市小学百所名校优秀教学设计及论文集萃》，已出6卷。《上海市小学语文教学优秀论文选》也由上海社会科学院出版社一年出一本。各地“国培”项目成果结集也不少，如《覃思拾卉：四川省2012年“国培”置换项目内江师范学院小学语文班研修优秀成果荟萃》（四川大学出版社2012年出版）。获奖论文集也不少，如《甘肃省小学语文教学获奖论文集》（甘肃少年儿童出版社2013年出版）、《拾得集：河南省小学语文优质得评比优秀说课稿》（河南人民出版社2013年出版），等等。

以丛书形式出版的书不少，大多质量平平，创新不够。但也不可一概而论。凤凰传媒2014年推出的“课堂教学环节改进丛书（小学版）”就不错，包括王月萍老师的《备课——从分析学情到教学设计》，曹晏平老师的《上课——构建和谐的学习共同体》，赵掀老师的《作业——在课程标准下提供选择》，吴伟国老师的《辅导——尊重个性的关爱与指导》，赵掀老师的《评价——注重多元促进健康发展》等。

还有一类书，是近年兴起的名师工作室的经验、心得结集。如周仁康老师的《周仁康名师工作室的教学实践与研究》（宁波出版社2012年出版）。

也有专论某一教法的书。如杨德伦老师的《小学语文读写教学实践》（北京出版社2013年出版），王玮老师的《小学语文板书导引教学法》（江西教育出版社1992年出版）。郭琇老师的《小学教学与集邮》（四川大学出版社2010年出版），讲述重庆市沙坪坝区金沙小学利用集邮来进行教学的事情。邮票走进了语文、数学、历史等各个学科的课堂。张立军老师的《小学语文学科主题教学案例研究》（首都师范大学出版社2009年出版），周一贯老师的《小学语文尝试教学设计》（教育科学出版社2000年出版），王同裕老师的《所以，这样教：课堂教学与管理60句》（浙江大学出版社2012年出版），具体回答了“如何扎实地掌握‘四会字’”“如何辅导英语后进生”等问题。卢箭老师的《高效教学策略研究——“三导五学六环节”教学模式》（济南出版社2012年出版），“三导”指导学、导释、导思；“五学”指自学、互学、示学、评学和拓学；“六环节”指导学预习→专项训练→预习展示→合作解疑→主题训练→评价提升。此书是山东济阳部分教师利用这一模式教学的案例与心得。黄波老师的《我的迷人“语”秘书——小学语文趣味教学12法》（中国轻工业出版社2010年出版），收录了相关谜语、故事、游戏、表演、歌曲、歇后语、绕口令、对联、方言、口诀等。薛炳群老师的《小学语文有效教学策略》（山东大学出版社2005年出版）、陈全席老师的《有效教学与“依标脱本”评价》（海峡文艺出版社2010年出版），李吉林等老师的《小学语文情景教学与情境教育》（山东教育出版社2000年出版），江苏省小学语文特级教师薛辉、蒋丽清老师的《为你打开一扇门：小学语文“综合性学习”理论与实践》（河北人民出版社2010年出版），倪静川老师的《语文视野中的感恩教育》（浙江大学出版社2013年出版），李亚玲老师的《小学语文情趣课堂》（安徽师范大学出版社2013年出版），都是来自基层的小语教师的认真思考。上海市特级教师张秀丽老师的《想学能学的习作教学》（世界图书公司上海公司2011年出版），收录了大量小学语文习作指导课堂案题。李光启、张鹏老师的《信息技术环境下小学语文教学改革的探索》（北京师范大学出版社2010年出版），立足深圳市南山实验学校的相关课改，阐述了大家所关注的热点问题。

周卓雄老师的《小学语文长文短教教学研究经典案例》（江西人民出版社2011年出版），包蕾等老师的《小学语文情趣课堂的研究》（世界图书出版广东有限公司2011年出版），刘须锦老师的《小学语文教学思维谈》（现代教育出版社2011年出版），李景升老师的《现代教师素养·课堂教学艺术》（西安地图出版社2011年出版），等等。向爱平老师的《学记语文：新课程背景下语文教学的新视界》（语文出版社2012年出版），孙建锋老师的《小学语文——享受对话教学》（西南师范大学出版社2009年出版），高永娟老师的《行思留踪：小学语文教学的研究与实践》（文汇出版社2012年出版），陈惠琴老师的《小学口语交际教学论》（陕西人民教育出版社2012年出版）、《词语教学——走向精彩与高效》（上海教育出版社2011年出版），李楠老师的《小学语文：决定教学质量的关键策略》（西南师范大学出版社2010年出版），马骏祎老师的《小学语文教学理论与实践》（河北大学出版社2013年出版），汪智星老师的《过着语文的日子》（江西人民出版社2012年出版），魏星老师的《小学语文课堂教学的实践与反思》（东北师范大学出版社2007年出版），王志尚老师的《王志尚小学语文“线形”教学模式》（山东教育出版社1997年出版），小学教师的著述有一个特点，就是少有长篇大论的理论书，而多见实际案例。阅读时不看理论部分，看看实际案例，也多少可明白人家的高明之处了。当然，一线教师的著述中有些也是颇有特色的。如刘艳玲老师的《小学语文教学36策略——一位基层教研员的听课手记》（语文出版社2010年出版）。深圳市黄长泉老师的《框式图解法与中学语文教学》（广东教育出版社2012年出版）请一定要看，相信对小学语文教师会有所帮助。汪潮和方兰老师的《语文之道——“素课”是怎样炼成的》（北京师范大学出版社2013年出版），白纯舵老师的《自然的语文》（北京师范大学出版社2013年出版），都倾向语文回归语文本身。王益民老师的《语文好课真相》，倪江老师的《理想语文——自由阅读与教学》，何捷老师的《一线立场——快乐教学锦囊80篇》等，都是有思想的好书，均由凤凰传媒2013年出版。

具体到小学英语的教法，王会臣老师的《小学英语导学案点评》（山东文艺出版社2011年出版）、崔殿勇老师的《小学英语单元整体课程实施与评价》（江苏教育出版社2012年出版）、乐伟国老师的《小学英语语篇教学的策略与实施》（浙江教育出版社2012年出版）、陈立力老师的《小学英语生活说》（方志出版社2007年出版）等均成一家之言。

译作方面，有爱尔兰人玛丽·斯莱特和英国人简·威利斯的《让英语课堂活起来：教学用语及课堂活动指南》（中译本，译林出版社2006年出版），英国人安杰拉·库兹（Angella Cooze）的《事半功倍教英语》（中译本，教育科学出版社2009年出版）很不错，值得一读。韩国人金旦海的《我的第一本英语教师课堂用语手册》（中译本，大连理工大学出版社2010年出版）也很实用。

国内出版社出版过一批有关英语教学的引进版权书。如人民教育出版社2000年出版的Brookes，A & P.Grundy的《英语写作教学》，Brown，G & G.yule的《英语口语教学》；上海外语教育出版社2002年出版的Davis，P.& E. Dearse的《英语教学成功之路》，Gardner，D. & L. Miller的《外语自主学习——理论与实践》，Hedge，T.的《语言课堂中的教与学》。外语教学与研究出版社2000年出版的Harmer，J.的《怎样教英语》，Richards，J.C.& T.S. Rodgers的《语言教学的流派》，2002年出版的Johnson，K.的《外语学习与教学导论》，等等。

外语教学与心理学方面，有朱纯老师的《外语教学心理学》（上海外语教育出版社1998年出版）、魏永红老师的《任务型外语教学研究——认知心理学视角》（华东师范大学出版社2004年出版）等。夏正红老师的《一个模子不适合所有的学生》（华东师范大学出版社2008年出版）所述不限于心理学，也一并在此推介。

相类似的还有文化问题，可参览卢秋田先生《差异——一位中国大使眼中的东西方思维》（上海三联书店2003年出版）一书。至于现在流行的“双语教学”，应参考王斌华老师的《双语教育与双语教学》（上海教育出版社2003年出版）一书。周浩波老师的《双语教学研究实践与指导》（辽宁师范大学出版社2005年出版）是辽宁省教育厅主持的310所双语学校的经验论文集。欧卫红老师的《双语教学论》（北京大学出版社2009年出版）是这一领域的最新成果之一，主体为英文。

如果实在没有时间，也不妨翻翻刘鹏老师的《小学英语教学攻略大全》（东北师范大学出版社2010年出版）、路俊巧老师的《小学英语高效教学实用技巧》（天津科学技术出版社2011年出版），或《新课程小学英语实用教学法》（广东教育出版社2004年出版），对小学英语教法，有一个面上的认识。林立老师的《新版课程标准解析与教学指导：小学英语》（北京师范大学出版社2012年出版）或《课程标准案例式导读与学习内容要点：小学英语》（东北师范大学出版社2012年出版）也应二书选一看一看，以便对新课标有个了解。

（2）学法

关于英语学习方法的书不少，但真正言之有物，又贴近实际的书并不多。陈纪明、安宁老师的《英语学习方法漫读》（学苑出版社1990年出版）、郭谦老师的《中学英语学习方法漫谈》（黑龙江教育出版社1991年出版）、吴桂元老师的《英语学习方法与技巧：英语学习100问》（海洋出版社1992年出版）、刘建华老师的《英语学习方法指导》（江西教育出版社1996年出版）、李赋宁等老师的《识途篇——专家、学者、教授谈英语学习》（商务印书馆1998年出版）、龙莉娜和龙培云老师的《博士与中学生谈英语学习方法》（湖南师范大学出版社1999年出版）、袁浩老师的《百名高、中考状元英语成功揭秘》（气象出版社1999年出版）、王宏印老师的《英语学习方法86问》（河南科学技术出版社2000年出版）、范谊老师的《英语学习方法指津》（上海外语教育出版社2002年出版），源点工作室的《轻松背单词：四大名校五十种记忆方法》《轻松英语学习三十法：名校教授的经验总结与技巧活用》（北京科学技术出版社2003年出版）等，均是不错的。

有些关于英语学习方法的书，不一定是以中小学生为读者对象的，但方法是通用的，也可参考。如于笑苹老师的《大学英语学习方法一本通：我的大学四年英语学习规划》（东北师范大学出版社2009年出版）、崔喜哲老师的《拯救地球人的超级英语学习方法》（中国水利水电出版社2010年出版）等，均可参考。

学术专著方面，王笃勤老师的《小学英语教学策略》（北京师范大学出版社2010年出版）、吴本虎老师的《英语学习策略》（安徽教育出版社2002年出版）、谭云杰老师的《英语方法论：多视角、综合性的英语学习方法》（中南大学出版社2002年出版）均不错，谭氏一书更全面一些，主要包括：导论、语音学习方法、听力学习方法、口语学习方法、词汇学习方法、语法学习方法、英语阅读方法、翻译方法技巧等。程晓堂和郑敏老师的《英语学习策略》（外语教学与研究出版社2002年出版）所包含的信息更丰富一些。文秋芳老师的《英语学习者的成功之路》（上海外语教育出版社2003年出版）、《英语学习策略实证研究》（陕西师范大学出版社2003年出版）侧重实际案例研究。李阳也出过一本《中学生学好英语的奥秘》（广东教育出版社2003年出版）。饶滨老师的《小学英语学习潜力开发》（上海三联书店2006年出版）也会有所启迪。沈龙明老师的《学科有效学法指导：小学英语》（安徽教育出版社2011年出版）是这一领域不多的专著。

译作方面，英国人有沃特斯（Waters Mary）的《英语学习方法》（中译本，上海外语教育出版社2005年出版）包括教师用书、学生用书两册，虽说是针对大学英语教学使用的，但高中英语教师完全可以参考。英国人洛斯（Lowes，Ricky）等的《帮助学生自主学英语》（中译本，译林出版社2007年出版）更具可操作性一些。

2. 课程与模块

首先应提到两本关于英语课程论的专著：林新事老师的《英语课程与教学研究》（浙江大学出版社2008年出版），杨军、李霄翔老师的《中国“一条龙”英语课程改革可行性研究》（东南大学出版社2008年出版），除了目录等是中英对照外，主体均为全英文。两书回顾了国内外英语课程与教学研究的总体情况，研究英语教材建设与编制、英语学科教学模式、英语课堂教学设计、中学英语基础知识教学等。杨平等老师的《谁来决定我们学校的课程——谈校本课程的开发》（北京大学出版社2002年出版），是一本论文集。冯增俊老师的《当代中小学外语课程发展》（广东高等教育出版社2005年出版）也是这一领域绕不过去的一本专著。

具体到小学英语，张效珍老师的《小学英语课程设计：从文本到课堂的阐释》（广东世界图书出版有限公司2010年出版），王一军和吕林海老师的《校本课程开发：小学案例》（华东师范大学出版社2009年出版）可供参考。上海市教委所编《我们的课程领导故事》（华东师范大学出版社2013年出版）也很具体。

阅读模块方面，杨小龙老师的《中学生英语捷径阅读：翻译教学法》（科学普及出版社2006年出版）以英汉对照方式介绍了美国相关理论，共80讲。因为年级划分不同，中国小学英语教师也不妨参考。《2006年全国中小学英语阅读教学优秀论文集》（中国电力出版社2007年出版）收录了59篇论文。阅读离不开词汇，林润南老师的《小学英语单词奇特牢记法》（河北教育音像出版社2008年出版）有一定特色。

写作模块方面，王初明、牛瑞英、郑小湘老师的《以写促学》（外语教学与研究出版社2005年出版）有一定影响力。穆林华、张玲棣老师的《写给中学英语教师的书：英语写作教学理论与实践》（中国青年出版社2005年出版）值得一读。

语法模块方面，殷树峰老师的《中学英语语法妙解巧记运用》（九州出版社2003年出版），张奎金、牛爱之、魏兰桂老师的《实用英语疑难解析》（青岛出版社1997年出版）等，也都是备课时用得着的。

口语模块方面，乐伟国老师的《新课程小学英语说课稿精选》（宁波出版社2005年出版）可供参考。同一作者还有《小学英语语音入门教学策略》（宁波出版社2010年出版），可一并参考。

3. 教材与国外

英语教材不少是从国外引进的，另外，英语学习是一个世界性的话题，故将这二者放在一起介绍。

先看教材。程晓堂老师的《英语教材分析与设计》（外语教学与研究出版社2002年出版），人民教育出版社2010年出版的《新中国中小学教材建设史（1949—2000）研究丛书·英语卷》，可当资料集来使用。

更早一些的有张扬老师的《中学英语教学大纲及教材分析》（东北师范大学出版社2001年出版）等。

校本教材是近年来一大热点，这里首先应提到东北师范大学附属小学校长熊梅老师的《校本课程开发的行动研究：来自一所小学的课程创新》（教育科学出版社2009年出版），下分“学校篇”和“学科篇”，“学校篇”下列五章：

第一章　校本课程开发的情境分析

第二章　校本课程开发的愿景目标

第三章　校本课程开发的方案的设计

第四章　校本课程开发的组织实施

第五章　校本课程开发的效果评价

“学科篇”下列12章：

第六章　语文学校校本课程开发的实践探索

第七章　数学学校校本课程开发的实践探索

第八章　英语学校校本课程开发的实践探索

第九章　音乐学校校本课程开发的实践探索

第十章　体育学科校本教材开发的实践探索

第十一章　美术学科校本教材开发的实践探索

第十二章　科学学科校本教材开发的实践探索

第十三章　生活学科校本教材开发的实践探索

第十四章　社会学科校本教材开发的实践探索

第十五章　首先学科校本教材开发的实践探索

第十六章　信息技术学科校本教材开发的实践探索

第十七章　综合实践活动校本课程开发的实验探索

作者本人是教育学博士，又担任过多年小学校长。此书是理论与实践结合较好的一部专著。而徐梅芳老师的《爱在心中快乐成长》（上海文化出版社2012年出版），是上海市善陀区中山北路第一小学“爱在心中”校本课程开发与运用的结集。上海市卢湾区海华小学所出《为了学生的学——“海华特色”校本课程新路径探索》（华东师范大学出版社2010年出版），则是该校校本课程成果的结集。

国外的情况，王爱娣老师的《美国语文教育》（广西师范大学出版社2007年出版），以一个中学语文教师的眼光和视角，从科学研究的角度并结合多年的实践来解读美国语文教育，介绍了美国语文教育的改革、课程标准、教学、作业和评价等，并且与我国现行的语文课程标准做了较全面的比较。

教学中多媒体利用方面，可参考陈洪、刘北利老师的《英语教育中的计算机应用》（人民教育出版社2005年出版），有些内容稍显过时。乔立梅老师的《现代教育技术与小学英语教学》（高等教育出版社2009年出版）也有同样问题。

本篇小结

晚清时求学者奉为《圣经》的目录学著作是《书目答问》，共介绍了经史子集丛五部共约两千多种书。如今时代发展了。知识“爆炸”了，一部《书目答问》当然是远远不够了，开始设想得有一套《书目答问》，每个学科一本。但再一细想，这么做还是不够到位；每个学科的阅读人群实际上是差别很大的，针对专业人士、半专业人士、非专业人士，所推介的书不应该是一模一样的。

本篇谈不上是“辨章学术，考镜源流”，本不宜率尔付梓，但只是想为一线初中英语老师提供一部以约驭繁的专科“书目答问”做出一点努力吧，为进一步厘清事实提供一个可供讨论的基础。挂一漏万的错讹肯定会有，治丝益棼的指责也恐怕难免，请大家多多批评指正，以促使本篇日趋完善。

既然谈到目录学，有两个词不妨在此提一提：一个词是“知见”，如清莫友芝《郘亭知见传本书目》，所收除其所见存书外，“又采录邵位西年丈懿辰所见经籍笔记益之”，就是说，他所介绍的书籍，有些是他“见”过的，有些是他没见过，仅仅是“知道”相关信息。

再一个词是“目睹”。如清朱记荣《行素草堂目睹书录》所收之书“均经目睹并及借抄成帙之书”。也就是说，他所介绍的书籍，本本都是他亲眼所见过的。“目睹”嘛。

从知道，到见到，再到一本本泛读，再到某些书精读，对知识的理解和掌握，是层层推进、步步深入的。具体到广大一线教师，还是从最基本的“知见”开始吧：看了这一篇，知道了不少书的信息，当然所说的不少书，也都见过、读过。

最后让我们引用山东大学教授牟世金先生的一句话来结束此篇：

“在一定条件下，一个人学问的大小和他掌握的书籍的多少成正比。”用张之洞在《轩语》中的话讲，就是“无论何种学问，先须多见多闻，再言心得”。

下篇

论文篇

本篇说明

说到论文，有学者曾提出一线教师要破除“论文至上”的观念。例如郑金洲老师就曾提出：

> 一讲到中小学老师做研究，就是要写长篇大论的论文。论文这种东西是属于专业研究者的，是属于大学教授、属于科研院所的。中小学教师做校本研究，并不见得都要去写长篇大论的论文。他一堂课上下来，写写教学反思，把自己一天的教学经历写成教学日志，对自己整个的教学活动进行系统化的整理，实际上都是研究，都是指向研究的行为，而不是只有论文这样的一种形式才是整个研究当中的唯一的取向。（《教育的思考与言说——一位教育学者的演讲录》，第103～104页，福建教育出版社，2007年出版）

郑老师的意见当然是正确的，可现实情况是，正确的不一定行得通，行得通的不一定正确。绝大部分一线教师恐怕都会说：论文不是万能的，但没有论文，是万万不能的。

既然论文还得写，那么接下来的问题自然是：怎么写呀？其实，最简便、最直接的方法，就是模仿——先看看人家都写些什么，一般是怎么写的。

一

关于小学英语教学的研究

（一）思路一：论述某一版本小英教材某一单元的教学

江苏省扬州市江都区吴桥小学郭小静、乔玉洁老师合写的《〈牛津小学英语〉综合板块的有效教学策略研究》（原载《小学教学参考》2012年第12期）一文，谈的是某一版本教材某一板块的教学，与具体地谈某一册书某一单元的教学略有区别，但从写作思路上看，大同而小异。该文分成两个大标题，没有开场白，一上来就是第一个大标题：

第一个大标题是："综合板块教学的现状剖析"。

现状一：教师走过场

大多数教师认为综合板块的内容过于零散，往往在授课过程中草草处理了事，甚至把它变成了练习课。

现状二：学生易忽略

学生感到乏味与无聊，丧失了学习综合板块的热情与兴趣。

【思考】英语新课程背景下的教学目标更加多元化，这就要求教师应从整体上来设计单元教学目标，并厘清单元整体目标与各板块教学目标之间的关系。教师应深入分析、挖掘综合板块间的内在联系和共同之处，对教材内容进行二度开发，并补充必要的情景要素，从中找到一条清晰的线索串联起各板块，将其统筹于一个完整、真实的情景中，使学生在积极主动的学习状态中不断建构有关联的知识，形成一个完整的知识体系，同时逐步增强综合运用语言的能力。

第二个大标题是："英语综合板块的教学整合"。下面分成三个小题标：

一是"化'零'为'整'，有效整合"。

二位老师举例说，例如，在教学5B Unit 8 "At the weekends"中，由授课教师通过与学生的"Free talk"引出话题"How do you spend your weekends？"。在相互交流的过程中，由授课教师介绍"Last weekend，I've bought a book. It's about insects."来复习词汇板块的昆虫类单词。在复习中，设置猜谜环节引出F板块，此板块不仅活跃了课堂气氛，还促进学生积极思考。而后通过"Read and match"引入H板块的教学内容，练习过后，一首轻松而欢快的歌曲让课堂气氛变得温馨而活跃。G板块的教学通过生动的图片引出句型"What insects can you see？"。由学生引出该板块的教学内容"I can see some bees."。在教师循循善诱的引导下，引出剩下的内容，操练部分的拓展让学生更好地体会了“ee”的发音规则。E板块为阅读材料，授课教师非常注重阅读策略的训练，通过“Listen and choose” “Read and circle”和“Try to say”三个环节训练了学生捕捉关键信息的能力。

二是“主题突出，整体规划”。这又可细分为两类：

其一，以话题为主线，建构整体。

案例　5B Unit4 An English friend

Step 1．Warming up

The game one：Listen and act（Part F）

The game two：crazy phrases

巩固复习本单元B部分的词组，F部分起到了拓展训练的作用。

Step 2．Revision

A new friend is coming．What do you know about Tom?

回顾A部分的内容，过渡到E部分，学习更多有过 Tom的内容，告诉学生E部分就是介绍Tom的。

Step 3．New teaching

学习E部分，Tom收到邮件之后，回了一封信给Wang Bing，过渡到H部分小诗。

B）Part H：The chant。

由诗歌中uncle和under这两个词引出G部分，完成综合部分，进行拓展。

其二，以情境为主线，整体串联。

案例　5B Unit 9 The English club

Step l．Introduce the members of the English club．学习 Part H

Step 2．Join the English club，you should finish three Tasks.

Task 1．Read Part G’语音测试，使得枯燥的语音板块增添了趣味性，调动了学生的积极性，挖掘了他们的潜能。

Task 2．Part F，检查成员的语言文化意识，了解成员素质。

Task 3．Part E，考核成员的语篇理解能力。

三是“拓展延伸，学以致用”。

例如，5B Unit 8“At the weekends”拓展部分，结合E部分小作写一篇有关昆虫的文章，写的过程中围绕三个问题，让学生心中有谱，不至于像无头苍蝇一样乱窜。5B Unit 4 " An English friend" 延伸时始终以朋友为主线，"Teach the students how to write an e-mail to a friend"，学生会保持兴趣，完成小作。5B Unit 9 "The English club" 学生观看姚明与詹姆斯联合拍摄的一段可口可乐广告，结合广告最后的台词用本单元学习的知识续写广告语。

二位老师举例说，综合板块的教学应该是一个整体，而不是支离破碎的。教师应当立足单元主题，既要统筹整个单元，又要从细节处把握各个板块间的衔接，也要多给学生创造运用所学语言的机会，全面培养学生的听、说、读、写能力，使学生获得成功的学习体验，切实提高综合板块教学的有效性。

从该文的内容看，题目改成"《牛津小学英语》综合板块教学上的问题及其对策"或许更切题一些。

（二）思路二：论述某一版本小英教材某一课文的教学

江苏省淮安市外国语实验小学周宏伟老师《牛津小学英语5A Unit 6 "Doing house work" 教学设计》（原载《小学教学参考》2012年第11期）一文，没有任何多余的话，全是"骨头"没有"肉"，文章分为四个大标题，一上来就是第一个大标题：

一、教学内容

牛津小学英语5A第六单元第一课时

二、教学目标

（一）知识目标

1. 通过听、说训练，使学生学会打电话的方式。

2. 在听、说训练过程中，学生学习do housework、sweep the floor、stand、sit、ring、run等动词。

3. 通过听、说、回答等练习，学会对背景进行语言描述。

（二）功能目标

1. 学会在实际生活中用英语打电话和接电话。

2. 学会运用所学的知识独立、创新地编英语韵律歌谣。

三、教具准备：课件、录音机、教学图字卡等

四、教学过程

Step 1：Warming up

（1）Greetings

（2）Free talk

T：Boys and girls，when I'm happy，I like Singing. What do you like?

S1： I like…

T：Do yon like…? S2：No，I don't. I like…

T：What do you like? S3：I like…

（3）Revision

Step 2：Presentation & Practice

课件——出示照片

Photol：A boy is reading a book.

T：Who's he? Ss：He's ×××.

T：Hi，×××. What are you doing? （反复两遍，板书）

Sl： "I'm reading a book." （板书领读此问答句）

Photo2：A girl is dancing. T：Who's she? Ss：She's×××。（学生兴奋地指向该同学）

T：Hi，×××. What are you doing?

S1： "I'm dancing. "

T：Boys and girls. What is she doing? （反复两遍，板书）

Ss： "She's dancing. " （板书领读此问答句）

Photo3：Two boys are playing basketball.

T：Are they dancing/reading? Ss：No，they aren't.

T：Hi，×××. What are you doing?

S1： "We're playing basketball. " （板书在I'm下面添上We' re…）

Step 3：Practice "Look and say"

Step 4：Teach new words

T：Do you like PE lessons? Shall wc scc sonic pictures?

And please answer the questions.

T：He's walking. He's jumping. He's standing. He's sitting.

拼读单词Look and read

T&S：Good job！Shall we play a game？Now follow me，please.

学生跟随教师一起做动作并进行答问“What are you doing？”“we're walking/jumping/sitting/standing.”

T：We did so many sports，so I'm very tired. 1 want to go to bed. Do you want to go？ S：Yes.

T：The boy is tired，too. What is he doing？

课件出示睡觉的情景，引出sleep-sleeping的教学。

Look and read

Look and guess

课件出示“Say a chant”：

Doing，doing，what are you doing？

Standing，sitting and sleeping.

Doing，doing，what are they doing？

Walking，running，and jumping.

T&S：教师示范，边说边做动作，学生跟随教师做动作并练习说。

Step 5：Consolidation

1. 现在分词构成规律。“i”直接在动词后加“ing”；去词尾“e”加“ing”；双写词末字母加“ing”。

2. 课件出示：时态学习（学生默读，强化理解记忆）

3. 课件出示：练习题

Now，we____ ____（have）Jan English class. The English lesson is so interesting（有趣的）.

Look，our new English teacher Miss Gao____（stand） over there. We（play）a game. Some students____（sit）. Some students____（walk）. Some students____（jump）. And some students____（run）. No one ____（sleep）here. oh，we are really happy today.

T：Shall we check the answer？（指名朗读核对答案）

Let's read it together.（学生齐读）

Step 6：Goodbye & Homework

T：Class is over. “Goodbye，boys and girls！”

S：Goodbye！

Homework：

1. 听录音，复习本节课所学单词、句子。

2. 听录音，预习A部分课文。

3. 抄写B部分单词。

此类文章非常多，一线教师很熟悉，好写也会写。但应该说这严格说，还只是文章的“毛坯”，还不是一篇真正意义上的科研论文。

（三）思路三：对某一具体教学环节的细化

将每日司空见惯的某一具体教学环节细化，也是一线教师写文章的好思路。

江苏省兴化市钓鱼镇钓鱼中心校顾银华老师《浅谈小学英语合作学习的课堂管理策略》（原载《小学教学参考》2010年第10期）一文，把我们日常司空见惯的小组合作学习细化，并提升至“课堂管理”的高度，写得不错。顾老师这篇文章共分为两个大标题，一开篇就是第一个大标题：“小学合作学习课堂管理中存在的问题”。下面又细分为三点：

（1）合作学习目标不明确，内容选择盲目。

学生对于不同的教学内容有不同的兴趣度和动力因，因而不同的教学内容也就会有不同的课堂秩序，所以合作学习的目标和内容的选择关系着教学效果与质量。但是在实际的教学中，我们常会发现每个小组的学生因为不明确合作学习的目标和内容，导致学生参与的积极性不强，这种问题的产生是由于教师在开展活动之前没有向学生讲述清楚教学内容和目标，或是合作教学的内容对于提高课堂教学没有实际的意义。

（2）在合作学习中教师处理学生的问题行为不恰当。

在合作学习教学的过程中，不可避免地会出现一些学生问题行为，如大声说话、顶撞教师、参与活动的积极性不强等，严重影响课堂教学的正常进行。这个时候就需要教师采取正确的课堂管理手段制止学生的问题行为，从而确保课堂教学的顺利进行。但是，有的教师在处理学生问题的时候不能冷静、客观地分析和解决，造成相反的效果，使学生产生抵触的情绪，激化了师生间的矛盾，引起不必要的冲突，进而影响学生学习的兴趣和积极性，学习目标更难以实现。

（3）合作无序。

合作教学要求讲求课堂教学合作的有序性与规范化，但是在实际操作过程中，教师往往对课堂操控不当，导致学生的合作学习无序进行。

第二个大标题是：“小学英语合作学习课堂管理的策略”。下面又分三个小标题：

一是“明确合作学习目标，精选合作学习的内容”。

顾老师说，谈到合作学习的目标和内容，首先要明确一点就是它们与教学目标和教学内容并不一定可以画上等号，但是它们一定是为了教学目标和教学内容服务的。教师在选择合作学习内容的时候要从以下几个方面来进行考虑：

首先，选择开放性的内容。

由于学生的知识背景、家庭背景、思考方向、学习方式等都可能是多样的，为了鼓励学生在合作学习的时候能够充分交流讨论，因此内容的选择上要注意具有开放性，这样有利于开拓学生的思维，学生间能进行互补和互助。

其次，选择易于引发争议的内容。

在学生进行合作学习的讨论阶段，如果是面对易于引起争议的内容，可以更好地引导学生进行合作交流，从而寻求一个较为统一的意见，这样才能体现合作学习的教学方式的价值。因为只有在小组中进行了充分的交流、讨论、验证，学生对于知识点的掌握往往才会更深刻。

再次，为了提高每位学生的参与性，选择一些个人无法完成的内容。

为了避免合作流于形式，教师在选择合作学习的教学内容时最好是选择一些个人无法独立完成的内容，这样能提高学生的参与性，让学生在小组的合作学习中体验到合作的力量，使教学过程变得更生动、活泼。

二是“科学分组和分工”。

顾老师说，合作学习的基本教学形式就是小组合作，它是进行合作学习的前提，而分组的时候是否合理、科学，直接关系到合作学习的教学效果。因此，在实际的教学中，教师应该对学生的实际和合作学习的教学内容充分了解之后，对学生进行科学的分组。分组的时候可以从下面两个方面进行考虑：

首先，小组的规模。

小组的规模多大才是合理的呢？根据实践证明，4人的小组在合作学习的教学时最有效，但是4人制的小组规模更适合小班制。我国大部分地区都是采取大班制，因此4人制的小组规模不是很适合。当然，小组规模的确定也还要看合作内容而定，一般来说简单的内容可以用规模小点的分组，这样有利于提高学生的责任感；而要是内容对于学生来说较难的话，可以用规模大点如6～8人的小组规模，这样可以让学生有充分交流的空间。

其次，可以运用自由组合或是教师分配的分组方式。

在进行分组的时候，怎么构成小组是个让很多教师都头痛的事情，一般分组的方式，有自由组合或是教师分配这两种。第一种学生自由组合的方式，可以让学生自由选择合作的伙伴，由于有自己熟悉的小伙伴，学生在接到学习任务之后可以很快进入到学习状态中，也就不用再花费时间去认识、了解小伙伴了。这既是自由组合的优点也是其缺点所在，由于伙伴间熟悉，在进行合作学习的时候必然就会缺乏讨论和交流的机会。第二种教师分配的方式，这种方式教师虽然可以将不同层次的学生组合在一起，增加他们交流的机会，但是如果教师对于学生的了解不足，分配的时候将不能相处好的学生分到一起，这样也不利于学生的合作交流。总之，在进行分组的时候，教师要根据学生的实际和教学内容进行科学分组，让学生能够在不同的分组方式中体验到合作学习所带来的益处。

三“是建立完善的合作学习规则”。

顾老师说，建立合作学习规则的时候，教师可从以下几个方面来进行考虑：①听从老师的安排。②每个小组成员要尽到自己的责任。③学会倾听不同的意见，同学间要友好交流，有效合作。④按时完成任务。⑤平和心态对待争执，探索权威依据。⑥关注他人，主动帮助有需要者。⑦学习第一，友谊第二，竞争第三。另外，教师还可以规定一些处罚制度等。总之，合理的规则的制定有利于为学生进行良好的合作学习提供必要的条件，也为良好的课堂教学秩序提供保障。

顾老师最后指出，合作学习对于提高学生学习英语的兴趣有着积极的作用，但是在教学过程中教师还应该注意管理好课堂，开展多样的互动合作学习。

江苏省如皋市如城镇实验小学刘佩佩老师《浅谈小学英语教学中心鼓励性评价》（原载《小学教学参考》2010年第10期）一文，则将“鼓励性评价”这一环节加以细化。刘老师首先写道：“鼓励性评价是教师在教学过程中通过语言、情感等教学行为，给学生充分的肯定和鼓励，从而关注和促进学生的发展。在小学英语教学中，鼓励是一种教学手段，更是一种教学艺术。”下面，分为三个大标题展开叙述：

第一个大标题：“发挥鼓励性评价的魅力”。

刘老师说，鼓励性评价的核心是关注学生的发展，促进学生的发展。在小学英语教学中，可以用多种方式对学生进行鼓励。如针对低年级学生，教师可以准备一些人物头饰，如David、Nancy、Mike等，让学生戴上头饰进行分角色表演，使学生进入情境。还有，教师深入到学生中间，与学生亲近时，多用“please”“thank you”“very good”等用语，充分调动学生的学习情感，积极寻找学生的闪光点，对学生出现的点滴进步，均加以肯定与鼓励，用发展的眼光评价学生。同时，教师也可以恰当运用体态语言来传递关爱的情感与信息，一个肯定的眼神，一根竖起的大拇指，一回轻轻地拍肩等，不管是对学习好的学生，还是对学习有困难的学生，都起到巨大的激励作用，都能让他们有一种积极向上的学习心态。

第二个大标题：“把握鼓励性评价的尺度”。

刘老师说，在小学英语教学中，应充分发挥鼓励性评价的作用，在对学生发挥取得正面效果的同时，教师应根据不同层次、不同类型学生的心理需要，选择合适的切入点来实施评价。无论是何种形式的鼓励都要把握好尺度，切忌过分夸大其词，以免造成学生不能正确把握自己的心理。因为小学生有明显的情绪化倾向，所以，教师应及时对学生进行评价与鼓励，如good、OK、great、clever，以及 Good，but I think you Can do it better。鼓励性的语言既能给学生创设自然、轻松、亲切的学习氛围，又能鼓励学生积极发现问题、纠正错误。同时，教师还要关注差异，对不同的学生进行不同的鼓励。例如，巧用否定来实现鼓励性评价。刘老师说，她班上有一名学生，经常是争着回答问题，然而他总是答错或答不完整。于是，刘老师采用的评价是“Something right，but I think you should be more careful next time”和“It doesn’t matter”。这样就不容易挫伤学生的积极性，反而会让学生改进不足，争取进步。

第三个大标题："巧用鼓励性评价的方法"。

首先，用鼓励性评价培养学生良好的学习习惯。如果学生的学习习惯不好，学习态度不端正，就会影响学生的学习积极性和学习潜能的开发，因此，要用鼓励性评价，培养学生的学习习惯。刘老师举例说，她有一名学生对英语学习抱着无所谓的态度，该读的不读、该记的不记、该写的不写，非常懒惰。针对这样的情况，刘老师在教学中，发现该生某个方面不错，就及时地说："You are making progress。"当他的脸上洋溢着喜悦时，刘老师再用鼓励的眼神看着他说："I belive you can do it better next time。"多次反复鼓励后，该生的学习态度明显好转，也逐渐地认真书写作业了。这说明，鼓励性评价能促进学生养成良好的学习习惯，并能促进学生个性与能力的发展。

其次，用鼓励性评价培养学生良好的作业习惯。英语作业中的鼓励性批语，对学生学习积极性的提高，有着很大的作用。英语书写是小学生学习英语的一个重要组成部分。我们要善于发现和寻找学生作业中的"闪光点"，并且毫不吝惜地加以鼓励。如，对书写整齐规范的作业写上"Very good"，也可以面批，圈出写得漂亮的字母、单词、句子，当面给予表扬和鼓励。在批语的使用上，也可以用多种形式呈现，因为学生在乎教师的红笔在他们的作业本上留下的痕迹，哪怕是一个五角星、一个圈或一个笑脸简笔画。对平时书写不太认真的学生，只要他们有了细小的进步，都应在他们的作业本上写上"good，相信你越写越好"，或写上"你的书写进步啦"……教师在批改作业中，给予一些恰当的鼓励性评价，是促进学生积极进取的手段之一。

刘老师最后说，在全面推进素质教育的今天，教师要正确运用好鼓励性评价，充分挖掘和发挥学生的潜能，让英语学习成为学生的一种愉悦享受。

如能联系新课标强调的某一教学环节进行细化，则更贴近当今教改实践，发表的概率相对也更大一些。如江苏省南京市栖霞区幕府山庄小学陈倩倩老师《小学英语课文复述训练初探》（原载《小学教学参考》2013年第7期）一文，首先就指出：新课标针对小学六年级毕业生提出的二级目标中指出，学生"能在图片的帮助下听懂、读懂并讲述简单的故事"。对课文进行复述和讲述故事，是阅读教学的重要环节。而小学高年级的学生已经掌握了一定的语言知识，思维能力也有所发展，教师应该有效指导其组织语言表述文章的内容。

接下来，文章分成三个大标题进行叙述：

第一个大标题：“复述课文的必要性”。陈老师说了两层意思：

一是有效训练学生的思维。陈老师说，复述（rehearsal）是以言语重复刚识记的材料，以巩固记忆的心理操作过程。小学阶段的英语课文复述是在理解文章的基础上，内化其中的信息，产生记忆，并通过分析、归纳，有条理、有重点地叙述。它需要通过精细的思考，使当前的信息与大脑中已存在的信息相联系，经过积极主动的思维，使其成为稳固的记忆，所以复述也是学生思维的过程。语言是思维的表象，学生的复述是其思维的结果，语言和思维是相辅相成的，学生的语言能力得到了发展，那么思维能力也会随之提高。

二是有效检测教学效果。陈老师说，通过学生的复述情况，教师可以比较全面地了解学生的学习情况。牛津小学英语五、六年级的课文都遵从同一种模式，即前言加对话。我们在教学过程中发现，学生可以将课本读得滚瓜烂熟，但是要真正进行口头表达时，情况却不尽如人意。尤其是将人物的对话进行提炼，并将其转化为叙述性的语句，总是存在着诸多问题，比如人称的转化、动词形式的改变等。这些问题所折射的是教师在平时教学中存在的疏漏之处，以及学生学习的薄弱之处。这时教师就可以借此调整和改进教与学的方法，查漏补缺，不断完善。

第二个大标题：“复述课文的方式”。这又可细分为：

——填空复述。

例如：5A Unit 4 Halloween的课文复述可以出示填空：

It’s Halloween tomorrow. Ben and his_______would like to buy_______for a Halloween party. They_______some chocolate, some_______, some masks, a vase and a_______lantern.

陈老师说是，这是较常见的一种方法，一般在学完课文后即可进行。教师已经提供了主要的脉络和框架，只需要学生在理解文章主要内容的基础上，填入关键信息，运用简单的语言就能完成。它可以激励英语能力较弱的学生，消除他们的畏难心理，在半朗读、半叙述的过程中逐步掌握复述的要领。其不足是，学生容易将其视为笔头练习，只着眼于词汇和语法，而容易忽视叙述的整体性，思考程度不深，学生的思维拓展不够。

——关键词复述。

陈老师说，利用关键词复述就是从课文中提取重要的单词或短语，提示学生复述文章的主要内容。此方法类似于列表复述，但又有所提高，它不提供事件和人物以及其他信息的联系，只简单呈现零碎的词汇，学生需要在真正理解的基础上才能正确叙述，还需要理清人物关系，弄清前后顺序，准确搭配信息材料等。关键词可以是教师提供，也可以让学生在文中自主选取。

关键词的内容可以分为两类：一种是给出具体的信息材料，例如：6A Unit 2 Ben's birthday的课文复述，教师可以提供以下关键词：new student，visit，talk，date，birthday party，present，cartoon，'Aladdin'，wait。学生要根据自己对文章的理解，将这些词汇进行扩充，合理组织语言，有所取舍，从而完成复述。

——图片复述。

以5A Unit 2 A new house的课文复述为例，教师可以不提供文字，而是出示相关的图片。

学生在理解课文的基础上，通过观察图片，了解房屋结构、物品方位，就能正确复述文章："There are…in the big house. But there isn't a garden. In Yang Ling's bedroom. there's…"没有文字性的提示，学生需要将图片的内容转化为语言文字，并考虑使用的准确性。这样的教学方法对学生没有很高的记忆能力的要求，但是在综合运用语言方面有很高的要求，学生要有较强的语言组织能力和表达能力，叙述要正确，富有条理。

第三大标题："复述课文的注意点"。

一是要符合学生的实际水平。陈老师谈了三点：复述的训练不是针对班级里部分基础好的学生，所以教师要注意控制难度，考虑到全体学生，尤其是基础较差的那部分学生。如可以多采用填空式的复述，或是几人合作，也可以分段进行，从而消除他们的畏难心理。而基础较好的学生，应多给他们表现的机会，并能够在语言的运用上精益求精，日臻完善。

二是选择合适的复述材料。并非所有的课文都适合复述，有些更适合对话交流或是表演。比如5B Unit 6 A PE lesson，想要叙述情节是有难度的，让学生实际地操作，说一说、做一做则能更加有效地掌握课文内容。所以，教师不能千篇一律地提出复述，而是要有选择性地。

三是采用恰当的方式、方法。不同的课文需要采用不同的复述方式，它取决于课文的特点、学生的情况等多方面因素，可以选取一种，或者是多种方法的组合，教师应该根据实际合理利用。教师也要给予学生方法指导，由易到难、由浅入深、循序渐进。

陈老师最后指出：对学生进行课文复述的训练，教师可以让学生处于积极的思维状态，去理解教材、研究教材，让他们围绕教材用自己的语言叙述，增强学生在学习中的主动性，从而提高学生的学习效率。

（四）思路四：讲述自己上某一类型课的教学体会

如今小学英语教学课程类型也日见丰富，如有的小学有原声电影课，有的小学有英语短剧表演课，等等。当然，更常见的，是练习课、复习课等。山东省莱州市双语学校李艳老师《英语复习课的减法和加法》（原载《山东教育（小学）》2013年第7—8期合刊）一文，就是这一写作思路的一篇不可多得的好文章。李老师首先写道：

> 我们现用的鲁教版英语教材是以话题为中心，以功能句为桥梁，拓展学生的语言结构，提升学生的语言表达能力，形成了话题—功能—结构—语言的编写特点。同时每个单元分四课时，三节新授课，一节复习课。到底该如何定位本单元中的第四课时（复习课）？如何才能上好复习课？曾是一直困扰我们的问题。经过探索研究，我认为，要想上好复习课，必须做好复习课上的减法和加法。

下面，分成三个大标题展开论述：

第一个大标课：“复习课的定位”。

李老师说，要想上好复习课，首先必须给复习课一个准确的定位。结合教材编写特点和学生的实际学习情况，将第四课时的学习定位在落实以前三课的教学重难点，做好有效的矫正补偿。同时深入挖掘课本内涵，充分利用教材资源并适当拓展。复习课不再是已学过的知识的重复，而是对前三课所学知识的重组、整合、应用、拓展和延伸，让学生在快乐的学习中减轻负担，提高质量。在复习课上的教学重点是在复习过程中落实三维目标，体现学生的自主合作学习，提高学生的人文素养、思维能力、口头表达能力，促进学生的心智发展。

第二个大标题："用心做好复习课中的减法"。

李老师说，提到复习课的教学，很多老师认为在复习课上就是要让学生反复听读对话，重复进行，以期通过反复跟读来达到对课文内容的有效复习。这样的复习没有重点，缺乏新意，学生学得没有兴趣。所以，应当根据教学内容，选择适合的教学方式，做好英语教学中的减法。减去花哨的形式、无谓的机械重复、不必要的提示、无意义的情境创设，提高课堂教学效率。结合自己的教学实际，李老师认为，要上好复习课，必须实行两个减法：

一是精简复习内容，关注重点难点。

李老师说，复习课首先要对前三课的知识进行矫正补偿。为了真正实现矫正补偿，教师就要根据自己在新授课时学生难以掌握的重点和难点知识进行知识重现，重点强调和操练，为学生真正实现用英语做事情打下基础。但是要注意，呈现的方式和方法要有别于新授课。要根据不同教学内容设计不同的活动方式。这样才能让孩子们在复习课上学得充实、有趣。例如在第五册Unit 5的复习课中，李老师重点关注了前三节课教学的重难点：第一课，以让学生小组合作表演对话的形式，鼓励学生交流自己想参加什么体育俱乐部，以及参加的原因。第二课，针对学生新授时对第三人称单数掌握得不扎实的现状，采用了看图说话的形式，抓住文中的主要人物分别进行分析，同时关注文中图片的情景，拓展学生的语言表达范围。第三课的重点是用过去式描述自己经历的一场比赛，焦点就是在比赛最后几分钟时发生的转折。引导学生体会比赛者的心情，然后让学生带感情解说最后的比赛环节。学生们在不断的挑战和解说中，不知不觉就掌握了重点知识。

二是精简教学环节，实现简约课堂。

李老师说，在刚刚研讨复习课，准备复习课的时候，感觉很难在四十分钟的时间内复习好本单元的内容。但是强迫自己静下心来分析教材，关注教材的编写特点，根据复习课的定位和主要功能，将复习课设定为如下四大环节：自主复习，梳理知识—文本再现，合作探究—综合练习，训练巩固—拓展阅读。这四个环节的设置是按照先矫正补偿、后拓展延伸的顺序进行，同时这四个大环节中，每个环节的设计都遵照由易到难、反复呈现、循环滚动、循序渐进的方式来实现知识的整合和能力的提升。在本节课中，第一环节的自主复习、梳理知识环节，开始让学生想一下：如果你想跟别人交流和讨论体育活动，都能想到哪些句子？然后让学生用课本上涉及的运动类单词和短语进行交流。

李老师说，有的老师在课堂一开始就让学生就体育运动进行综合交流，这不符合学生的认知规律，应该是先有条理地复习，然后形成综合交流。反思后，李老师在课的开始先让学生们仅就每一课的重点句型进行问答。这是因为在新授课时，李老师重点关注了重点句型的操练。这样，学生们在课的开始的交流就放松了很多。同时复习课中生生的互动交流代替了师生的课前自由会话，将交流的时间给了全体学生，起到了很好的热身铺垫的作用。

第三个大标题："精心设计复习课中的加法"。

一是注重文本内涵，拓展教材内容。

李老师说，复习课的定位决定了现行小学英语教材中每个单元的复习课必须要承担起矫正补偿的作用。所以在上课时，对前面几课学习内容的复习一定要掌握一定原则。那就是文本内容的再现和拓展一定是基于新授时学生容易出错的地方进行，同时注意深挖文本内涵，注重文本故事来源于生活，最终又要回归生活的目的去拓展教材内容，提升文本的有效利用率。如在本节课的设计中，李老师分别在以下地方对学习内容进行了有效的拓展。在第一个环节，学生复习重点句型，当提炼出第三课的重点句型是"What sport did you play today？"，教师及时用手指着"today"，并反问学生们："Here can we only use today？What other words can we use？"这样就引起了学生对这个句型的再度思考，然后很多学生说出了"yesterday / last week / last weekend…"。这样等他们再用这个句型进行交流时，就不再是单单将时间局限在"today"，而是有了更多的选择。在出示李明打篮球的那幅图，让学生们看图描述的时候，很多学生们都能仿照课文上的内容，说出："Look，Li Ming plays basketball well. He jumps very high. Now he gets the ball. "这时教师引导学生看李明打球的状态，然后抛出问题："Yes，now he gets the ball. What does he want to do？ Can you say more sentences？"学生通过图片不难表达出："He wants to shoot the basket."

这样就为后面让学生们解说一场比赛打下了基础，也让我们的英语语言的学习更真实，更贴近生活。同样，在讨论Peter打球的那幅图片的解析中，李老师也为同学们做了有效的引导。在学生们依据课文内容讨论了Peter的打球技巧后，教师指着图片中刘雷传球给Peter以及Jenny和Wanghong的比赛图片，引导学生说："Look here carefully，can you say more sentences？"

这时学生们就会及时用上："Look，Liu Lei passes the ball to Peter. Now Peter has the ball. He is running to the basket. Jenny and Wang Hong are watching the game. They say：'Peter，shoot it.' Then Peter shoots the basket. The red team win. They are all very happy."这样的图片描述就有了更深的内涵，学生们在介绍的同时，仿佛真的在现场观看比赛。相信这样的话题描述才真正实现了教材编写者巧妙设计文中插图的意愿。

二是增加学生活动，体现学生主体。

李老师说，《全日制义务教育英语课程标准》中指出：义务教育阶段的英语课程应面向全体学生，体现以学生为主体的思想，在教学目标、教学内容、教学过程、教学评价等方面都应考虑全体学生的发展需求。这就要求教师要把课堂还给学生。尤其是复习课，学生对单元的相关知识已经有了一定的知识储备，在复习课的设计中，教师就要有意识地增加学生的活动，把话语权更多地交给学生，让全体学生在同桌互动和小组合作的活动中，人人参与，相互帮扶，合作共赢。

李老师具体说，在本课中，她一共设计了五次小组合作，尽管合作的时机和合作的时长各不同，合作的要求也不尽相同，但是目的是相同的，那就是要给更多的学生参与活动、自主交流的时间，把课堂还给学生，让学生真正做课堂的主人。第一次是在课的开始，学生们以小组为单位在导纲的帮扶下，小组成员相互检查自主复习的情况。第二次合作是在复习第一课的对话时，要求学生以小组为单位表演对话，提出问题。第三次是在复习第二课对话时，针对学生容易出错的重点图片的难点突破时，让学生们小组合作突破难点。第四次是在复习完所有新授课的内容后，要求学生以小组为单位，真实报道一次篮球比赛，提高小组成员的合作能力和口语表达能力，真正实现用英语做事情的语用目的。第五次是在最后的拓展阅读环节，对动物们的比赛结果的猜测中，由于答案不是确定的，所以教师放手，让学生在小组中讨论、交流，说出自己猜测的理由，培养学生的发散思维和英语思维辩驳能力。

李老师最后说，加法也好，减法也罢，英语复习课只有准确定位，有效实施，增加内涵，简约程式，提升能力，就一定能取得更好的教学效果。

（五）思路五：讲述自己针对某一类学生的教学策略

仅从学习上划分，学生也可划分或许多不同的类型。如吃不饱的好学生，没动力的中等生，不想学的学困生，听说尚可但读写不行的学生等等，写一写针对某一类学生的教学策略，也应是一线教师一个不错的写作思路。福建省厦门海沧区育才小学苏梅红老师《进城务工人员子女英语学习的问题与对策》（原载《小学教学参考》2013年第1期）一文，就是这一思路的一篇范文。苏老师首先指出“随着《义务教育法》的进一步深化和落实，进城务工人员子女已成为城市学校中一个特殊的群体，他们的学习生活也越来越成为学校关注的一个焦点。这无疑给教师的教学带来一个新的挑战，也成为教学中一个不可回避的课题。面对着新的问题和新的挑战，为进城务工人员子女能享有‘同在一片蓝天下成长’的快乐，我校英语组就改进他们英语的学习方面做出了一些探索，以寻求解决问题的对策。”

下面，分成三个大标题进行叙述：

第一个大标题就是“困境与思考”。下面列举了种种困境：

困境1：插班生多，基础薄弱。

苏老师说，近几年来，我们学校在学年开始都要接纳一大批来自全国各地的进城务工人员的子女入学，数量多，在生源结构中占据80%。因此他们的学习生活成为教师们始终关注的一个焦点。而对于英语学科来说，问题更为突出。因为英语学科在义务教育阶段“城乡差别”还是极大的。这些进城务工人员子女原所在的乡村小学几乎没开设英语课，即便有开设，也大多形同虚设。因此他们的英语基础薄弱程度可想而知（根据调查，几乎大部分是一片空白，甚至有的连英语26个字母都不会）。

困境2：家教缺位，难成合力。

苏老师说，由于这些进城务工人员所从事的工作都比较辛苦，为了谋生存，常常加班加点，很多人都没有时间和精力照顾孩子，再加上大部分家长自身的文化程度不是很高，因此寄希望于家庭辅导或督促学习，尤其是英语学习方面的辅导更是困难的。如四（2）班的杜小乐（化名）同学，英语家庭作业经常没完成。通过家访得知：他母亲在一家超市当服务员（经常轮班），父亲在一家工厂上班（经常加班），他们每天只是给这个孩子10元钱让他自己买午餐和晚餐，其余的事都顾不上了。像这样的家长对其孩子的生活都难以保障，更不用说能够帮助他们搞好学习了。而这类情况在苏老师所在的学校还是很多的。因此家校合力难以形成。

困境3：教育教学繁重，突破存在瓶颈。

苏老师说，一方面是来自教学任务的压力：1. 小学英语教学课时严重不足：每周仅有2个课时，要完成课标所定的教学任务压力极大；2. 英语老师任教班级多：一个老师承担四五个教学班级是很普遍的，有的甚至达6个教学班。3. 英语学困生面大：几乎每个班的学困生都达五六个（其实，一般情况下一个50多个学生的教学班中有五六个学困生也是正常现象），因此要花较多的时间做好辅导工作。教学任务如此之重，学生量如此之多，工作量如此之大，教师要完成教育教学工作任务真的已是勉为其难了。而另一方面是来自学生的压力：由于客观存在的情况，教师们在面对学期初插班进来的大量进城务工人员子女，不仅要考虑解决他们英语基础薄弱的实际问题，还要花大力气去规范和引导他们的行为习惯（正如上述家庭教育缺位的原因，很多进城务工人员子女的生活、学习方面的习惯是很不好的），这无形中又增加了教师的工作负担，使英语教学变得更艰巨。

苏老师提出了两点思考：

思考一，从宏观的角度来看：做好进城务工人员子女的教育工作，不仅是国家的行为，也是教育的本真，人人享有均等的教育是一个民族文明程度的体现。随着国家均衡教育相关政策的出台和实施，随着厦门市经济的发展和文明进程的加速，做好进城务工人员子女的教育工作是形势发展的必然要求。因此苏老师认为不仅要接受它，重视它，还要在行动上努力地做好它。

思考二，从教研组的发展来看，尽管这项工作刚开始，没有现成的经验可以参照学习，但是苏老师所在教研组有素质良好、精诚团结的团队，有逐步形成、较好的科研习惯，更有一颗热爱学生之心的职业操守。因此苏老师所在教研组及时调整了心态，转变了观念，把这些问题当成科研的课题，把这些困境作为教研组发展和个人专业成长的垫脚石。

第二个大标题是："策略与方法"。

一是建立学困生档案，有效进行辅导。

苏老师认为，首先，做好前期摸底工作。为了尽早摸清进城务工人员子女的英语学习状况，在开学的第一周，苏老师所在学校把各班的插班生集中到阶梯教室，对这些学生进行了认真的个案调查和整体问卷调查，让学校所有的英语老师对他们所教到的每一个学生的情况做到心中有数，如英语很差，差到什么程度，连字母都没学过的有几个学生，等等。调查分析后，及时记录下这些情况，保存好这些第一手资料。随后立即召开教研组研讨会，进行认真分析、资源重组，并将整合后的材料收集到教研组的学困生档案库里，以便教师随时查阅，更有针对性地进行辅导。

其次，做好跟踪辅导工作。为了尽快改进进城务工人员子女的英语学习状况，苏老师所在教研组全体同仁边实践边总结，及时把工作中的得与失形成资料并存档起来，为教师们在今后遇到类似的问题提供参考与借鉴，从而减少低效，进而发挥出最大的工作效益。如为了破解教学任务繁重切实减轻老师负担这一难题，教研组的全体教师进行了资源重组，从教师的合理分工，学生的合理分组到教学内容的合理分段都进行了详细的安排。教研组利用下午第三节活动课的时间，把全校没有学过英语的插班生集中起来，组内老师轮流辅导，仅用2周就让他们掌握了英语26个字母以及最基本的一些英语学习能力，使他们得以尽快地步入班级英语教学的轨道上。在取得成效过程中，大家真正领略了："路，有人同行才风景美丽；事，大家共同努力才简单容易。"这样一来，以前成效低下的单兵作战变为成效显著的团队协作，增强了教研组的凝聚力和战斗力。通过这样一点一滴的积累，目前教研组已建立并逐步完善了学困生资源库即进城务工人员子女英语学习库，使进城务工人员子女英语学习的辅导工作得以保障，并有效进行。

二是建立教学资源库，提高课堂效率。

苏老师说，小学英语学科通常面临着教师跨年段、跨班级、课时不足且备课量大等实际困难，制约着英语学科的教学。如何突破自我、解除困惑？学校英语教研组成员达成共识，充分认识到课堂是教学质量提升的主要阵地，只有充分发挥集体合作的效能，才能提高课堂效率。为此，他们摸索出建立教学资源库这一条捷径。

如今他们已组建和完善了英语教案库、公开课材料库、试卷库、课件库、教学反思等数据库，让组内老师自由享用，确保资源共享的优势与可持续性。另外，教研组还建立了博客圈，把平时的教后反思，特别是有关进城务工人员子女教育教学方面的点滴感悟上传到圈子里，互相讨论交流，让经验流动起来。这样既做到优势互补，共同促进，降低了个体专业成长的成本，又减轻了教师的负担，使得他们更有精力去关注进城务人员子女的英语学习，大大地提高了课堂的效率，形成了“我为人人，人人为我”的良好教研氛围。

三是开展争“章”活动，激发学习热情。

苏老师说，针对大多数的进城务工人员子女家庭教育常常缺位的实际情况，为了落实英语新课标所提出的在小学阶段英语教学主要是听说能力的培养这一要求，强化对这些学生主动、自觉地听和读的能力培养，并使之形成习惯，大家费尽了心思：英语教研组利用教研时间进行专题商讨，认为学习习惯的养成要注重过程。为此在结合学校星级评价实际做法的情况下，教研组设计出了学生学英语的发展性评价表，开展学英语争“章”活动（简单说教研组就是抓住学生的好胜心理，给学生盖章。盖了一个章，代表着自己学英语的过程中留下的足迹，一个个章的积累，就是学英语的过程。这样一来，不但使学生在学英语过程中获得了极大的成就感，而且大大地调动了每一个学生学英语的积极性和主动性）让学生在学英语过程中进行争“章”，从而调控学生学英语的过程，特别是在家听读的作业。事实上，争“章”活动让学生在家听音模仿读英语自觉了、主动了，成效十分显著。

苏老师说，如班上进城务工人员子女中有个叫张小海（化名），他妈妈是卖菜的，不识字。有一天还特地打电话给苏老师，她说：“以前小海在家从不听英语、读英语，这次为了争‘章’，不用我操心，很自觉地听读了。”还有班上最调皮的小男孩胡小博，英语成绩非常不好。自从开展争“章”活动后，他一进教室，就拿着英语书要苏老师给盖章：“老师老师，我昨晚有听读英语。”就这样，争“章”活动激发了学生学英语的热情。

四是齐抓共管早读课，弥补家教缺失。

苏老师说，学校每天有20分钟的早读课（从7：40开始到8：00），五天当中有两天是属于英语学科的。英语教研组的教师抓住早晨学生精神好、记忆力强的特点，制定了相关学习制度，借以提高早读课的效率。具体做法是：精心挑选、培养小老师，提前布置早读任务；早读课由小老师全权组织带读，落实既定目标；老师下班级进行指导，针对共性问题及时解决。这样，有目标、有组织、有针对性地指导全班学生读英语，强化了学生学习英语的语感，让那些基础差、不敢开口读英语的进城务工人员子女也能跟着全班读，从而弥补了在家少听读造成的不足，进而感受到读英语的乐趣。

苏老师说，值得一提的是，学校校长特别重视营造团队协作的理念，讲求学校教师齐抓共管。英语老师任教的班级多，又跨年段，早读课显得人手不足。学校就安排班主任和其他学科老师帮忙下班指导，使早读课有时间和人员上的保证，得以有序高效地进行。应该说团队协作、齐抓共管已经成为这所学校所有教师的共识并长期践行。

五是注重开展实践活动，搭建能力提升平台。

苏老师说，英语是一项实践性很强的学科，为此他们充分利用学科节，每学期都开展丰富多彩的学科节活动，诸如书写比赛、说唱韵律诗比赛、一分钟对话比赛、情境表演比赛、故事演讲比赛，等等。活动的开展更增强了学生学英语的兴致。

苏老师说，教研组还率先实行了小学生英语口语等级测试。它不仅提高了学生的英语口语表达能力，也大大提升了学校的英语教学工作成效。目前教研组已在六年级进行二级口语测试，在四年级进行一级口语测试，并对口语测试合格的学生颁发合格证书。这一活动，学生积极参与，教师反响强烈，成效喜人。

第三个大标题是："成效与期待"。

苏老师说，由于教研组全体成员对于做好进城务工人员子女英语学习这一工作的意义有较到位的认识，因此在具体的工作中都能做到心往一处想，劲往一处使，不断地研究探索提升课堂高效的策略。同时关注过程，实施下有保底、上不封顶质量评价制度，既注重个别辅导，又重视整体推进，层层落实，严把质量关，从而取得了显著的成绩。

苏老师说，回顾英语教研组几年来工作的成效，一个最大的收获莫过于促进了教师自身的专业成长，实现了从工匠型教师向专业型教师的华丽转身。教师的课堂行为发生了根本性的变化，教师们能够从台后走到台前，教研气氛日益浓厚，学习型的教研组文化初步形成。许多问题在大家的努力下得到了解决，大家也真正感受到了专业成长的幸福和自豪。今天有这样的成绩，无疑得力于进城务工人员子女英语学习的改善，是教研组老师对如何做好进城务工人员子女英语学习这一课题的深入思考和努力实践的结晶。从某种意义上说，是进城务工人员子女这个群体促进了英语教师专业的迅速成长；是这一群体的进步让英语教师感到无比的骄傲，让英语教师更“牛”了。

作为一名小学英语教师，您是否还在为小学中高年级学生不愿开口说英语而烦恼？您是否还在为他们不愿认真书写而困惑？您是否还在为他们不愿背课文、单词而烦恼？专家说过：“引导成功的唯一最重要的因素是你每一天所做的事情。你的习惯将会决定你成功与否。就这么简单。”那么，教师就要从起始阶段入手，逐渐帮助学生形成自主听、说、读、写的良好习惯。或许这是解决以上问题的一剂良药。

下面，分成四个大标题，每一大标题下都分成“困境”和“对策”两个板块：

第一个大标题：“英语听读，1—2—3”。

【困境】“回家听磁带”是教师经常布置的家庭作业之一，但是真正愿意去听读的学生却寥寥无几。他们认为，我已经会读了，为什么还要听录音？学生对老师的信任度，有时令教师自己都汗颜，他们从未怀疑过老师发音的准确度。只有当听力测试（用磁带播放）来临时，学生才会发现有些内容听不懂或听不太清楚。

【方法】首先要告知学生必须听录音的三大理由。理由一：老师不是外国人，发音会受母语的影响，不够纯正，想要听标准的英语必须跟着磁带认真读、认真模仿；理由二：英语也是有声调的，读起来应该是抑扬顿挫的，这也必须跟着磁带模仿而最终达成；理由三：受母语的影响，朗读时有些句子停顿不够准确，会有拖沓、一字一顿的毛病，这也必须依靠录音来纠正、完善。为了更大地激发学生听录音的兴趣，以及培养学生用正常的语速说英语的习惯，我们制定了“听录音三部曲”：第一步，按下暂停键，跟着磁带一句一句读；第二步，我做小老师，录音机跟我读（即学生先读，录音机后读）；第三步，不按暂停键，和录音机同时读。

第二个大标题："英语串编，分—合—跨"。

【困境】随着年级的增长，学生词汇量逐渐增多，但愿意表演对话或者改编对话的学生越来越少。究其原因，我们常常会从学生的生理特点出发来探寻，忽略了学生现有的会话水平。

【方法】事实上，词汇的增多并不意味着学生口头表达能力的增强，就好比窑厂烧了好多砖头，除非有能工巧匠的拨弄，不然那些砖头是不会自动变成建筑物的。英语学习同样如此，串编能力的形成离不开教师的点拨和多次的实践。牛津小学教材编者说："本教材提供了良好的素材，所选内容均来源于学生日常生活，为学生所熟悉，教材具有科学性、趣味性、亲近性、使用性、循环性。"所以，教师在撰写教案时可以大胆创新，灵活整合板块、整合单元，建立学习过程之间的纵向联系。

第三个大标题："句子书写，看—比—评"。

【困境】翻开学生的练习册，句子书写存在着各种问题，如大小写、单词间的间距、单词的格式等，尤其以单词间的间距问题最为突出。教师非常不明白，为什么这么简单的问题学生就这么难以解决。

【方法】牛津小学英语教材中真正涉及句子的书写要从四年级开始。但是如果一线教师从四年级才开始关注学生的句子书写问题，那就为之晚矣。四年级的重点是"四会"，单词、句子的听说读写。难点是"写"。所谓"写"，即默写。这个阶段，无论是教师还是学生都将单词、句子的默写是否正确作为关注的主要焦点，而对于书写是否美观则作为次要要求。事实上，对于大人不值一提的单词、句子书写问题，对于一个三年级的孩子来说是一个难以跨越门槛，其困难程度不亚于让一个刚学会走路没多久的孩子去学溜冰。三年级学生受母语影响，习惯将一个个字靠拢着写。所以在三年级第二学期开始，教师要将培养学生正确书写英语句子的习惯作为主要的教育任务之一。在课堂上，可以请两个学生上台书写，其余学生写在作业本上。写完后，请学生评价黑板上所写的内容，寻找同学书写的优点与不足之处，最后修改自己的书写。

第四个大标题："字母、单词的默写，翻—遮—比"。

【困境】据调查显示，小学中高年级学生中喜欢数学的占总人数的五成；喜欢语文的占三成；喜欢英语的占二成。他们在不喜欢的理由栏中都填着："不喜欢死记硬背。"的确，英语学习在很大程度上考验着学生的记忆能力。如何让学生爱上背单词，是英语教师最为关注的话题之一，同时也是解决日益严重的两极分化问题的关键。

【方法】很多人发现，人们对于流行歌曲非常敏感，虽从未认真学过，但是几乎都能哼上几句。其原因就是熟能生巧。那么，能否将这一原理也运用于背、默字母、单词中呢？答案是肯定的。但课堂时间毕竟是有限的，要想把旧知在每堂课中都重现一遍，那是不现实的。那么，引导学生学会自主背、默就显得尤为重要。单词背诵除了鼓励学生每天自默教材中规定的外，吴老师还鼓励学有余力的学生额外多背单词，并制定了一些优惠政策，如家庭作业少抄一遍、课上可以多一次表演机会、多盖小印章等等，以这些政策为诱饵让学生爱上背单词。

吴老师最后再次强调，学习习惯应从小养成。苏霍姆林斯基说过："学习是艰苦的脑力劳动，在学习活动中激发自我教育能力是一个重要方面。学习习惯的养成，不仅仅是智育的问题，也不仅是一个德育的问题，而是一个人的教育的问题，一个自我教育的问题。学校教育，如果不关注学生的良好学习习惯的养成，那也就谈不上自我教育的问题。"我们的学生从第一个台阶开始缓缓前行，中途会遇上无数个障碍物。如果每个教师都能少一份抱怨，多一份缜密，那么他们将克服一道道难关去攀登高峰，从而去展望那广阔的原野，去采撷那芬芳的果实！

（六）思路六：基于调查研究的小英教学文章

我们坚决主张一线小学英语教师练笔时不妨写一写基于调查研究的小学英语教学文章。这么做至少有两点好处：一是一线教师做个班级、年级甚至几个学校的问卷调查，操作起来应该不难，比起科研院所的教授们，在这方面反倒更有优势；二是基于问卷数据进行分析，得出的结论比较容易站住脚，文章也不会显得空泛。江苏省南京市江宁区实验小学宫文胜老师《小学高年级英语课内外阅读现状的调查、分析及对策》（原载《小学教学研究》2012年第11期）一文，就是这一写作思路的一篇范文。宫老师开篇写道："新颁布的《英语课程标准》，对小学生阅读能力从英语阅读量、阅读材料的拓展和阅读能力的提高等方面提出了更高的要求。为更好地了解小学高年级学生英语课内外阅读现状，笔者随机选择了所在区内的18所小学的部分五、六年级学生进行英语课内外阅读现状调查分析。"

接下来，就分成三个大标题分别叙述“调查”“分析”和“对策”。先看第一个大标题：“现状调查”。

关于调查写得很简单，就一句话：“本次问卷调查共随机发放问卷（问卷内容附后）1300份，回收1257份。之后，宫老师进行了汇总，统计如下表”：

答案编号	A		B		C	
	人次	百分比	人次	百分比	人次	百分比
Q1	508	40.41%	490	38.98%	259	20.60%
Q2	623	49.56%	403	32.06%	231	18.38%
Q3	267	21.24%	667	53.06%	323	25.70%
Q4	569	45.27%	457	36.36%	231	18.38%
Q5	820	65.23%	242	19.25%	195	15.51%
Q6	271	21.56%	503	40.02%	483	38.42%
Q7	253	20.13%	422	33.57%	582	46.30%
Q8	304	24.18%	317	22%～25%	636	50.60%
Q9	298	23.71%	692	55.05%	267	21.24%
Q10	333	26.49%	702	55.85%	222	17.66%
Qll	547	43.52%	502	39.94%	208	16.55%
Q12	466	37.07%	517	41.13%	274	21.80%
Q13	183	14.56%	690	54.89%	384	30.55%
Q14	428	34.05%	641	50.99%	188	14.96%
Q15	739	58.79%	316	25.14%	202	16.07%
A16	228	18.14%	552	43.91%	477	37.95%
Q17	241	19.17%	684	54.42%	332	26.41%
Q18	64	5.09%	397	31.58%	796	63.33%
Q19	842	66.98%	75	5.97%	340	27.05%
Q20	663	52.74%	243	19.33%	351	27.92%

看完了这张表，读者不了解问卷的大体内容、设计思路以及答卷情

况等等，其实不妨写细一点，毕竟下面的文章，都是在这一调查基础上展开的。

第二个大标题是："问题剖析"。

宫老师说基于问卷调查数据，发现了一些问题，分成4个小标题进行叙述：

缺乏兴趣，疲于应对；

缺乏方法，疏于指导；

欠乏整合，忽于衔接；

匮乏评价，过于放任。

以第一个小标题为例，宫老师写道：

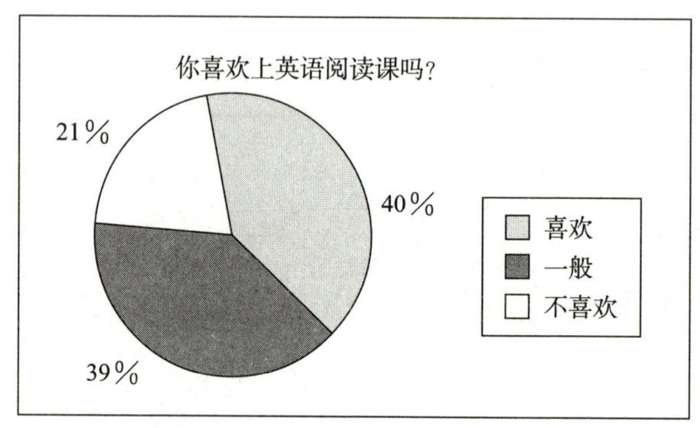

如左图所示：60%左右的学生对英语阅读课不感兴趣或兴趣不大：近一半的学生表示课外阅读只是为了应付教师的"作业布置"：仅有不到两成的学生反映出了较强的自主阅读的意识。究其原因：首先，部分阅读课缺乏优化设计，缺少策略渗透，一味强调语言知识的讲解、枯燥、乏味的教学将学生的兴趣抹杀殆尽；其次，长期的课内外阅读的缺乏导致学生词汇量小、理解能力差，独自阅读的过程中受挫感强而无法承受；第三，由于缺乏必要的情景创设、情感渲染及知识铺垫，学生处于盲目、无序的阅读状态，无法体验阅读的乐趣和成就感，只是疲于应付教师的"旨意"。

第三个大标题是："优化策略"。

宫老师说："针对以上问题，笔者认为实施以下策略能行之有效地进行优化。"

一是开掘文本内涵，整合阅读内容。这又可细分为以下几点：

其一是关联单元话题。宫老师说，现行的《牛津小学英语》教材以单元的形式编排了很多话题，教师不妨在充分的情境渲染和方法指导的基础上依据教学进度，精心选择、倾心推荐与话题相关联的语言材料，从而促进学生自主、愉快地阅读。

其二是关注语言积累。现行《牛津小学英语》教材中，不仅蕴藏了很多话题，同样也蕴含着丰富的语言知识。因此，话题之外，同样潜藏着另一条有效进行课内外衔接的途径：即以语言积累为原点，构建课内外阅读素材之间的联系，促进学生有效地开展阅读。

宫老师举例说，在教学过去时这一时态时，有意识地收集了各个版本的小学英语教材中集中承载此语法点的文本让学生阅读（诸如：Book 1 Lesson 69 / 71 / 73；Book 2 Lesson 61 / 63 / 71 / 73；《上海牛津》6A Unit 5等）：在教学现在进行时的时候，让学生在激昂的伴奏声中阅读《I'm sailing》的歌词；在学习将来时的课堂上，要求学生伴着《Good night，ladies》的旋律诵读国外经典Chant，等等。这不仅有效地增进了学生对过去式的理解与掌握，而且极大地开阔了学生的阅读视野，激发了学生的阅读兴趣。

其三是关照西方文化。宫老师说，语言与文化水乳交融，密不可分。学习者语言的发展离不开其文化的支撑，想要真正学好英语，就必须深入地了解西方迥然不同的多元文化。因此，教师在紧扣单元主题、关注语言积累的同时，还要充分地挖掘教材中的英语文化元素，促进课内外阅读更加有效地整合。

宫老师举例说，《牛津小学英语》6A中的Unit5、Unit6两个单元均是围绕节日展开的，于是便顺水推舟，在班级里展开了以“西方节日文化”为主题的为期一个月的英文阅读活动，并精心策划了活动：①人人阅读朗文分级读物 Festivals，并进行理解测试。②利用网络查找、了解西方相关节日的文化、习俗。③小组合作，选择一个节日，制作英文阅读小报。④召开以“西方节日文化”为主题的班级英语读书交流会。活动取得的震撼效果是宫老师始料未及的，积极、强烈的读书热情，精美、别致的小报，争先恐后的交流氛围让宫老师印象深刻，至今无法忘怀。

其四是关切价值取向。新版课标就学生价值观的培养给予了前所未有的关注，但许多小学生不能阻挡来自外界的不良文化意识形态的影响，价值观走入了误区。因此，宫老师提出，教师在课堂教学的过程中，可以深入挖掘教材中隐藏的价值观元素，针对学生的不良倾向，相机引导学生阅读相关的英文课外读物，这对于学生的英语水平、审美意识、品行养成等都有着十分积极的促进作用。

二是开展阅读指导，增强阅读技能。这也可细分为几点：

其一是促进常态式渗透。宫老师说，牛津小学英语高年级教材的A和D板块，是教师渗透阅读技巧的极好素材。教师在进行此类教学时，应根据学生的水平，循序渐进地教授学生阅读的方法和技巧。

其二是增进专题式交流。宫老师说，由于教材的局限，仅仅依靠文本渗透是远远不够的。因此，教师还必须根据学生的实际需求。积极开设各类阅读指导课，引领学生围绕兴趣激发、读物选择、方法指导等各色专题展开交流，以帮助学生合理地规划、高效地阅读。

其三是跟进过程性反馈。宫老师说，小学生英语水平低，理解能力弱，经常会遇到无法自主解决的疑难问题，一旦积累较多，学生阅读的兴趣和信心便会很快丧失殆尽。因此，教师应积极搭建各种反馈平台，促进教师有针对性地指导以及学生互助式的交流。

宫老师举例说，利用学校网站建立了班级的英文阅读博客，要求学生每周将自己阅读中的问题，发布在班级博客中，并对帮助解决问题的学生给予星数奖励（累计星数可评选英语之星以及兑换学校起航卡）。教师本人也每周两次登录博客释疑解惑。除此之外，教师还要求学生分组（每组六人）记录循环阅读日记，并定期批注反馈或分类集中反馈。

三是开拓展示空间，促进阅读评价。

宫老师说，新版《英语课程标准》大力提倡表现性评价，倡导教师根据事先确定的评价标准对学生的表现或者作品进行评定，以确定学生学业成就。因此，在阅读教学的过程中。教师应积极搭建展示平台，从 Portfolios、Products以及Performance等方面全方位呈现学生的阅读状况，从而在深入开展针对性评价的同时极大地满足学生的成就感，达到激发阅读兴趣，提升阅读水平的目的。这可细化为：

——展现阅读历程。宫老师说，学生的阅读情况如何，往往其中的过程教师无法监控。而恰恰阅读的过程才是教师真正应该尽心关注的。借助定期自我阅读汇报、张贴阅读进度一览表、展示优秀阅读循环日志、公示优秀小读者档案等方式展示学生的阅读过程，从而在促进学生积极展开自评与互评的同时，满足了学生的成功体验，增强学生的阅读欲望。

——展览学生作品。宫老师说，小学生好胜心强，一旦获得成功的体验，便会表现出极大的兴趣。因此，教师不妨借助读书卡片制作、阅读小报创编、绘本故事续编、韵律诗歌改编等评选活动，将优秀作品张贴在学校宣传栏、班级英语角进行主题式的展示，并要求观赏的学生给这些作品打分，在整理、汇总的基础上公布作品的人气指数，揭晓Top ten products榜单，表彰本季阅读达人。这不仅有助于学生阅读理解的深化、阅读技能的提升，而且能极大地增强学生自信，促进其全面发展。

——展示精彩表演。宫老师说，小学生活泼、好动，喜爱模仿、表演。因此，宫老师认为教师在积极展示学生静态阅读作品的同时，还应搭建学生动态阅读表演的舞台，积极开展英语短剧表演、诗歌诵读会演、故事演讲比赛以及动漫配音PK赛等展示活动。

宫老师举例说，在推荐学生阅读英文经典绘本*The giving tree*时，要求学生在一周内充分阅读绘本，并进行展示表演，形式不限。一石激起千层浪。学生立即情绪高涨。会演前，学生忙碌的身影让宫老师欣慰：潜心攻读、精制道具、认真排练，个个乐此不疲。会演时，学生精彩的表现更让宫老师惊叹：精彩绝伦的短剧表演、感人至深的原文诵读、扣人心弦的故事演讲以及惟妙惟肖的动画配音一次次将现场气氛推向高潮。

文章至此结束，无参考文献。

再举一例。浙江省宁波市海曙中心小学邹艳老师《小学高年级学生运用英语学习策略的调查研究》（原载《小学教学研究》2013年第8期）一文，共分4个大标题，没有开场白，一上来就是第一个大标题“调查目的”。邹老师写道：

《英语课程标准（2011版）》指出“有效的学习策略有利于提高学习效率和发展自主学习的能力”，并提出“使用有效的外语学习策略，不仅可以极大程度改进外语学习方式，提高学习效果与质量，还可以减轻学习负担”。然而，在实际教育教学的过程中，有不少忽视学习策略的现象存在，导致无效或低效的教学行为侵占了学生的学习时间，加重了学生的学业负担。教师应重视对学生学习方法的指导，帮助他们掌握最优的学习策略，从而真正有效地为学生的后续学习作好能力及方法上的准备，帮助其积蓄起后续发展的无限潜力。而对学生进行学习策略的指导应当以全面了解学生当前的学习策略掌握状况为基础，因此我们对本校高年级学生的英语学习策略进行了较为全面的调查与研究。

第二个大标题：“调查的内容”。邹老师说：

本次调查以小学《英语课程标准》为依据，对课程标准中所提出的认知、调控、交际、资源四项学习策略的学生运用情况进行调查。调查的重点首先在于了解小学高年级学生运用英语学习策略的总体情况以及优秀学生与后进生在策略运用方面的差异，即弄清以下几个问题：

（1）小学高年级学生运用英语学习策略的总体情况。

（2）小学高年级英语优生和后进生对英语学习策略的运用及其存在的差异。

（3）小学高年级学生英语学习策略的运用对学习成绩的影响。

第三个大标题：“调查的方法”。邹老师写得很详细：

（一）调查对象

本项研究选取宁波市海曙中心小学五、六年级160名学生进行策略运用的基本调查，在此基础上选取由同一位教师任教的五年级两个班共96名学生作为重点研究对象。在此之前他们已进行了五年的英语学习。每次测试评估都采用相同试卷进行，并由同一名教师进行批改。研究中笔者把这些学生本学年第一学期中六个单元的评估成绩及期中期末的阶段评估成绩分别算出平均分，每次评估按前30%、后30%、中间40%进行分组，设在8次评估中有5次或以上列于前30%的学生为优秀学生，有5次或以上列于后30%的学生被设为后进生。

（二）研究的工具

本研究采用的调查问卷根据程晓棠的《英语学习策略调查问卷》改编。此问卷从以下五个方面对宁波市海曙中心小学五年级和六年级共96名学生进行了调查：（1）个人情况（姓名、年龄、班级、学习英语的时间、对英语爱好程度、英语学习水平自我评价、教师评价）；（2）认知策略的运用；（3）调控策略的运用；（4）交际策略的运用；（5）资源策略的运用。问卷共有37个描述策略的句子。

（三）数据资料的收集与分析

1. 问卷调查

本次调查的所有问卷在课内完成并收集，用时二十分钟左右。学生们均被告知这次调查的目的一方面是为了更好地了解他们的学习经历和学习方法，以便老师能更好地针对学生的不同学情因材施教；另一方面也让学生了解自己的学习策略使用情况，以便提高自己的学习效率，故而一定要根据自己的实际使用情况，实事求是地回答。试卷百分之百地收回。每一张问卷都经过仔细地核查，剔除了回答不完整的问卷，有效问卷为93份。其中学习优秀学生（90分以上）为24份，学习中等学生（89.5～70分之间）为54份，学习后进学生（69.5分以下）为15份。然后输入计算机，采用社会科学数据统计软件包（SPSS13.0）对数据进行分析。

2. 访谈

为了能更全面地了解学生的英语策略使用情况，除进行问卷调查外，笔者还对学生进行了随机抽取式访谈。教师对学生的谈话要点进行记录，以便了解学生的策略使用情况。

3. 学习经验回顾

由于问卷调查和小组访谈均在较短的时间内进行，为了能更具体地了解优秀学生的策略使用情况，以促进策略培训的有效性，笔者选取了近两个学期英语各项评估平均成绩在95分以上的优秀学生共24人，要求他们对自己平时使用的有效策略进行了回顾并作书面阐述。书面信息于两天后收集，笔者根据他们的反馈进行归纳与统计。在对优秀学生的学习经验进行提炼与总结时，笔者了解到成功学习者使用频率较高的策略有：

（1）对英语学习有积极的态度，喜欢学英语。

（2）注意把握英语交际的机会。

（3）使用英语时能意识到错误并进行适当的纠正。

（4）学习中遇到困难时积极寻求帮助。

（5）积极探索适合自己的英语学习方法。

（6）经常通过听磁带学习英语。

（7）在学习中善于记要点。

（8）根据需要进行预习。

（9）对所学的内容主动复习并加以整理和归纳。

最后一个大标题是“结论与对策”。先说结论。邹老师说，根据以上调查可以得出：

一是从小学高年级学生策略使用的总体情况来看，认知策略、调控策略、交际策略、资源策略都被学生所用及。其中使用最多的是认知策略，其次是交际策略、资源策略，使用最少的是调控策略。

二是小学高年级英语学习优秀学生与后进生学习策略的运用存在显著差异。尤其在调控策略的使用频率上，优秀生明显高于后进生。学习困难学生偏爱使用认知策略。学优生与后进生对资源策略的使用频率均低于其他策略，但两组学生在这种策略使用方面发展也不平衡。

三是小学高年级学生英语学习策略的运用对学习成绩产生显著影响。策略使用越多，学习成绩就越好。

再看对策。邹老师指出，基于以上调查，在教学中可对学生的学习策略进行以下四方面的指导，以期通过改进学生的学习方法，优化学习效果，即：对小学高年级学生运用最多的英语认知策略进行优化指导：对小学高年级英语学习后进生学习策略使用意识（尤其是调控策略）进行培养；为小学高年级学生英语学习交际策略运用创造机会：对小学高年级学生运用资源渠道进行拓展。考虑到小学高年级学生英语学习所受时间与空间的限制，策略的干预应本着立足于课堂教学，适当延伸的原则来推进。下面分成4个小标题展开论述：

其一，“提高小学高年级全体学生英语认知策略的运用能力”。

邹老师说，首先要培养小学高年级学生的预习习惯，教给科学的预习方法。培养学生的预习习惯首先在于引导他们对课本体系的把握。对于小学高年级学生，教师应当先布置具体的预习任务，之后逐步减少规定作业，让学生根据自己的知识水平对课本进行预习。

邹老师指出，如何利用课堂教学时间，充分利用课本资源，对学生进行认知策略的训练是值得教师认真思考的问题。在听的认知策略培养上，应培养学生听的意识，提高学生听的能力，帮助学生掌握听的技巧。在读的认知策略培养上，可以采用在课堂上认真跟老师读课文、在家坚持读背英语课文、课外主动阅读课本以外的英语材料等方法。写的认知策略方面，由于小学高年级学生往往因为词句拼写困难而对英语逐渐失去信心，因此培养学生写的能力主要就是要教给学生一些记忆的策略。

其二，“加强对小学高年级英语学习后进生调控策略的指导”。

邹老师说，调查研究表明：在认知、调控、交际及资源这四种学习策略的运用中，小学高年级学生总体上对调控策略的运用是最少的。而从对优秀学生的问卷及访谈中又发现，调控策略的使用和学习成绩的提高密切相关，许多优秀学生均乐于在学习中使用该策略。而后进生在调控策略的使用上明显处于弱势，他们的自我调控能力明显低于其他学生。因此，在策略干预中，应把培养调控策略的运用能力作为使学习困难学生学业成绩得到提高的突破口。可包括：学习心理的自我暗示策略及学习过程的自我监控策略。心理自我暗示根据形式，可以分为环境暗示和自我暗示。小学高年级学生学习的自我监控包括学习前的计划、准备，学习过程中的观察、调节、反馈、控制以及学习后的小结及补救。

其三，“培养小学高年级学生运用英语交际策略的习惯”。

邹老师说，培养学生交际策略的运用包括两个方面的内容：一是提高学生用英语进行交流的能力：二是培养学生通过与他人的交往与合作提高英语学习的能力。

提高学生用英语进行交流的能力，教师应引导学生留意生活中的英语，利用他们最熟悉的生活情境来保持他们学习英语的兴趣。同时培养学生通过与他人的交往增强英语学习的能力，合作学习能让学生在独立探索的基础上，彼此互通独立见解，展示个性思维方法与过程，使自己的见解更丰富和全面。当然请教他人也是一种与人合作的有效学习方法。

其四，“拓宽小学高年级学生运用资源策略的渠道”。

邹老师说，培养学生运用资源策略的能力，就是要帮助小学生学会观察生活中的英语，懂得借助英汉词典、计算机等来学习英语。学习英语并不仅仅是在课堂上，生活中也可以随处学到英语。调查显示资源学习策略是在四项策略中学生总体运用较少的策略之一。学生在英语学习中利用最多的资源是课本：其次是磁带，优秀学生通常有通过听磁带进行学习的习惯；再者是电子词典，学困生更喜欢用这个资源来帮助自己降低学习的难度。其实在日常生活中，可以利用的学习资源还有许多，教师应有意识地引导学生利用这些资源。

请看，邹老师这篇文章，至少在形式上要完整、规范一些。当然，宫老师的文章也有特点，如文中插有不少图表，读起来更直观一些。

（七）思路七：与国外英语教学的比较

英语教学是国际化的，所以，一线老师理应吸取国外英语教学的长处。这可以是对国外某一考试的比较（如SAT），也可以是读了国外某一专著的感受，当然，也可以是听了外教的某一次课的体会。即使上述机会都没有，只是看过一点文字材料，同样可以引发我们的思考。江苏省淮安市实验小学教育集团陈敏老师《一堂国外口语交际课引发的思考》（原载《小学教学参考》2013年第9期）一文，就是这样一篇佳作。陈老师首先写道："我偶然看到国外一份名为《交际重叠》的口语交际教学设计，再观照我们当前的口语交际教学，我发现作为语文课程独立教学板块的口语交际教学的发展状况不容乐观，普遍存在着教学内容空洞无物、教学形式单一、教学评价简单随意等诸多问题。别人先进的理念、好的做法可以让我们明白自己的缺点，寻找到口语交际教学新的生长点。"下面，分为三个大标题展开叙述：

第一个大标题是："国外口语交际教学的特点例谈"。下面实际列了两点：

一是教学内容：交际重叠。教学目的：了解不同口语交际的风格和对话技巧，以便应付对话中可能出现的交际问题和冲突。

二是活动步骤有：

——小组讨论，给"交际打断"和"交际重叠"定义，并阐述两者是否有区别，如果有区别，具体如何表现。如果学生需要帮助，教师可介入，并引导他们想象在真实的交际情境中，人们如何反应。

——选择一个会话主题（如在公共场所吸烟、排队无序等），只要能激发学生的兴趣，什么主题都行。

——将全班分成两组，意见相同的分在同一组，然后给几分钟的时间让双方展开辩论，要求用准确的词表达自己的论点、论据；选出两名学生代表，在教室前面相对而坐，展开讨论。要求：不得插话，不管如何激动，都要等对方说完之后才可以发言；其他同学要专心听讲，仔细观察发言者的互动情况。

——从两组中分别再选两名学生代表，让他们就主题展开讨论，要求他们抢着发言，不用等对方说完，想说立刻可以插嘴，同时请其他学生仔细观察他们的言行和互动与第一次的区别。

让全班学生围圈而坐，共同讨论老师提出的问题：（1）这两次对话有什么区别？（2）第一次交际的发言代表说感受。（3）第二次交际的发言代表说感受。（4）在日常的口语交际中，你是哪一种表现？（5）你平常怎样与老师、家长对话？（6）你所选择的对话方式是因为自己的性格还是对方的性格？（7）别人是否也和你用同样的方式交际？

陈老师说，这份教学设计目标少且小，学生口语交际的能力在这种小而实在，与日常生活息息相关的练习中得到了发展。教师以开放的心态在活动过程中扮演交流、倾听的参与者角色，而不再是传统的控制者。在明确口语交际的问题后重点讨论解决问题的方法，不仅学生的思想得到了交流，也培养了他们多角度地思考问题的能力，这样无论是思维的训练还是交际能力的培养，这些目标都得到了很好的落实。另外，这个设计还将整个讨论、总结和反思的结果加以强化，延伸到日常生活，学生的多数时间都是在讨论中反思，在反思中总结，最后提出解决这个问题的具体策略。这份教学设计朴素实在，并且目的潜藏在整个活动环节之中，很有艺术性。

第二个大标题："我国口语交际教学的问题"。

陈老师说，在我国，口语交际教学的重要意义，一线老师早有认知，并在教学实践中积极探索，但仍旧存在很多问题。

一是话题宏大，不够真诚。如"我的理想"的话题对小学生来说略显宏大，缺乏实际意义，虚假而空洞，很多时候学生只是敷衍老师而回答。真诚是口语交际的第一要义，也是口语交际教学的第一要义。

二是指导简单，有待提升。口语交际教学，应该在交际的过程中培养学生的实践能力。这里面应该有通过教与学而形成的一个成长点，而不仅仅是把日常的生活片段搬到教室表演一遍，"您好""谢谢"等问候语也不至于从一年级一直重复地教到六年级。

三是目标大，不易实现。很多口语交际教学设计中都有诸如"激发学生多角度地思考问题并能用简洁精练的语言当众表达自己的观点"的目标，这样的目标想通过40分钟的一堂课实现，可能性不大。对于课标中的阶段目标，教师要在心中有数的基础上，做到具体化，而不是在每堂课中都照搬学段目标。

第三个大标题："对我国口语交际教学的思考与展望"。

陈老师说，我国小学生的说话能力普遍不高，存在着在生人面前害羞、逻辑混乱、在公共场合喧哗等问题。"他山之石，可以攻玉"，借鉴国外的经验，我们可以做好以下几点：

一是因地制宜，根据具体的场景有计划地教学。很多口语交际都可以在课堂上模拟交际的真实场景，但"打电话"等话题不一定要放到语文课上来教，对不同场景的口语交际，应区别对待。

二是有的放矢，教学内容要针对学生的实际问题和口语交际的特点。在口语交际的过程中，在学生充分自主的情况下，教师应适时介入，根据学生交际时的反馈，及时指导，增减内容或变换语气。

三是强化动机，确立适宜的口语交际中心话题。中心话题的形成，有利于拓宽学生的知识面，培养他们的思维能力，有利于加深他们语言的深度。因此，在教学中引导他们关心一些有意义的话题，组织一些专题讨论、系列讨论，帮助他们确立中心话题是十分有必要的。

四是鼓励诱导，重在指导学生在生活中实践。在学生的语言发展时期，学生是容易犯错的，教师不应指责，应给予他们热情的鼓励和指导。为了使学生有更多的说话机会，我们提出了“五可以”：可以说错、可以补充、可以修正、可以质疑、可以保留。

五是因材施教，使口语交际具有教学意义，避免过分日常化。教师不要将日常生活的场景简单地搬进课堂，使课程失去教学价值。口语交际教学应因材施教，从学生的实际情况、个别差异出发，有的放矢地进行有差别的教学，使每个学生在学习后都能扬长避短，获得发展。

至此全文结束，无参考文献。

（八）思路八：教学札记

教学过程中，有所思有所悟，随时记下，日积月累，哪怕是“原生态”地将若干纸片所记连缀成文，都可能是一篇不错的教学札记，比那些空洞无物的“论文”强百倍。江苏省南通市五山小学王敏老师《“老黄牛”的妙方》（原载《小学教学参考》2013年第8期）一文，就是这样一篇优秀的教学札记。王老师首先写道：

英语是一门让人又爱又恨的学科，那千变万化的“听、说、读、写”新鲜得令人不断探索，沉闷得又使人牙痒痒。显然，在孩子们对母语的学习都不是那么热衷的情况下谈英语更是难上加难！在平时的教学过程中，教师在激发孩子们学习英语兴趣的同时，也为教学质量步步为营，总是有改不完的作业，讲不完的练习，用不完的道具，而且为了提高学生学习的兴趣，挖空心思地想各种各样的活动，激情地讲解……用“老黄牛”来形容，一点都不为过。但治有体，教亦有体！作为新时代的英语教师，我们应透过关注学生的“学”，从而合理地改变、调整教学方法。正所谓教学有“妙招”，下面就谈谈我在平时的英语教学中用的几个小妙招吧。

接下来，分为五个大标题，实际是教学中的五个片断。

第一个大标题是：“疯狂英语”。

王老师说，记得古人说过：“书读百遍，其义自见。”可想而知，朗读在学习语言知识中的重要性。但是，我们不难发现，学生真正开口说英语的时间少之又少。随着学生学习科目的多样化，学习内容的复杂化，甚至他们朗读英语的时间也是缩减至几乎为零，更不谈大声朗读了。就本班学生来看，部分学生特别是后进生几乎从来就不读英语，只是在看英语。所以我要求学生要面向其他同学大声朗读，这可以提高学生们发音的准确性和语言的节奏，能培养语感和提高听力水平，有助于培养学生的英语思维能力和提高学生的阅读能力。因此， 王老师要求四个班的所有学生抽出中午的15分钟大声朗读，并且必须做到：1. 在不熟悉课文的情况下，必须用手指点读，避免有吞音、落单词的现象；2. 读的时候必须听到自己的声音，避免还有同学浑水摸鱼、我行我素地“看”英语；3. 做个有心人，记住必要的固定搭配、固定回答，达到朗读的最终目的。通过一个多学期的实验，这样的“疯狂英语”收到了良好的效果，每天中午11：45到12：00的时候，学生都会自觉地进教室，拿出英语书大声朗读。

第二个大标题：“智慧英语”。

王老师说，小学生的特点是注意力不稳定、不持久，解题粗心，常常一道题目看一半就得出错误的答案，更有甚者对知识一知半解，拿到题目后根本无从下手，不知道解题的关键在哪儿。对于英语来说，其实每道题都有一个解题的“关键词”，只要找到这个“关键词”，题目就迎刃而解了。但是，在课堂上学生总觉得老师是在念咒一样，一个知识点要重复几十次，但有些学生还是会遗漏掉，根本就是左耳朵进右耳朵出。所以老师不厌其烦地嚼一百次不如他们自己真真切切地说几次，具体地做几次。根据这点，王老师要求每位学生必须在做题目的时候圈出关键词，并且多问自己几个为什么，圈的关键词对做题目有什么帮助。那么在上课回答问题的时候，只需要三步就可以了：1. 答案；2. 关键词；3. 理由。

通过这样的方法，既省掉了老师啰唆的语言，又使知识点变得清晰明了，学生们也能当“小老师”了。

第三个大标题：“便携式英语”。

王老师说，小学生的年龄特征决定了其实他们还处于一种“半懵懂”状态，在没有外力的帮助下，他们很难发现自己的缺点或者错误。那么，在训练学生口语的时候，仅仅让他们听录音朗读5遍甚至是10遍，想要达到预期的效果是微乎其微的。根据这点，王老师要求学生们在听录音跟读的同时，根据录音机里的语音语调画出声调，用这样“笨拙”的方法使学生完成从有意识的模仿到无意识内化的转变。接着，让学生用磁带录制自己的朗读声音，自测平时朗读的成果，并分阶段性地在班上播放、互评，让他们直观地发现自己语音语调方面的不足，感受与他人的差距，自觉地想出妙法提高朗读水平。通过此种“便携式英语”的方法，既激发了学生训练口语、听力的积极性，又增强了同学间合作、探讨、竞争的意识，达到了预期的效果。

第四个大标题：“以权谋私”。

王老师说，科任老师都知道，不是所有的孩子都会在你的条条框框内学习，也不是所有的孩子都能按时按质地完成你的学习任务，他更不会听你几次劝之后就改正其缺点。为此，王老师想了很多招数。后来，王老师负责学校的红领巾电视台工作，当王老师碰到特别不听话的同学或者表现优异的同学时，都会拿出撒手锏“照相机”。如当有学生屡次不做作业的时候，王老师会拿出相机说，不做作业的同学都会有一个星期的时间让他改正，如果还是继续不做作业的话，就会把图像放到电视台公开；相反，表现优异的同学则会拍出照片上传到网上或是贴在本子上，给他们传阅，以资鼓励。偶尔使用这样的方法学生们很受用，不完成作业等情况明显好转了。

第五个大标题：“不懂老师”。

在日常生活中，如果有人夸奖自己时，心里都是乐滋滋的。这说明每个人都想被肯定，学生也不例外。如果我们在课堂上“碰到难题”做个“不懂老师”时，那么学生会变得更积极主动。在教师板书时漏掉一个“s”，或是忘记单词怎么拼，抑或是当一个同学回答问题错误时，不急于自己纠正，而是装作不懂让学生集体纠错。你会发现他们因为你的“不懂”变懂了。

读了上述种种“札记”，或许有人会说，这没什么嘛，谁都想得到。问题是，谁都想得到不代表谁都会去做，更不代表谁都会把自己的感悟记下来。正如王老师最后说的：

其实在我们平时的教学中，每个教师都有自己独到的“妙方”。我认为不管是何种方法，只要是能让学生们接受和喜欢的就是窍门，就是妙招。因此，我们要合理地发挥“老黄牛”的精神，挖掘出更多的“老黄牛妙方”，让教与学变成一种快乐的行为！

二

关于小学英语教法的研究

（一）思路一：讲述自己尝试的某一个新教法

江苏省南京市鼓楼区汉江路小学葛娟娟老师《运用卡通人物开展英语教学的尝试》（原载《文本教育（小学）》2013年第7期）一文，开门见山地写道："很多学生都喜欢卡通人物，笔者认为，如果我们能够在英语教学中巧妙利用卡通人物教学英语知识，势必能收到良好的教学效果。"

具体地说，如何利用卡通人物进行英语教学呢？下面分成4个大标题，也可以说是举了4个例子：

一是利用Mickey和Pluto学习交通工具名称。

葛老师说，各种交通工具名称是四年级下册第六单元Let's Go By Taxi的教学重难点。如何使学生在轻松愉悦的环境下轻松掌握这些单词呢？经过思考，她决定跳出本单元的教材内容，利用学生耳熟能详的卡通人物设计教学。她巧妙地将米老鼠和他的好朋友布鲁托去旅游的一段动画搬进了教室投影屏幕。动画片里熟悉的卡通人物、轻快的背景音乐一下子吸引了学生，他们目不转睛地看米老鼠和他的朋友们坐着火车开始的旅程。在这一过程中，学生知道了米老鼠和他的朋友们坐了各种不同的交通工具，才能到达旅游地，享受旅游的乐趣。这时候，老师提问学生："How do they go travelling？"学生一下子打开了话匣子，纷纷举手回答："By bus \ boat \ car \ bike…"在此环节，老师顺势教授本单元的新词minibus和plane。

二是利用狮子王Simba学习动物名称。

学习动物名称时，葛老师尝试从学生热悉的卡通人物入手设计本单元的教学活动。当一个又一个的小动物们出现在课件屏幕上，学生兴奋地咕着：猴子、老虎、蛇、大象、狼、兔子、鹿……看完卡通片，顺势展示了卡通片里出现的动物截图，让学生顺利地学习了本单元的重点单词和句型。为了扩充学生的词汇量，并学到更多的知识，葛老师还帮助学生拓展学习了书本上没有的动物词汇，比如deer，snake，crane等。这时候葛老师还给学生渗透情感教育，让学生意识到友情的可贵。

三是利用Tom和Jerry突破方位介词教学重难点。

葛老师说，三年级新教材的投入使用让教师们发现很多教材内容发生了变化。方位介词的教学一直是五年级的重难点，而现在已经移至三年级教材中，这也对教师提出了更高的要求。如何才能使三年级的学生掌握这一知识并且学会灵活运用呢？不妨利用学生特别钟爱的Tom和Jerry作为突破该教学重难点的“撒手锏”。课堂一开始，教师就播放了精心截取的一段《猫和老鼠》的动画。看，敏捷的Jerry又在戏弄Tom了！它一会儿跑到桌子上，一会儿钻到椅子下，一会儿钻进树洞里，一会儿躲在门后，笨头笨脑的Tom追赶着它栽了不少大跟头。垂头丧气的Tom只能拍着脑袋，问问自己：“Jerry究竟躲在哪里了呢？”充满童趣的画面加上欢快的背景音乐，一下子就使课堂气氛活跃起来，学生不时发出银铃般的笑声。当教师的问题“Where’s Jerry？”一抛出，学生都争先恐后地举起了小手。“It’s on / in / under / behind the chair / desk / door...”在学生回答的过程中，再将本单元所需学习的方位介词进行一一教授。这样，学生不仅会读方位介词，而且也会尝试在日常生活中具体运用。方位介词的学习本是机械枯燥的知识点，但是如果教师让这些可爱的卡通人物走进课堂，那么学生更易掌握这些知识点并能够运用自如。

四是利用Old MacDonald突破一般过去时教学难点。

一般过去时一直是整个小学英语教学的重难点，不仅让学生觉得头疼，也让教师教得非常吃力。采用 Old MacDonald这个可爱的卡通老爷爷形象贯穿六年级上册第五单元教学的流程，效果不错。上课伊始，教师就带领学生一起跟着卡通片演唱《Old MacDonald Had A Farm》这首英文歌。唱完歌，教师提问：“Who is he？He is a farmer．Guess，where does he work？”从而导入本单元的课题On the Farm。接着教师提问：“What can he do on the farm？”以猜谜、游戏、展示实物等方式引出本单元动词词组milk cows，collect eggs等，再以 chant的形式操练巩固刚学习的动词原形词组。接下来，教师提问：“Last week．Old MacDonald was on the farm．What did you do last week？”通过教师提问，引出本单元的重点即一般过去时。这时候，教师点击课件，Old MacDonald说：“I collected eggs．”学生在倾听中自主学会动词过去式的读法。接下来再以Old MacDonald的自述，结合猜谜、游戏、展示实物等方式学习剩下的几个动词过去式词组。

葛老师最后说，妙用卡通人物，既可以使英语课堂数学锦上添花，又可以最大限度地激发学生学习英语的热情。需要教师们注意的是，选取卡通人物时要以学生热悉、喜爱的为教学对象，既不能过大增加信息容量，又要注意回归学生的课堂主体地位。

只要确立自己的方法，文不在长，一样可贵。如福建省福州市闽侯上中心小学薛蕾老师《妙用韵句巧教学——浅谈韵句在小学英语教学中的作用》（原载《小学教学参考》2010年第6期）一文，才一千多字，但同样是言之有物的好文章。薛老师说：

英语韵句与唐诗宋词具有相同的特点，都是按照一定的节奏和韵律编写而成的。其语音语调优美、内容生动有趣，在不断诵读的过程中，会使学生的语音语调受到潜移默化的影响，长期运用，可使学生感受其美感，初步学会欣赏。同时，因为韵句节奏感强，朗朗上口，简单好记，学生在学习过程中会感觉轻松而无压力，在这种状态下识记理解句子更容易熟记在心，以至熟能生巧，达到应用的程度。那么，如何巧妙运用韵句于教学过程之中呢？

下面，分为四个大标题：

一是“妙用韵句巧导入”。

薛老师说，“良好的开端是成功的一半”，如何自然地开启新课，消除学生对新知学习的陌生与恐惧，对于整堂课的教学效果至关重要。利用韵句进行新课的导入，可以带领学生进入轻松活泼的课堂教学，达到良好的教学效果。薛老师在教授闽教版小学英语第二册第二课时，利用韵句“Sing，sing，I can sing.Dance，dance，I can dance，Run，I can run．Draw，draw，I can draw”来进行导入，从而自然而然地引出新知“Can you sing / dance / run / draw”达到了自然导入的目的。

二是“妙用韵句巧学新知”。

教师不仅可以利用书中已有的韵句进行教学，还可以根据教学需要以及教学内容自编韵句进行教学。薛老师在教授闽教版小学英语第八册第一课时，根据教学内容，即有关于天气情况的词汇，自编了韵句：“How’s the weather there？Warm，warm，it’s warm.How’s the weather there？Hot，hot，it’s hot．How’s the weather there？cool，cool，it’s cool．How’s the weather there？Cold，cold，it’so cold．”朗朗上口的韵句，令学主越读越兴奋，逐渐加速的朗读更是令他们欲罢不能，乐此不疲。教学效果可想而知。

三是“妙用韵句巧巩固”。

薛老师说，在学完新知后，很多教师都只是将枯燥无味的单词和句型多次重复进行操练，从而达到巩固的目的，长此以往，会令学生产生厌学的心理。将新单词或新句型编成韵句进行复习巩固，结合学生的年龄特点，比较易于让他们接受。例如，在复习巩固多种文具用品单词时，薛老师将各种文具编入韵句进行操练。“Pen and pencil， pencil and pen．I like pencil and pen．Eraser and ruler， ruler and eraser，I like ruler and eraser．Box and knife， knife and box，I like knife and box．”在操练过程中，让学生配以手势，左右手交替举起文具，边说边练，通过这一系列的韵句把整个模块的东西都进行了复习，语言和手势的配合更是加深了学生对词语的理解和记忆。由此可见，韵句教学对于英语学习的巩固也有着不可忽视的积极作用。

四是“妙用韵句巧总结”。

薛老师说，总结整节课的重难点时，若突破常规，会令学生对本堂课所学知识记忆深刻，不妨使用韵句结尾。在学习颜色时，薛老师将其编成韵句：“Red and yellow，red and yellow，let’s draw a cat，let’s draw a cat．Red and yellow， red and yellow，draw a cat，draw a cat．Green and purple， green and purple，let’s draw a dog，let’s draw a dog， draw a dog，green and purple，green and purple，draw a dog，draw a dog．White and black，white and black，let’s draw a girl，let’s draw a girl，white and black，white and black，draw a girl，draw a girl．”以此进行总结，并且将其《我是老虎》的曲调进行齐唱。学生课下都在不停地哼唱，表示颜色的词语就这样潜移默化地被学生牢牢记住了。可见，运用韵句进行总结也有非常好的效果。

薛老师最后说，韵句在英语教学中的作用不容忽视，若巧妙加以运用于教学之中，会令教学达到事半功倍的效果。

（二）思路二：讲述自己是怎样教字母的

江苏省宝应县夏集镇中心小学沈学兰老师《字母教学点滴做法》（原载《小学教学参考》2011年第5期）一文，开篇写道：“英文字母是英语入门的基础，如果字母学不好，学生就会望而生畏，丧失学习英语的兴趣和信心。如何帮助三年级学生学好字母，顺利渡过入门关，这是每个三年级教师必须解决的问题。下面是本人字母教学中的点滴做法。”文章下分4个大标题：

一是“静心听，发好音”。

沈老师认为，要掌握好26个英语字母，首先应掌握它们的发音。有的教师喜欢将26个字母集中起来在一两节课教完，学生字母表背得滚瓜烂熟，游戏玩得热火朝天。但仔细听来，许多学生发音很不到位。听是发准音的前提，听音的质量直接影响学生的模仿效果，只有听得仔细，才能读得准确、说得流畅。由于小学生缺乏自控能力，常有学生一听教师示范发音，就急于开口大声模仿跟读，结果导致自己发音不准，还影响了其他同学听音。在学生开口发音前，一定要求学生不要急于开口，应仔细看老师口型，听老师讲解发音要点。注重培养学生静心、耐心听的好习惯。发音教学虽枯燥，但一定不能因为枯燥，就忽视发音教学，加快教学速度，急于让学生玩游戏，那样游戏再好玩，学生玩得再高兴，也失去了游戏的意义。模仿时，可采用集体与个别穿插活动相结合的方法。为避免造成学生感官疲劳和厌烦心理，模仿的形式要多样，时间不可持续太长，宜多采用游戏或比赛的形式。对于发音正确的学生要及时表扬，对发音不准的学生，应给予适当宽容，可以在课后再给予帮助，耐心指导，鼓励他多听，多练一定能行。教师千万不能急躁，否则学生不敢开口说，可能就会影响他一生的英语学习。

二是“抓关键，分散练”。

沈老师说，5个元音字母a、e、i、o、u的发音，每个英语单词中至少有一个，甚至更多的元音，而且元音字母在单词中占主导地位，所以教师首先要使学生掌握好元音字母的读音。在学生掌握发音后，要结合单词进行分散练习。如i的发音可结合 Hi / tiger / light / right / night，o的发音可结合no / window / yellow，e的发音可结合tea / peach等单词来教学。

辅音字母g和j、m和n、d和t、s和x学生发音容易混淆。也有学生把字母g读成汉语拼音ji。学生对Hh、Ll、Qq、 Rr、Uu、Ii这几个字母也存在着一定的错误发音，在教学中要加强这几个字母的训练。“Gg”和“Jj”强调[dʒ]的发音。“Hh”注意[ei]的发音。“Qq”和“Rr”要让学生能辨清与语文汉语拼音字母表发音的区别。对已经教过的字母，要及时分散到学生学过的单词中让学生拼读练习。对学生易混淆的字母，易发错音的字母，教师要做到心中有数。教师意识强了，学生错误率就会降低。

三是“玩游戏，帮记忆”。

沈老师说，英语字母教学中可玩的游戏比较多，有的游戏可以帮助学生区分发音，有的游戏可以帮助学生区分字母的外形，有的游戏可以帮助学生记忆字母表的顺序。教师要根据本班学生情况合理选择游戏。

帮助记忆字母顺序的游戏如：找邻居Find your neighbour，找朋友Where're my friends，接龙，排队等；区分字母外形的游戏如：手势操：“小写d 、b是兄弟，一把剪刀别忘记，大哥朝上右手b，大哥朝上左手d，p和q要分清，p的半圆右上边，q的半圆左上边，剪刀向上是d、b，剪刀向下q、p。”学生念儿歌边拍手，边做手势，儿歌理解了，念熟了，自然就分清了。帮助区分发音的游戏如：招兵买马，通过游戏学生能把26个字母按音素进行归类。区分大小写字母游戏：分家。

四是“练听写，促熟练”。

沈老师认为，写字母是字母教学的一个重要部分，教师要重视写的指导，字母占格，书写的态度决定着书写是否漂亮、整洁。抄写、按顺序默写26个字母对多数学生来说比较容易做到，但单独听写字母或字母组合，却会难倒许多学生。为了提高听写的兴趣，让学生听写学过的单词，如教师说出“t-i-g-e-r”，学生写出“tiger”后发现是自己认识的单词，就会有兴奋感、自豪感和成就感，再让他们拼读，这样不但复习了字母，还巩固了单词读音。经常这样练习，学生就能熟练地掌握字母的听说读写，因而也就增强了一份自信。

沈老师最后说，小学英语字母教学方法很多，教师关键要能激发学生的学习兴趣，鼓励学生积极主动地投入到课堂活动中，启发他们思考，使每个学生都能在轻松愉快的课堂教学环境中学好字母，顺利渡过字母入门关，为以后的英语学习奠定良好的基础。

（三）思路三：讲述自己音标教学的心得

山东省诸城市昌城镇友于小学孙金海老师《小学英语音标教学的一点感悟》（原载《山东教育（小学）》2013年第12期）一文，总结了自己多年来教授英语音标的心得。孙老师首写道：

从小学五年级开始，英语教材开始渗透音标教学。音标教学比较单调，那些枯燥的语音符号常常使学生们望而生畏，老师们也普遍对此感到头痛。怎么才能让学生对音标教学感兴趣，乐于学习并学好语音呢？在教学中我尝试了多种教学方法，对提高学生学习音标的兴趣起到了较好的促进作用。

下面，分为四个大标题：

第一个大标题："化整为零，反复练习"。

孙老师说，在学生初学音标时，将音标教学和单词教学有机地结合在一起，以单词为载体进行音标教学。每当教授一个新单词时，教师将单词中各字母或字母组合的发音教给学生，要求学生看清口型，领会发音要领，并将各字母的音标写在黑板上。如教学"cake"这个单词时，告诉学生c发／k／，a发／ei／，k发／k／，e不发音。教单词时同时教音标，使音标与单词紧密相连，潜移默化。经过长期训练，学生看到单词就能发出该单词的音，而且对音标也熟悉了，对学过的单词能记得更牢固。

第二个大标题："寻找规律，强化训练"。

孙老师说，在教学音标时，教师让学生在教师的指导下，自己去发现、去总结、去归纳。首先，教师出示一组单词，让学生通过读单词，发现这些单词的共同之处，并根据这些特点去拼读新单词。如出示单词bike，fine，nice，five，先让学生读一读这组单词，然后小组讨论字母"i"的发音，总结出i发／ai／的音，而且教师还要引导学生观察这四个单词，发现它们的构词特点——都是以"i+辅音字母+e"结尾的，然后再给出新单词kite，line，mine，quite等，让学生根据以前总结出的发音规则读出这些词。学生通过讨论去发现、总结，会学得更活、更好，对音标的印象会更深刻，掌握会更牢固。

第三个大标题："音形结合，触类旁通"。

当学生已经切步掌握了音标的认读及拼读方法之后，教师可以找一些符合拼读规则的单词让学生拼读。这样既培养学生按字母、字母组合发音规律直接拼读的能力，又培养学生按照读音规则，把单词的音、形联系起求迅速反应的能力。在单词教学中，教师总是有意识地进行音标的强化训练。单讲音标知识、拼读方法是空洞的，关键是要让学生在不断的实践过程中去体会、去探索、去总结。学生的语音能力只有在运用中才能得到巩固。每次教新单词时，教师都让学生试着发该单词的音，然后再分析单词的音标，以音带词，要求学生不仅要会发音、会拼读，还要与旧词联系，进行一些归类性的训练。长期这样训练，能培养学生自觉地把单词与音标进行音、形比较，能使学生看到音标就能写出单词，甚至看到一些结构简单的词也能写出音标。

第四个大标题：“激发兴趣，活跃气氛”。

孙老师说，兴趣是学生学好音标的关键，兴趣是最好的老师。学生有了学习英语的兴趣，就能主动学习、积极思考。如果教师在课堂上一味地让学生进行机械的模仿操练，鹦鹉学舌，那么学生一定会很容易厌烦。所以，在音标教学中，要注意发现和收集学生感兴趣的素材来设计教学活动。让学生在玩中学，学中用，让学生在没有负担的情况下，在愉快的氛围中学会音标。音标教学枯燥乏味，为了让学生学得有趣，教师通常采用韵句、诗歌、绕口令、竞赛、游戏等手段来巩固音标。这比传统的音标认读、识记效果要好得多，尤其是对于小学生来说，能大大激发他们学习英语的兴趣。具体做法如下：

一是利用绕口令巩固音标。

绕口令对音标有着强化练习的作用，它有助于辨别单词的读音，培养学生的语感。小学英语教材中有不少绕口令。例如，在教学字母组合ea的发音后，就出现了两个句子：“The boy in the sweater is shaking his head. He does not want bread for breakfast.”读绕口令的时候要由慢到快，循序渐进，刚开始读时有点拗口，读熟了就顺口了。课堂上教师采用竞赛的形式，看看谁读得又快又好，学生兴致很高，单词发音掌握得很牢固。

二是发挥韵句在学习语音中的作用。

韵句节奏感强，读起来朗朗上口，容易记住。在教读元音音素时，教师经常采用音韵节奏朗读。如在学习/a：/这个元音音素时。教师介绍了音素的发音规则后，可以这样教读/a：//a：//a：//a：//a：/，用两升三降的声调进行有节奏地朗读，升调读得慢一些，后面的降调快速连读。每教会一个元音音素后，就找几个辅音进行简单的拼读练习。在拼读练习中，教师同样采用这种节奏朗读法，如：//da：//da：//da：//da：//da：/，/pa://pa://pa://pa://pa:/，/ka://ka://ka://ka://ka:/。这种读法要比简单的升降调朗读有趣得多，学生的学习热情也比较高。音韵节奏让学生得到了美的享受。

三是听音接龙。

在教学中，教师经常利用这种游戏来巩固所学音标。如教师先说出一个音标／e／，然后让学生说出哪些单词含有这个音，看谁说得多。由于小学生都有一种争强好胜的心理，都乐于表现，不甘落后，课堂上纷纷举手，既活跃了课堂气氛，又巩固了音标，效果很好。

四是抢读音标。

抢读音标是孙老师巩固音标教学常用的方法。课堂上，教师将全班分成若干个小组，然后逐个出示一些音标卡片。学生们举手抢答，教师让最先举手的学生读出该音标，读对的给该组记10分，得分最多的组为优胜。小学生好胜心强，都想为本组争光，因此争先恐后，积极举手，避免了音标教学的枯燥与乏味。

孙老师最后说，英语音标教学十分重要，它是个实实在在的基础工程。如果掌握了发音规则，学生就能自主拼读新单词了。这对于培养学生的自我学习能力非常有益，还会使学生终身受益。在教学中，教师不能急于求成，要放慢脚步，因材施教、因人而异，认真上好每一节课，并要随时总结、修正教学路子，使音标教学真正落到实处，为学生的继续学习打下坚实的基础。

江苏省常州市武进区礼河实验学校张英老师《浅析小学英语中的音标教学》（原载《小学教学研究》2012年第8期）一文，首先也是指出了目前小学英语音标教学的困惑。她说："小学阶段是否应该教音标？这个话题自小学英语课程开设以来就争论不断，各说各有理。目前，音标教学难教也令不少小学英语教师感到茫然，甚至不知所措。"下面文章分为三个大标题。

第一个大标题："小学英语教学中进行音标教学的必要性"。下面就一段话：

我认为，在小学阶段一定年段开展音标教学很有必要，它将使我们的英语教学收到事半功倍的效果。熟练掌握音标及其拼读规律不仅可以保证单词读准确，更重要的是可以使学生增强自信心，激发其学习英语的兴趣。

第二个大标题："小学英语教学中进行音标教学的方法指导"。下面又分为4个小标题：

一是“框架性的认识”。

张老师说，小学生学音标没有必要像中学生那样详细地学习，教师也不用逐个地讲授，主要是给学生一个框架性的认识，使学生在脑子里对音标有一个结构上的认识。

二是重点在于梳理学生头脑中对音标已有的认识。

张老师说，五、六年级的小学生经过几年的英语学习，加上教师在讲单词时潜移默化的影响，学生潜意识里已形成一些对音标的理解，所以教师不用每个音标都讲，重点在于梳理学生头脑中对音标已有的认识，使得潜意识中的规则变得具体化、明朗化。

三是“不同学年段，教学内容因地制宜”。

张老师说，在小学中高段（4～6年级）可以开设音标教学，但教学内容、具体方法应因地制宜。比如四年级以掌握26个字母的音标为教学切入点，以能拼读单音节词为教学目标，让学生初步建立起音标词和单词的联系；五年级以“见词能读”为目标，重在音标的巩固与复习；六年级在“见词能读”的基础上，可以简单渗透“听音能写”的要求，引导学生根据音标写出单词，为学生进入中学阶段的学习打下基础。

四是教的时机。

张老师说，有的教师会专门开设几节课来讲音标，她不赞成这样的做法。音标源于单词，单词出现在课文当中，她认为，音标教学应该渗透在日常教学中。教师可以只抽出一次课，或更少的时间将音标进行框架性、结构性的介绍。在平时备课时有计划地留出一分钟的时间，针对当天课上出现的典型音标进行讲解，不求多，日积月累、积少成多，学生就能学会音标。这样学生不仅不会对单纯的音标学习觉得枯燥乏味，而且音标结合日常教学的学习更有助于学生对单词的有意记忆。

第三个大标题：“趣味教学、摆脱枯燥”。下面分为“抢读音标”“看音标抢读单词”“听单词找元音音标”“摘苹果”“找朋友”5个游戏，不详引。

其实，张老师这篇文章还不如集中写第三部分，文章名称也改为《小学英语音标教学中的N种游戏》一类，讲全讲透。文章第一、第二部分全部删去，毕竟在一篇文章里，又讲“必要性”，又讲“方法指导”，不易讲好。

（四）思路四：讲述自己是怎样教听说的

浙江省天台县实验小学王影老师《“体验式教学”“多样化”听说》（原载《小学教学研究（教学版）》2011年第4期）一文，分三个大标题，介绍了自己听说教学的做法及心得。

第一个大标题：“开展‘多样化’英语课外听说训练形式”。下面又分为两个小标题：

一是“‘听’的训练（包括静听、听做）”。

先看静听。王影老师说，让学生沉浸在英语环境中，静听学校定时播放的英语广播节目（英语歌曲、小诗、小故事等），使学生体会到学英语有趣，学英语容易，学英语有用。具体操作如下：

第一步，教师制定英语电视广播节目时间表。如一个星期针对四年级学生，循环播放广播内容：每周二播放歌曲《Teddy Bear》、故事《The Lion and the Mouse》，每周三播放歌曲《Teddy Bear》对话PEP四下Unit 2B Talk，每周四播放歌曲《Teddy Bear》、故事《The Lion and the Mouse》。

第二步，教师播放简单易懂、生动有趣的英语原声听力和视频素材。根据上面的时间表安排，英语歌曲和对话都是学生教科书上的内容，比较简单。寓言故事《The Lion and the Mouse》有一点难度，为保持学生的学习兴趣和积极性，让学生观看故事视频降低听力难度，只要能听懂几个词汇也就可以了。

第三步，学生分小组，由小组长监督，集中静听。前后桌同学每四人一组，每个同学在听的过程中可以用中文或英文记录自己听到的内容。

第四步，小组长根据静听效果表登记静听时间及组员听后的效果。

第五步，各小组互相监督，养成静听记录的习惯。

再看听做。王影老师说，在课外活动中开展听指令做动作、听指令画画、快速翻译、猜谜语等游戏，操练学生对语言的听辨和理解能力，使学生听准、听熟。培养英语思维能力，为正确的语言交流打好基础。具体操作如下：

第一步，教给学生一定的语音、语法规则；

第二步，作业布置注重学生词汇、短语和习惯表达方式的记忆与积累。

第三步，课外让学生阅读一些英语国家的背景知识和跨文化方面的知识。

第四步，多听多练。鼓励学生课外多做听力试题。

第五步，经常开展活动，提高学生英语听做的频率。如：开展人机活动。举办英文电脑打字挑战赛活动，提高英语字母和词句的听写能力。又如：开展听画活动，教师发指令，学生边听边画，在听画中体验乐趣。

二是"'说'的训练（包括背诵、替换、问答、自由交际）"。

首先是背诵。王影老师说，在课外活动中开展唱英语歌曲、念诗、说绕口令等活动。

其次是替换、问答。王影老师说，就对话、课文回答问题，看图说话，看实物及按实际情况回答问题，用自己的话复述文章。如，看图用英语描述图片内容，鼓励从不同角度描述，只要说得通都可以，以培养学生的听说兴趣和表达能力为主。

第三是自由交际。王影老师说，学生在课外活动中能用英语进行简短对话，能主动跟外教老师打招呼问好。

王影老师提出几点注意事项：

一是改善英语学习环境。创造一个宽松、愉悦的气氛。使学生产生说的愿望和敢说，从而敢于开口、乐于开口。

二是讲究纠错的艺术。对学生的错误要有宽容性和科学性，会话时不必在意学生的语法及结构错误，重点应是交谈的话题。

三是提倡"重在参与"。各项活动及比赛以鼓励为主，不挫伤学生参与的积极性。

第二个大标题是："探索'体验式'英语听说教学模式"。

王影老师说，在整个教学活动过程中，教师除了是活动的引领者、参与者，更是对整个教学过程的开始和最终效果负有重大责任的实施者。教师必须在每次活动前分析参与者已有的英语水平，有针对性地制定活动主题，围绕主题搜集适合学生的英语听说资料，组织开展主题式英语课外活动，最终目的是让学生突破主题的局限性真正达到语言的真实运用。具体操作如下：

一是营造环境，激发体验。

教师要利用生活中各种媒介创设真实语言环境，使学生身临其境，产生共鸣。激发求知欲望、学习兴趣和学习热情。

在整个环境创设过程中，教师除了应该关注学生已有的知识水平，筛选能引起学生注意，触动学生聆听欲望的听说资料外，还要找到合适的、贴近所有学生情感、经验的切入点，以引导他们进入听说世界。如：针对学生在学习完数字、颜色、动物、季节、字母等词汇的基础上，课外学校红领巾英语广播可以插播《Ten Little Candles Dance》《Color Song》《They Are in the Zoo》《Sons of the Seasons》《ABC Songs》等接近学生临近发展区的歌曲或富有节奏的Chant，推荐学生阅读《棒棒英语》《洪恩少儿英语》等中英文对照的听说读物。

又如：让学生观看视频故事《The Lion and the Mouse》。用生动、富有哲理的寓言故事激发学生的兴趣。

二是参与活动，深入体验。

教师创设各种体验式听说活动，让学生在人机、人本、人人的活动参与中，感悟知识并形成体验。引导学生将体验过程中内心积聚的表现欲望通过语言表达出来，并接受外部的合理评价，从而进一步强化英语听说能力。如：开展人人活动，每班组建若干合唱小组，在主题月中聆听校广播台英语歌曲，学唱歌曲。在指定英语活动课中汇报歌曲英文名称，展示本组选唱歌曲。在班级选拔的基础上，参与学校歌曲大赛。

又如：通过观看《The Lion and the Mouse》后，让学生围绕主题进行实践操练。

人本活动：带着问题，分小组阅读故事。学生回答问题，并用自己的语言阐述故事。

Question 1：Who ran over the lion's face?

Question 2：Did the lion let the mouse go?

Question 3：How did the little mouse help the big lion?

Question 4：What can we learn from this story?

人机活动：让学生上网搜集这个故事的不同英语版本和故事寓意。

Moral 1：Keep one's promise.（信守承诺）

Moral 2：It is possible for even a mouse to con benefits on a lion.（时运交替变更，强者也会有需要弱者的时候）

Moral 3：Some friends may be insignificant in normal time，but it's possible that they can help us greatly when we are in troubles. 有些朋友也许平时看似微不足道，但却有可能在我们身处困境的时候提供巨大的帮助。

人人活动：根据阅读材料，教师对故事进行改编。用剧本的形式呈现，让学生戴着狮子和老鼠的头饰进行表演。故事改编如下：

In the forest，there is a lion. He is big and strong. All the small animals are afraid of him.

The lion：Hi. I'm a lion. I'm big and strong.

The mouse：Hello. I'm a mouse. I'm small.

The lion：I am hungry. You little mouse! I want to eat you.

The mouse：Oh，dear kind lion! Please forgive me. I will help you someday.

The lion：You? Ha ha…How can a little thing like you help a great lion?

The mouse：Trust me. Let me go，please. Thank you，dear lion.

The lion：Oh，my god! Help! Help!

The mouse：Don't be afraid! I have sharp teeth. I can help you.

The lion：You are brave. Thanks! You are my friend.

三是实践运用，升华体验。

学生获得积极的情感体验后，教师要及时向他们提供展示平台，进行针对性操练。如引导学生进入各种博客畅所欲言、发表意见；鼓励学生积极参与学校组织的英语角活动，让学生在交流展示的过程中亲身体会运用语言，从而实现将语言真正用出来。

四是多元评价，反馈体验。

第三个大标题是：“收获‘体验式’英语听说教学的初步成果”。王影老师归纳为以下几点：

一是开展多项活动，营造了“体验式”英语交流环境。

二是激发了学习情感，提高了学生的学业成绩。

三是形成了特色教学模式，提高了教师素质。

江苏省常州市新北区圩塘中心小学张莉老师《巧用话题，让学生能说会道》（原载《小学教学参考》2011年第5期）一文，首先指出：

“小学英语的会话训练越来越引起教育界内外的普遍重视。怎样加强听说教学，提高学生的口语水平以及用英语会话的能力，是摆在我们英语教师面前的一项相当重要又迫切的任务。我们这儿的外来民工子女较多，学生的素质参差不齐，用英语进行会话交流的能力更是差劲。如何使那些不愿与他人进行交流的学生告别‘哑巴英语’而主动积极地与他们的伙伴进行英语交流呢？近年来，我根据教材的内容，有意识地寻找合适的话题，为学生创设一定的情境，激发他们的表达欲望，进一步提高了他们的英语会话能力。那么，我们应怎样选择合适的话题呢？”

下面，张老师分四个大标题展开论述：

第一个大标题是：“话题要与学生的生活实际相接近”。

张老师说，如果说源于生活的文艺作品才有血有肉，有生命力、感染力，如果说引导学生从生活中选材才能写出生动感人的习作，在英语口语训练中，我们选择的话题要尽可能接近学生的生活实际，让学生结合自己的生活实践去思索、交流，因为由学生耳闻目睹、亲身经历所获得的材料更容易使他们有感而发、有话可说。因此，她尽可能从学生的学校生活、家庭生活、社会生活中生发一些简单的话题。如教完牛津小学英语3A Unit10 Thank you后，她给了学生这样一个话题：“星期天与你的伙伴去KFC”。学生对 KFC较感兴趣，于是一些原来不大乐意的学生也都积极主动地参与到这次的交流中来，将原先学过的句型也运用进来。如：

S1：Let’s go to the KFC.

S2：Great！ But how?

S1：By bike.

S2：No，By bus. All right?

Sl：Some hamburgers?

S2：Yes，one，please.

St：Some juice?

S2：Yes，please.

……

第二个大标题是：“话题要符合学生的年龄特点和已有的知识水平”。

教师在备课时，要站在学生的角度上进行思考，从他们的知识能力出发，自我尝试、感受一下，要使大多数学生有共同语言；再运用抓两头、带中间的方法，调动全班学生的主动性、积极性，使他们想说、敢说、能说、会说并能说好。如在教完3A Unit 11 A boy and a girl后，给了学生这样的话题：参加英语小记者的应聘。让会话能力较差的学生模仿教材内容中的“My name is…，I’m from…，I’m ten / nine…，I’m fat / thin / tall / short”这几句英语进行简单的自我介绍而能力较强的学生则在上面内容的基础上再增加“My hair is…，My eyes are…，I like…”，其余的学生让他们根据课文中所学的内容仿说。这样让每一个学生都能参与到学习中来，让他们有话可说，充分调动了他们学习英语的积极性，提高了他们运用语言的能力。

第三个大标题是：“话题要尽量与新旧知识相联系”。

张老师认为，会话练习是英语教学中不可缺少的一个部分、一个环节，恰当的话题既可以使学生温故而知新，又可以帮助学生延伸和拓展新知识。因此，教师选择的话题既要与前面所学的知识相关联，又要为后面的教学打下扎实的基础，让学生在英语学习中融会贯通，系统地领会、吸收和运用。如在教完5B Unit 4 Halloween后，给了学生这释一个话题：圣诞节将要来了，我们要准备些什么？学生对各种节日比较感兴趣，圣诞节对于他们来说既陌生，又熟悉，大部分学生能够联系实际，综合运用所学的知识，自由发挥，畅所欲言。通过练习，学生既复习了前面所学的“Let’s go to…，How much…，How about…”等句型，又巩固了本课所学的句型“What do…need”，还为六年级要学的At Christmas打下了基础。

第四个大标题是：“话题要有新意和创意”。

张老师说，口语训练是英语教学中一项普遍的、持久的工作，如果教师选择的话题一直停留在课本内容中，学生就会觉得索然无味，提不起精神，激发不出他们学习的欲望。如果教师所选的话题能在内容和形式上翻翻花样，换换花色品种，常有一定的变化革新，就能让学生有耳目一新、精神一振之感，这样往往能收到事半功倍的效果。如2008年奥运会的顺利召开、汶川地震等话题，就能引发学生心灵与情感的共鸣，使他们有兴趣、有情趣、有乐趣，能在踊跃参与、一吐为快中相得益彰。

话题要能信手拈来。

教师既要科学选取话题并有周密的安排、预设，做到不打无准备、无把握之仗，又要能及时捕捉生活中的热点问题，课堂上的偶发事件，教学过程中的小插曲等等，在掌握火候后恰当地生成新的话题。这样就更容易拨动大多数学生的心弦，引发他们的兴奋点，营造群情激奋、跃跃欲试的生动氛围，实现“无心插柳柳成荫”。如在教授6B Unit6 Planning for the weekend时，如发现学生对“have a picnic”特有兴趣，就突发奇想，在巩固阶段让学生试着说一说，假如自己准备去野餐时该做些什么。根据学生的回答，教师适时进行调控，最后让学生自己进行语段输出。智慧的火花因此而闪现，表达的欲望越发强烈并能脱口而出。这样，学生口头表达能力的提高也就指日可待了。

张老师最后小结说，教师要在实际的教学中为学生提供一定的话题，创设一定的情境，改变学生进行英语口头表达时羞于开口和金口难开的状况，让他们学会善于倾听、勤于思考、乐于表达，进一步提高他们的英语口语表达能力。

请看，张老师这篇文章，论选题并无特别之处，谁都知道口语的话题学生有兴趣会有利于提高口语学的效率，但张老师可贵之处在于，她把这一点具体化了。

（五）思路五：讲述自己是怎样教词汇的

江苏省如东县双甸小学宋陈红老师《提高小学英语词汇教学效率六法》（《小学教学参考》2010年第30期）一文，归纳了6种方法，即：

一、游戏教学法，学玩结合；

二、现法表演法，动静结合；

三、绘制形象法，画文结合；

四、情境再现法，学演结合；

五、立体强化法，音义结合；

六、对比记忆法，新旧结合。

每一法，大都举有实例。如：“五、立体强化法，音义结笛”，宋老师指出，英语是拼音文字，拼音文字本身最大的特点就是“表音”，单词的读音与单词的书写之间存在着对应关系。因此，要想记忆好单词，就必须熟知单词的发音。美国心理学家哈罗德·E.巴特和H.G.贝克曾实验证明，声音记忆单词比单纯用眼睛看能够多记住34%。因此，正确的单词记忆方法是充分利用单词的发音帮助单词记忆。这里所提到的立体强化法，就是强调利用内外声音同步震动在大脑中形成共鸣效果，促进英语单词形成潜意识记忆，大家熟知的李阳疯狂英语记忆形式正是这一类记忆法的典范。为此，在记忆英语单词的时候，要对着课本或卡片朗读，有时甚至需要用手指指着大声朗读。在基本记住的基础上，还可以通过高低声朗读、升降调朗读、唱读、拍手、跺脚朗读等不同的读法增加朗读的兴趣，加深记忆，也可通过变换语气的方式多加练习。

又如“六、对比记忆法，新旧结合”，宋老师说归类记忆是最好的记忆方法，它的作用在于举一反三，让学生通过一两个词语的记忆，勾连起一长串词语的记忆。宋老师举例说，由“food”一词联想到“meat，fruit，vegetable”三词；由“meat”可以联想到“beef，chicken，lamb”等；由“fruit”可以联想到“apple，orange，banana”等。通过词汇之间的联想，学生就能较为完整地学习到关于食品类的词汇。利用概念联系记忆法把属于同一类的单词放在一起来记，会使学生感到轻松。需要着重指出的是，一般教师在讲授到某个易错的词语时，往往喜欢将错误的词语呈现，这样往往会起到相反的作用，并不提倡。

江苏省如东县洋口镇光荣小学杨小网老师《生词不生，因词而异——浅谈小学英语语篇教学中生词的处理方法》（原载《小学教学研究》2012年第10期）一文，则抓住“生词”教学这一点，来做文章。杨老师开篇写道：

特级教师龚海平老师在谈到“语篇教学中的生词处理”时，曾经说过：“在生词不多的情况下，可以不去单独处理生词；在生词较多的情况下，尤其在有关键词是生词的情况下，应先处理生词，再进行语篇教学。”即使生词再多，语篇教学中的生词教学也是为阅读理解服务的，若过于偏重词汇则破坏了语篇教学的完整性和连贯性，阻碍了学生对语篇后续学习的思维活动，也偏离了语篇教学的主题，因此只要解决了生词的“音”和“义”即可。小学牛津英语教材进入高年级，语篇逐步加长，内容趋于丰富，所涉及的词汇和文化更为丰富，教学要求也更高，如何在阅读教学中处理好生词，对提高学生的英语阅读能力起着尤为重要的作用。

下面分为三个大标题，实际上是依课前、课上、课后的教学顺序，来讲述的。

第一个大标题是：“阅读前自主选择处理部分生词，培养自学能力”。

杨老师说，小学生的词汇量小，阅读理解能力有限，对于有难度的语篇，扫除部分阅读方面的词汇障碍是有必要的。但这种扫除障碍的工作绝对可以放手让学生先进行自主尝试，难度要适当，要让学生“跳一跳能摘到桃子”。

杨老师说，以牛津小学英语6A Holidays为例，在教学Part A之前，先布置学生去收集有关中、西方不同节日的资料，并把自己最喜欢的节日在课堂一开始与同学们进行交流、分享。第二天学生们在课上的表现令教师大吃一惊，他们不仅交流的内容十分丰富，而且基本扫除了本课的生词障碍，通过了解，他们在字典、磁带、网络上得到了很大的帮助。

第二个大标题是：“阅读中渗透多种生词处理策略，提高阅读能力”。

下面又分为“一分为二，化难为易”、“巧设比对，以旧代新”，“直观插图，言简意赅”，“置身语境，其义自见”等小标题来叙述，大多有实例。如“一分为二，化难为易”下杨老师写道：

牛津小学英语教材中有很多的复合词，这类单词学生可以借助对各个组成部分的原有了解，去掌握它的读音，了解它的词义。只是在了解词义时，要让学生明白两个词一旦组合成复合词后，词义就不是原来两个词词义的简单相加，而是从中引出新语义。如bedroom、blackboard、penfriend、teapot等。

高年级的学生已步入理解记忆阶段，有了一定的词汇量。教师可以通过引导学生用简单的英语，如学生已学的近义词、反义词或简单的英语语句帮助学生理解并掌握新词汇。“以旧带新”的词汇教学，有利于学生理解新词的含义，增加词汇量，更有利于培养学生用英语思考与表达的习惯，培养他们的自主性与自信心。

如牛津小学英语6B Unit 7 A letter to a penfriend一课，教学 yesterday一词时，我利用多媒体在屏幕上出示了这样三句话：

Yesterday was the 12th of December.

Today is the 13th of December.

Tomorrow is the 14th of December.

通过后面两个时间的比对，学生很快就理解了yesterday的意思。

第三个大标题是："阅读后设计多种习题巩固生词，奠定学习基础"。下面列举了几种方法：

其一，述课文。

杨老师说，在教学完语篇后，让学生抓住文中的关键词和重点句型，让学生自己组织语言，复述课文。这种巩固方法既能检测学生对词汇的掌握情况，同时还能检测学生对语篇的理解情况。如牛津小学英语6B Unit 7 A letter to a penfriend，在分块理解对话后，黑板上呈现如下板书：

Unit 7 A letter to a penfriend

（Liu Tao头像）

He is going to tell Peter.

图片：（学校）（学科）（房子）（邮箱） （Peter头像）

Age City Family Hobby

图片：（年龄）（伦敦） （兄妹）（爱好）

（Mum头像）

Can I have…，please?

图片：（信纸）（信封）（邮票）

T：Today，we have learned Unit 7 A letter to a penfriend. Let's try to retell the dialogue in pairs. You can choose your favourite part to retell.

Ss：…

T：Who can retell the whole dialogue?

Ss：…

T：（拿掉部分图片）Can you retell now?

Ss：…

其二，根据课文内容填空。

杨老师认为，教师可以根据课文对话设计一篇短文，让学生通过关键词汇的填写来补全短文。这种词汇的巩固法既使学生活用了词汇，又从整体上加深了对语篇的理解。

其三，模拟课文自编对话。

杨老师说，在学生全面理解语篇后，教师可以引导学生抓住文中的关键词和重点句型模仿课文对话进行再创造，这样的活动既能够增强学生语言运用的能力，又有利于学生创新思维和想象能力的培养。

杨老师最后小结道：

教师在教学中应从语篇的整体角度出发教授词汇，正确处理阅读教学与词汇教学之间的关系。词汇对语篇如同绿叶对根，绿叶“心依着”根、“情牵着”根，因得到了根的滋养而丰富和生动：语篇中的词汇同样“心依着”语篇、“情牵着”语篇，因得到语篇的衬托而显得清晰、丰富和生动。文本是生词的出处，也是其归宿，教学中我们应采取灵活的教学方法，做到生词不生，因词而异，更应有意识地渗透一些学习策略，以提高学生的自学能力，为学生今后的英语学习奠定基础。

（六）思路六：讲述自己是怎样教语篇的

江苏省南通市通州区新生小学张云老师《小学英语语篇教学的三个“≠”》（原载《小学教学研究》2013年第12期）一文，将自己语篇教学的心得，归纳为三个“≠”。张老师开篇写道：“一直以来，英语语篇教学都是小学英语学习的重点内容。通过语篇教学，不仅能锻炼学生的英语基础知识运用能力，同时也能培养学生的阅读能力。但是，一些教师在实践教学中，因为对语篇教学的认识不到位，以致出现了许多偏离其本质的现象。”

接下来，文章分为三个大标题，分述这三个“≠”：

第一个大标题：“强调学生自主≠偏离教师主导”。

张老师说，学生是英语学习的主人。教师在课堂上要充分突出学生的主体地位，给学生的个性发展创造良好的条件和足够的空间，通过营造轻松、有趣、民主的教学环境达到提升教学质量的目的。但是，目前一些教师在进行英语语篇教学时，过分强调学生在课堂中的主体性，将课堂完完全全放手给学生，忽视教师的课堂主导地位，从而造成课堂“放羊式”的无序现象。

张老师举例说，有位教师在教学牛津小学英语2A Unit 1 My family语篇时，进入教学环节后，教师给学生们设计了如下几个问题：Do you like your family? Please describe your family. 通过问题，教师将课堂交给学生，让学生展开讨论并自我总结，而教师自己则成为一个课堂的旁观者，任由学生自主发挥。这样导致的直接后果就是学生完全得不到提高，教学效果几乎为零。

张老师认为，新课程小学英语教学明确要求将课堂还给学生，但同时也强调了教师作为课堂灵魂的主导地位。成功的课堂教学应该是教师优秀的“导”与学生完美的“主”共同构成的，二者缺一不可。这一点也特别体现在小学英语语篇教学中。小学生一个很大的特点就是处在知识和经验均有待完善的阶段，同时英语也是一门陌生的语言，这些原因导致小学生没有完全独立学习英语语篇知识的能力。因此，只有通过教师的“导”，他们才能获得进步。

第二个大标题：“强调文化渗透≠偏离语言训练”。

张老师说，英语是一门外语，英语的很多语言现象与汉语是不同的，因此，注重英语教学中的文化渗透是很重要的。语言性与文化性是语言学习的“两张皮”，是不可分割的，但是，语言训练却是语言教学的本质。现在一些教师在英语语篇的教学中过于强调文化渗透而偏离了学生英语学习过程中的语言训练，使课堂教学得不偿失。

以5B Unit 9 The English Club一课为例，这一课涉及三个国家和多个人物，课文信息显得繁多而琐碎。一位教师在教学时给学生们简单讲解课文后，就进入对文中所提及国家的文化介绍当中，介绍各个国家的语言、服饰、风俗、标志物、著名人物和事件等，并让学生自己收集和整理有关这些国家的资料并做相关讨论学习，充分了解其文化；同时，课后的练习、活动也是围绕这些内容展开的。得到的结果只有一个，完全偏离语言教学的实质，毫无教学效果可言。

张老师认为，语言是人类最主要的交流工具之一，同时也是文化传承与发展必不可少的载体，因此，语言和文化一直都是同时存在的，它们是一个密不可分的整体。并且。我们不难发现，要学习一国文化，首先要学习的是它的语言。然而，上述案例中的老师却将学习语言与学习文化的先后顺序打乱了，课堂在一味追求文化渗透的过程中忽视了对语言知识和语言技能的学习。学生在这样一堂课之中，因为没有语言的基础，不仅没能学好文化，同时语言能力也没有得到提高。这是没有意义的教学。

第三个大标题：“强调语篇整体≠偏离语法实践”。

张老师说，英国语言学家威尔金斯说过：“如果没有语法，人们可以表达的事物将寥寥无几。”语法对于英语学习是十分重要的，可以这样说，没有学过语法就不能称之为学过英语。现在，一些教师在英语语篇教学时，由过于强调其整体性，导致语篇教学出现偏离语法实践的严重问题。

以Unit4B Open Day一课为例：

第一步：根据课文涉及的内容提出以下几个问题：①What is kind of our classroom? ②Do you like our class? ③What is there in the classroom? 学生展开讨论并回答问题，老师就问题适当讲解。

第二步：学生自学课文，画出不懂的单词、短语和段落，教师收集归纳后统一讲解其释义，但没有详细解释语法内容“There is / are…in / on / near…”，只是一带而过。

第三步：教师根据课本内容提出问题，要求同学们再次学习课文，寻找问题的答案：①Three places to his friend. What are they? ②What's in the classroom? ③What's in the music room?

第四步：学生完成书本上关于该语篇的问答、填空等问题。

第五步：学生用自己的语言复述课文。

张老师指出，以上案例从流程上看是没有任何问题的，教学过程张弛有度，教师也做到了有收有放，学生也掌握了语篇所表达的具体内容。然而，稍加仔细查找我们就会发现，本课的教学内容有一个很重要的语法点：What's in / near / …? There's a / There are some…in / on / near…，这是本课一个主要的内容，要求学生在学完本课之后会使用这个句型。然而这位教师只是将这个语法点轻轻带过，有的学生也许都没有发现这个句型，更无从谈及使用了。

张老师最后小结说，语篇教学是英语教学的一个重要环节，它对学好英语有不可忽视的作用。教师在教学中，要善于捕捉教学方法、总结教学经验，积极探索解决语篇教学现存问题，使教学不断完善，全面提高学生的英语水平。

江苏省南通市南州区石港小学葛许霞老师《如何进行小学高年级英语语篇教学》（原载《小学教学参考》2011年第9期）一文，选题又缩小了一些，只谈高年级语篇教学。葛老师开门见山地写道：“如何进行小学高年级英语语篇教学？下面结合《牛津小学英语》6A Unit 5 On the farm A板块的语篇教学，谈谈我的点滴做法。”下面，即依照教学顺序，进行叙述：

一是导入。

葛老师说，自然巧妙地导入语篇，原因有二：其一，导好语篇能激活学生已有的经验，引领他们基于原有认知基础进入语篇学习；其二，导好语篇有利于帮助学生形成初步的阅读技巧，也为随后语篇教学做铺垫。其方法：可从语篇主题入手。分析该语篇的相关背景，选取与主题密切相关的语言知识导入活动。如在导入6A Unit 5 On the farm A时，我让学生演唱歌曲《Old MacDonald had a farm》，这不仅能很快吸引学生眼球，渲染了英语学习的良好气氛，也为引出本课主题及所授新知做好铺垫。同时，通过歌曲中出现的动物形象自然引出农场，提问：Did you go to a farm? What can you do on the farm? 以此来复习动词短语pick oranges，collect eggs等。最后问：What did you do…? What else did you do? 以朗朗上口的Chant来引出动词短语的过去时，揭示课文主题。

二是阅读。

葛老师认为，理解语篇信息，训练阅读技巧。语篇中信息众多，抓住主干、把握脉络是理解语篇的关键。让学生通过“粗读理解大意，细读了解细节”的分层阅读活动，采用层层设疑、分层递进的方式，训练学生捕捉有效信息，提炼语篇主干。葛老师将自己的做法归纳为“三读”：

首先是初读课文。

小学英语语篇教学应重视语言学习的整体性，让学生在真实、自然的情境中习得语言，感知整个语篇的意义。如在初步感知6A Unit 5 On the farm A语篇时，教会学生 Learning-tip①（学习方法小提示）：当我们听较长的对话或短文时，可以尝试速记，如记录关键信息的单词首字。再让学生观看动画和回答“（1）Who are the two girls? （2）What are they talking about? ”，来整体预测语篇的主要内容。

葛老师说，初读课文对学生进行语篇阅读的“预测”能力的培养，既是一种阅读技能的培养，又是一种阅读策略的培养，其重要性不可低估。

其次是再读课文。

根据《英语课程标准》要求，课堂教学中不妨采用“任务型”教学方式，让学生以任务为中心，在初步感知语篇内容之后给出任务：“（1）What did Nancy do last week? （2）What did Helen do last week? ”让学生大胆想象、猜测，再进行生生互动，最后让学生进行自主阅读课文，引导学生准确捕捉语篇的主干信息，并用who、when、Activities表格式归纳出主干信息。这样，学生通过实践、思考、调查、讨论、交流和合作等方式学习与使用英语，完成学习任务。

当然，当学生在阅读语篇时，如果遇到不认识的新单词或短语，在教学时可采取Learning tip②（学习方法小提示）：当我们在阅读时，如果遇到不认识的新单词或短语，可以尝试根据上下文和语境推测词义。为了保证对话教学的整体呈现，不打乱对话中的情节，在具体教学语篇时有必要用一点时间处理重点词汇和句型结构，但注意要把握一个度，不宜过多处理新知，重在理解词汇和体验句型的使用语境。

再次是三读课文。

葛老师说，学生在精读、整体感知课文的基础上，进行三读课文并思考："What do you think of Helen's holiday on the farm? "揭示Learning tip③（学习方法小提示）：当我们根据课文内容交流或表达时，可以整理出文中的关键词语作为提示。

三是拓展提高。

葛老师认为，阅读的最终目的是开阔学生的眼界，拓宽学生的知识面，活跃学生的思维，进而提高学生的英语素质和英语语言能力。把信息交流延伸至课外，既锻炼学生用英语解决问题的能力，又同时让学生感受到学习英语的乐趣。

为达到这个目的，在学生掌握了语篇的结构和内容之后，设计了两个活动：（1）让学生根据对话的主干信息对语篇进行复述。（2）创设真实生活情境：《江海晚报》专栏想调查小学生国庆假期生活，特派江海小记者来我校采访，试着回答记者的提问。

Rules（规则）：

Three students a group. One is a little journalist, the other two are students. （三人一组，一人扮演小记者，另俩人是学生）

Speak as more as you can. （尽量多说）

There are at least eight sentences in your dialogues. （对话不少于八句）

以上两个活动教师要不断地重组有效信息，组织恰当的语言进行表达。根据语篇主干设计读后活动，能促进学生积极思考，加强学生对语篇的理解，使学生有内容可想，有内容可说，相关的英语运用能力通过有效的拓展活动得到提高。

葛老师最后说，小学英语语篇教学要教给学生基本的阅读方法，让学生们自主地学英语，快乐地说英语，训练学生的阅读技巧，培养和提高学生的阅读能力。即让学生学会在英语语篇中有目的地去预测、理解和获取信息，并对这些信息进行分析、推理和判断，从而较为准确地理解文章的内容和思想。

请看，葛老师这篇文章，专论小学高年级语篇教学，就比泛泛谈小学英语语篇教学重点要突出。其实完全可以再次缩小，如专谈小学英语高年级语篇教学的“三读”，或就讲小学英语高年级语篇教学的“拓展”等等。

（七）思路七：讲述自己是怎样教语法的

江苏省南通市启东市实验小学吴丹一老师《小学英语语法教学要“隐形”》（原载《广西教育（小学）》2013年第7期）一文，认为“语法是英语教学中的难点。然而，语法教学抽象、枯燥，学生不感兴趣”。吴老师认为，给语法教学披件“隐形”的外衣，将语法融入学生日常的生活和学习中，能更好地提高英语教学效率。下面，分为两个大标题展开论述：

第一个大标题：“披上‘情景’的外衣。淡化英语语法之‘形’”。

吴老师说，传统的语法教学，教师都是直接以讲授为主，加以大量的机械式操练，学生学起来容易疲倦，继而降低学习的兴趣。如果教师能在教学中结合相应的情景或者设计相应的情景，把语法引入情景当中，让学生在乐中求学，相信定能淡化语法之“形”。

一是隐于表演情景之中。

吴老师说，学生天性好动，对未知的事物充满了好奇心。教师若将表演情景融入语法教学当中，就会令教学气氛变得轻松，易于传授更多的知识。例如，在学习构词法的时候，吴老师会挑出26位学生分别扮演26个字母，然后给出一个简单的构词结构，如care-careful，help-helpful，beauty-beautiful，wind-windy或者sun-sunny等，先让分别拥有词根字母的学生按顺序站到一起，再继续和拥有后缀的学生站到一起，组成完整的动词、形容词、副词等。在整个表演过程中，“增加了哪些字母，变成了什么类型的词语”这些知识点便深刻地印在学生的脑海中了。

二是隐于活动情境之中。

吴老师说，有的时候，教师可以自己设计相应的教学活动来进行语法教学。例如，在讲解“被动语态”时，吴老师会让学生分成两组，其中一组用汉语举例简单的含有“被”字的语句，而另一组则必须用相应的“被动语态”来翻译；之后，两组再互换角色。通过这些活动来进行语法教学，提高了学生的学习效率。

第二个大标题：“披上‘练习’的外衣，突出英语语法之‘神’”。

吴老师认为，对英语教学来说，听说读写练一样都不能少，把练放在最后，是因为每一个知识点最后都要通过大量的练习来加深印象，每一个语法都要通过练习词汇和句子进行学习巩固。熟能生巧，只有对语法进行大量练习，才能手到擒来，加强英语学习的效果。

一是隐于儿歌练习中，趣味学语法。吴老师说，儿歌能培养孩子感知语言的能力、强化词汇的掌握程度、创造英语语境，让学生在充满美感的音乐中学习，提升学习的兴趣。而且大部分儿歌都很押韵，朗朗上口，短小精悍，易于记忆。例如，在教授数词变化规律时，吴老师编了一个顺口溜：“两大数词基和序，前表数量后第几。构成先谈基数词，1至12认真记。13至19teen结尾齐， ty结尾表示几十。若要表达几十几，几十短横1到9。One hundred一百记，若表几百几十几。几百and几十几，基数规律上述里。再把序数谈仔细，第一至三独立记。第四至十九结尾th。”然后再根据口诀分别举例，对口诀进行详尽解释。这样，学生在理解口诀的基础上再对语法知识进行日常记忆与运用也就是小菜一碟了，同时使用这些口诀也提高了学生数词表达的正确率。

二是隐于对话联系之中，交际学语法。

吴老师说，学习语言的最终目的是为了能更好地交流，学习语法的目的是为了把握语句的正确构成方式，因此，语法与语句密不可分，只有通过大量的语句对话练习，才能更好地掌握语法知识。例如，在教学“there be”句型时，为了让学生更加熟练地使用这一知识点， 吴老师制作了一个纸盒子放在讲台上，并且让学生用“there be”句型猜里面放了什么，猜对的就可以得到里面的奖品。这样一来，学生的积极性大大提高，有的学生回答："There's a pen in your box．""There's a key in your box．""There's a flower in your box．"也有的学生回答："There are some candy in your box．""There are two apples in your box．"通过这样的问答方式，学生熟练地掌握了"there be"句型的应用及单复数词语的搭配，在轻松、活跃的课堂上学习了枯燥的语法知识。

三是隐于对比练习之中，辩证学语法。采用对比练习的方法，将容易混淆或者意义相似的词语或者语法点进行对比学习，引导学生进行突破、记忆、分析，找出知识点之间的异同，最终能让学生理解和掌握它们的用法。例如，在讲到介词的用法时，学生往往分不清楚in，on，at表示地点时的区别，于是，吴老师将这三个词进行对比学习，通过区分它们的不同之处和举出例句来让学生对比学习。学生很快就掌握了这些介词的简单用法。

最后吴老师指出，英语语法的学习方法多种多样，将语法隐于情境、练习之中都不失为一种好方法，它能让学生在轻松的教学环境中学会枯燥难懂的语法知识，让学生在情境和练习中发现语法规律，进而掌握和运用语法规律。

教语法离不开讲句型，如能讲一讲自己具体是如何教某种句型的，其实是初步写作时的好题目。如江苏省苏州市吴江青云小学吕玉兰老师《紧扣谓语，四步教句型》（原载《小学教学参考》2012年第7期）一文，就是这样一篇范文。吕老师开篇写道："句型教学在小学英语教学中占十分重要的位置，句型教学的方法很多。笔者认为在小学高年级阶段，适当地讲讲语法，说说句子的结构，能帮助学生更清晰地理解句子的构造。笔者在教授句子时，通过抓住'谓语'这个重心，先让学生掌握句型的结构，学会随心所欲地改写句子，最终过渡到用英语思维，会综合使用句子来说一段完整的话。经过多年的对比验证，这'四步法'对学生句型的学习非常有帮助，对后进生成绩的提高有明显作用。"接下来，就具体讲述这四步：

第一步，和学生分享"主谓"语法概念。

吕老师说："Today I and Wang Bing in the playground play basketball．"许多教师肯定都看到过学生写这样的句子，我们也看得懂，能理解学生在说什么，但是这样的句子在英语里肯定是错误的。导致学生写出这样句子的原因是他们刚学英语没多久，不知道英语句子的语序是怎样的。在学生们看来，翻译就是把单词从记忆库里搜罗出来，然后逐字摆出即可，他们的思维还被框在中文的顺序里。作为教师，我们应该明确地告诉学生：中文的语序和英文是不同的。英文句子的基本结构是主谓宾，“主”是句子的主人，往往是某人或某物，“宾”是句子的客人，是“被……”的人或物，句中的谓语非常重要，所有的时态都会在谓语上呈现。在小学阶段，谓语主要是be动词或者像run、jump、like这样的动词。通常一个英文陈述句的大致结构应该是：人（或物）+做某事（谓）+在某地（或某时）。我们可以用一个游戏来帮助学生巩固句型：把学生分成四人一组，教师在上面给出四个大信封，第一个信封里装着人物名称，第二个信封里装处所，第三个信封装时间，最后一个信封里装谓语动词，要求每个学生到一个信封里去摸一张字条，然后四人合力把它们凑成一句完整的主谓宾句子。这样的游戏非常有意思，学生在不知不觉中掌握了句子的顺序，在今后的翻译练习中基本就不会再把句子的结构写错了。

第二步，抓住谓语，“人化”助动词，尝试改句子。

吕老师说，在英语句型练习中，改写句子是比较常见的，也是令大多数学生头痛的事。小学英语教材的内容浅，语言范围小，改写句子的类型虽然很多，但以“改一般疑问句”“改否定句”和“对画线部分提问”居多，放眼这些形形色色的改写，最终都是对谓语的改写。因此，教师首先要训练学生一眼就能看出哪个部分是句子的谓语，然后选用不同的助动词进行改写，助动词包括be动词、情态助动词和do类助动词。be动词在小学阶段包括is / am / are以及它们的过去式形态；情态动词，表达说话人的态度，不能单独做谓语，必须和动词一起构成谓语。do类助动词本身没有词义，包括 do / does / did，要与实义动词一起构成谓语动词的时态。教师们对句型改写的公式自然是滚瓜烂熟：一般疑问句，有be动词的把be动词提前，有情态动词的把情态动词提前，没有be动词也没有情态动词的，在句首加do / does / did。但这样的公式在小学生看来却十分乏味、抽象。为了让这个公式更容易被学生记住，我想了个办法：告诉学生be动词是老大，情态动词是老二，do是老幺，在改写一般疑问句的时候先喊老大“出列”，老大不在喊老二，如果老二也不在的就只能加老幺，老幺是面照妖镜，任何谓语动词看到它都能被打回原形。这样的教法学生觉得很有趣，又浅显易懂，改写一般疑问句也就不费吹灰之力了。用类似的方法教否定句、对画线部分提问，学生听得津津有味，学习效率也大大提高。

第三步，借助竞赛，运用谓语动词造句子。

吴老师说，给出一个谓语动词，把全班学生分成两组比赛，看哪组学生能围绕这个动词说更多的句子，这是我课上经常用来检查学生时态掌握程度的方法。例如，在warming up的时候，我会给出run这个动词，看哪组学生能快速地说出更多的句子，如I run in the morning. She runs. They run. I’m running. He can run. Mum can’t run. I’m going to run. 从学生们快速说出的句子中，我可以检查他们对语法的掌握程度，同时反馈给他们正确的信息，比如she后面一定要用runs，因为she是第三人称单数。有时我也会换换形式，用倒计时的方法看看哪组在限定的时间内说出更多语法正确的句子。这样的竞赛，学生精神高度紧张，注意力高度集中，参与的面又广，所占用的时间非常少，对句子结构和语法巩固起到了非常大的作用。

第四步，借助谓语提示，看图说话，综合用句型。

吴老师说，句子是表达思想感情最基本的语言单位，在学生正确的掌握了句子的基本结构、了解了怎样运用时态以后，就得进入下一个更高级的阶段——紧扣所给动词，进行看图说话。这一阶段训练学生如何把已知的、单一的、机械的句子组织起来，加工成一段通顺的话。刚开始训练的时候最好用4～5张内容相关的图片，图片内容要贴近学生的实际，每张图片上都出示一个提示性的谓语动词，学生依据图片和谓语提示讲几句话，再想办法把这些句子编成一个简单的故事。这种形式比“运用动词造句子”更加需要连贯性、发散性，可以培养学生用英语思维的习惯，学生可以联系所学知识用很多以前学过的句型说话和交流。图片和动词提示降低了“说”的难度，激起了学生学习的兴趣和积极性，并把学生从书本引到生活中来，实现了从知识到技能的转化。

吕老师最后小结说：“其实，英语句型教授的方法很多，主要是看我们教师如何针对小学生活泼好动的特点，在教学方法和教学条理上多下功夫，力求深入浅出、层层递进、变繁为简而又恰到好处地传授，从而营造出浓厚的英语学习氛围，充分调动学生各种智力因素和非智力因素，使学生不知不觉地投入到学习当中，兴趣盎然地学习。”

怎么样，这是不是一篇言之有物的好文章？值得我们学习！

（八）思路八：讲述自己是怎样教阅读的

江苏省常州市武进区坂上小学庄华英老师《“新、细、全”——小学英语阅读教学三步骤》（原载《小学教学参考》2011年第4期）一文，用“新、细、全”三个字，概括了她小学英语阅读教学的心得。文章开篇写道：“阅读教学在英语教学中起着十分重要的作用。小学阶段的阅读教学主要是培养学生的阅读技巧、良好的阅读习惯和学生准确的阅读理解能力。教师在教学中进行有效的阅读方法指导非常重要，应体现出‘新’‘细’‘全’的教学方法。”文章分为三个大标题，分别对应这三个字。每一大标题下，有实例及评析。

第一个大标题是：“有效突破新知识”。

庄老师举例说，这是一节六年级的故事阅读课，题目为“Life in the Arctic”。该篇课文的主要词汇是Arctic，igloo and shopping mall。

T：“Now Changzhou is very hot. But there is a very cold place. It's snowing. Where is it? ”（课件展示，教师讲解）

Si：Arctic.（Students read and spell the word）

T：Can you make an igloo?

S2：Yes.（Using the toy bricks）

T：What colour is it? What shape is it?

Ss：Red，triangle；yellow，square；green.

T. Let's look at an advertising. What are they doing?

S3：Go fishing.

T：What can you think of?

S4：Shopping mall.

庄老师评析道：

教师突破新知的方法新颖，利用课件辅助手段到位，开课阶段很快地抓住了学生的注意力。首先，教师利用问题设疑。通过观看一段北极音像资料和教师恰到好处的英文讲解，学生很快获得了问题的答案“Arctic”；第二阶段中，对“igloo”新词的教学也是活灵活现。教师将彩色积木作为教具，让一个学生上台在投影仪上拼成一个igloo，并引导其他学生在此过程中用英语同步说出积木的颜色和形状，最终学生说出“igloo”这个词；第三阶段中，教师通过导入一段学生熟悉的电视广告shopping mall。广告正是科考队在北极钓鱼的片断，学生不仅很快说出“go fishing”的短语，而且也了解了在北极钓鱼与在平日钓鱼的不同方法。教师再呈现超级市场中各种鱼产品，使学生很快领悟到“shopping mall”这个短语，并进行了拼读，也了解了拼读的技巧。

从以上案例我们不难发现有效进行新知突破在阅读教学中的重要性。同时，教师要准确地把握教学主线与新知教授的完美结合，才能为阅读教学中的“细节”处理环节和“全文”学习环节打好基础。

第二个大标题是：“注重‘细节’的渗透到位”。

庄老师举例说，六年级阅读课《Life in the Arctic》知识点的细节处理：

T：Let’s read and mime “boring”.

S：Boring.（学生模仿厌恶的表情并配以惟妙惟肖的动作）

T：Let’s read the sentence：“There are no shopping malls，no playgrounds and there’s no TV.”（生读）

T：What does Nicola do in the three days?

（Students listen to the story）

庄老师评析道：

此片段，教师首先注意到了“boring”一词在全篇故事中出现的频率较高。因此，教师首先让学生模仿表演和说出该词。然后，教师注重教授朗读技巧，如句子的连读、轻重音区分和停顿等，提高了学生朗读能力。最后，教师采用了归纳教学法，让学生归纳主人公Nicola三天的北极生活，使学生的阅读技巧不断进步，并从中增强了学生的学习自信心。

第三个大标题是：“处理‘全文’，整体感知”。

庄老师举例说，在听完这节研究课后，她认真地思考了教师如何在故事理解的环节中，自然地渗透阅读方法，让学生能够更好地感知全文。她是这样设计的：

1. The pupils listen to the whole story.

2. The teacher asks some questions. The pupils listen to the story again.

Questions：

（1）How many characters are in the story? Who are they?

（2）How is Nicola's feeling?

（3）Tell me some sentences that you don't understand.

3. The pupils listen to the story the third time and look at their books.

Question：Can you tell the whole story with several sentences?

4. Homework：

（1）Please write the whole story in your own words.

（2）Write a similar story.

庄老师评析道：

在小学高年级阅读教学中，教师要注重学生整体感知全文的能力。通过反复听全文，以及穿插教师的简短问题，学生能结合上下文理解句子，养成用英语阅读的习惯，提高分析能力。在课堂教学中，教师让学生用简短的几句话复述课文，能培养学生间接处理全文的能力；在作业设计中，教师可以通过让学生用自己的语言复述故事或模仿写简单的故事的方法，培养学生理解全篇的能力，也逐步锻炼学生改编故事的能力，为学生阅读能力的全面发展拓宽了学习渠道。

庄老师最后小结说，有效地进行"新知"的突破，"细节"的渗透到位，"全文"完整处理，并通过长期的阅读训练，学生能从中积累许多的阅读技巧，阅读能力定会不断提高。

请看，庄老师将自己阅读教学的心得用三个字一概括，这篇文章的框架就出来了。那么，我们不妨借鉴一下，除了这三个字，我们自己还可有别的什么字可以概括阅读教学或其他教学的心得吗？

另外，特别推荐一线小学英语教师结合网络环境来写文章。江苏省南通开发区实验小学西校区刘建娟老师《基于网络的小学英语绘本阅读教学》（原载《小学教学参考》2011年第9期）一文，就是这一写作思路的一篇佳作。刘老师首先写道：

> 基于网络的小学英语绘本阅读教学，就是充分利用网上的现有英语绘本资料，由教师根据学生的实际英语能力推荐相应的绘本让学生阅读。网络上的英语绘本大都图文并茂，具有完整的情节性，有的感人，有的充满哲理，有的令人深思。它们很能激起小学生的阅读激情，同时也激起教师的教学激情。网上丰富的绘本资源是强大的交互视听文本，更是教师教

给学生的最好“食粮”。那么，在实际操作中，应怎样进行网络英语绘本阅读教学呢？

下面，分成四个大标题，展开叙述：

第一个大标题是：“利用网络英语绘本，提高学生的阅读技巧”。

刘老师说，小学生要初步掌握一定的阅读技巧。教师在选择英语绘本时，应考虑这篇绘本是否适合学生阅读，当学生在阅读中遇到生词、语法怎么办？目前各大书店有很多英语读物，但是有很多学生读不懂。英语教师可根据教学的进度和学生的实际英语水平，在网上找到相应的英语绘本供学生阅读。学生在阅读时遇到障碍，可借助绘本本身的图片理解，或让学生通过揣测上下文，或根据几个句子的意群来分析生词、句子的意思。绘本又称图画书，绝大多数学生都能在图片的辅助下理解全文。教师在辅导学生阅读英语绘本时，可以把精读与泛读两种形式相结合，让学生读透。比如，对六年级的学生可以增加*The Giving Tree*，和 *Three Wishes*等绘本的阅读。*The Giving Tree*适宜泛读，读完后学生能明白做人的道理；而*Three Wishes*适宜精读，教师鼓励学生通读此文后，要进行听、说、读、写全方面地训练，尤其要让学生尝试写自己的愿望并表达出自己的愿望。

第二个大标题是：“利用网络英语绘本，培养学生的阅读素养”。

刘老师分为三点来谈：

一是培养学生的阅读兴趣与动机。刘老师说，兴趣是最好的老师，要让学生爱上英语，首先要让学生爱读英语书籍。针对小学生的年龄特点，小学英语绘本是很适合学生进行英语阅读的。网上的英语绘本绝大多数都有flash视频（如小精灵网站），图文并茂的有声文本深深吸引了学生，教师得当的讲解更能让学生流连忘返。持续的英语阅读兴趣是学生学习英语的基石。

二是培养学生的阅读积累与反思习惯。刘老师说，丰富的语言要靠不断的积累。小学英语绘本适合学生英语积累的需要，因为绘本所涵盖的内容远比教材文本所提供的内容丰富，但是只注重大量的语言输入而不注意积累，就达不到相应的语言输出。教师可利用网络英语绘本的趣味性，让学生快乐地积累文本中出现的词汇、谚语、俗语等英语知识。当然，仅有积累是不够的，还要鼓励学生反思何时何地可以运用这些语言知识。反思的过程，才是真正吸收文本内容的过程。

三是培养学生的阅读品位和跨文化交际意识。刘老师说，教师利用网络英语绘本，启发学生阅读英语经典文本，激发学生与经典同行，有利于学生提升自己的阅读品位，有利于学生了解真正的英语文化，防止出现中式英语的现象，也有利于学生提升他们的英语文学修养和跨文化交际的能力。网络上常见的英语绘本如The Three Robbers，Little Red Riding Hood，The Three Pigs，这些绘本生动有趣，非常经典。如果学生经过这样的文化浸润，他们的英语水平是会突飞猛进的。

第三个大标题是："利用网络英语绘本，丰富小学英语阅读资源"。

刘老师说，目前，市面上适合学生阅读的英语文本不太多，学校图书馆里也很少有少儿英语读物。因此，英语教师有责任创编适合学生的校本读物。网络绘本是最经济、最便捷的儿童英语读物，教师可提供网站直接让学生阅读，或择优下载推荐给学生阅读。只有丰富了英语阅读教学资源，学生学习英语才不会是"纸上谈兵"或"无米之炊"。

第四个大标题是："利用网络英语绘本，拓展学生阅读领域"。

刘老师说，小学英语课文虽然是围绕着很多话题展开，但是纵观整套教材，文本本身所涉及的领域不宽，有些甚至是学生不感兴趣的话题，使学生学习的知识面偏窄。因此，拓展学生的阅读领域显得非常必要。牛津小学英语编排中缺少很多关于大自然现象、动植物变化及发展的浅显英语文本，更缺少适合儿童的童话故事，所以英语教师可以利用网络绘本进行大胆的补充和拓展。如牛津小学英语5B Unit 8 At the weekends这一单元中提到了周末及动物的话题，教师在教这个单元时，可以加入网络绘本来拓展学生的阅读面。如绘本*A Weekend with Wendell*，*I Love You*，*Wait for wings*，它们不仅内容充满童趣，而且很有教育意义。

刘老师最后说，网络上的英语绘本是一个巨大的图文教学库，教师要善于把这些绘本用于英语阅读教学。

刘老师这篇文章，选题不错，但如果实例再丰富一些，或许会更为完美。

（九）思路九：讲述自己是怎样教写作的

江苏省镇江市京口区实验小学张洁老师《试论小学英语任务型写作》（原载《小学教学参考》2012年第10期）一文，开始用两个自然段，讲了小学英语教学中写作的意义与作用，接下来用三个大标题展开论述：

第一个大标题："任务要有针对性"。

张老师说，我们的英语教材是按话题来划分单元教学的，功能性强。在设计写作任务时，紧扣学生最近正在学习的内容，能使学生灵活运用所学的语言，并能强化学生的英语思维习惯。如在学习了Holidays后，请学生介绍自己最喜欢的节日；学习日期、生日的有关内容，就让学生写一篇介绍自己和家人生日的文章……来源于生活的写作内容，让学生有话可写。但由于中英文化的差异，很多学生到了写作时，就会出现所谓的Chinglish。

张老师说，由于学生的生活经历和知识水平存在差异，教师在设计任务时也要有不同的形式与层次，这样才能够真正的面向全体，使不同水平的学生都能参与到写作练习中，并能通过完成任务发展自己的语言运用能力。例如，介绍生日以及想要的生日礼物，教师可以提出三种不同的要求，供不同水平的学生选择：①介绍生日时具体到某一天，如"on the first of June"；②用月份介绍，如"in June"；③直接介绍，如"Someone's birthday is coming"。想要的礼物可以用would like来介绍，也可用want或是like来介绍。针对不同层次的学生，提供不同层次的知识链接，让他们都能写出令人满意的小文章。

在写作技巧方面的训练也要有针对性，教师要教会学生使用关联词、总结性的词语，灵活运用同义词、反问句等。例如，在学生自己动手做了一把小扇子后，布置他们写制作过程，就可以强调用序数词、关联词来连接各个制作步骤。在批改中，教师就要有针对性地检查学生对这些词的掌握情况。

第二个大标题："任务要有梯度性"。

张老师说，任务的设计应由简到繁，由易到难，层层递进；若有高级任务，需涵盖初级任务，构成"任务链"。再以Holidays为例，教师可设计这样几个任务：①中国有哪些传统节日？②你最喜欢哪个节日？

③这个节日有哪些风俗特征？④你为什么最喜欢这个节日？层层递进的任务设计分开看是四个任务，综合起来就是一个大任务。这些任务的设计由易到难，随着语言输入量的不断增加，学生语言输出的能力也得到了逐步提高。

第三个大标题：“任务要有延续性”。

张老师说，写作的训练，并不是单词的简单堆砌，而是语言的综合运用。针对那些学有余力的学生，任务的设计要有后续性，让他们有发挥的空间。例如，在题为“I have...”练习中，学生可以开拓思维，写多写少，由他们自己决定。可以写自己拥有的朋友或家人；可以就自己拥有的某一样东西做具体介绍。那些能力相对薄弱的学生，若能写出一连串自己拥有的物品的名称，也是进步；而基础较好的学生，则要求他们根据自己的能力写出完整的内容。

张老师指出，值得注意的是，单纯地练习写作，与教科书脱离是不可取的。背诵教科书中的内容，感受其结构的连贯与灵活，找到其中类似语文写作的排比、反问等特殊表达方式，都是提高学生写作技能与质量的最好途径。日常练习中，碰到好的短文分析，教师也可适当对其用词技巧加以讲解，融合到写作教学，结合教科书上的内容和生活实际，教授一些英语中的习惯用语和名句，这不仅对学生的英语写作有帮助，而且对学生整体素养的提高也是大有益处的。

张老师说，书本上的内容是成人写出来的，离孩子们太远。而身边同学写出来的作文，则是孩子们学习的最好范例。所以在每次习作后，张老师都会留点时间给学生，让他们朗读自己的作品，其他学生在倾听同学朗读时也正好练练听力。教师再做点评，说出哪里写得好，怎样写会更好。这样的现身说法，既让学生有独立思考的空间，又让他们有机会相互学习，集思广益，取人之长，补己之短。

张老师最后说，教师应尝试着让英语这一国际视野的语言工具的作用发挥到极致，让学生不仅仅是说外语，而且能用英语作为语言工具，展示我们自己的传统文化，让世界认识我们。真心希望学生能用英语写出自己的心声，写出快乐的英语！

张老师这篇文章总体来说不错，但题目似稍显大，不如改成“谈小学英语任务型写作‘三性’”一类，更切题些。

（十）思路十：讲述自己留作业的独到方法

江苏省兴化市昭阳实验小学陈岚老师《英语课外作业设计初探》（原载《小学教学参考》2011年第8期）一文，讲述了自己留作业的独到之处。陈老师开篇指出："英语课外作业是对课堂教学的有效延伸，是英语教学中不可缺少的环节。如果能按照新课程理念，创新地进行英语作业的设计，使英语作业生活化、情趣化，定能让学生在课外同样进行有效的英语学习，获得积极的情感体验，激发学习兴趣，提高学习效率。"

下面，分为五个大标题进行叙述：

第一个大标题是："设计童趣性作业，让学生成为学习的热情者"。

陈老师说，兴趣是学生学习的动力源泉，学生对学习有兴趣，学起来就会轻松愉快，思维也最活跃有效，学习就能起到事半功倍的效果。教师在设计英语作业时，应根据教学内容以及学生的生理和心理特点，设计一些让学生感兴趣的作业。例如，26个字母的教学在整个英语教学中是重点，又是比较枯燥的，如何把它转化为学生感兴趣的内容呢？上课前，不妨先让学生搜集一些英文广告、商标等，让他们初步体会到英语就在自己身边，身边处处都有英语。学生学趣盎然，反馈回来的作业也十分丰富，如CCTV，Made in China， WTO等。利用他们搜集到的这些资料进行字母教学，学生学习兴趣倍增，取得了令人意想不到的效果。

第二个大标题是："设计探究性作业，让学生成为学习的探索者"。

陈老师说，学生完成作业也是一种学习活动，但有效的学习活动不是单纯依赖模仿与记忆，而是学生动手实践、自主探索与合作交流的过程，这样学生对知识和技能才能真正理解和掌握。为此，教师在设计作业时，要根据教学内容以及学生已有的学习经验，设计一些以学生主动探索、操作、思考和合作为主的探究性作业，使学生在作业中成为问题的探索者。例如，学过一些中外传统节日之后，可以让学生自己制作英语卡片、南瓜灯、圣诞帽等一些小玩意，让他们各显神通，自由发挥，然后再让他们用简短的英语介绍这些物品的制作过程及步骤，这样既培养学生的动手操作能力，又为口语训练提供了极好的素材。

第三个大标题是："设计层次性作业，让学生成为学习的成功者"。

陈老师说，学生不可避免地在英语语言技能、语言知识上存在差异，单一性教学目标、统一性教学内容难以满足不同层次学生的学习需求。我们应关注到学生个体间的差异性和不均衡性，设计层次性作业，为每一个层次的学生提供不同的"菜单"，使每个学生都能成为学习的成功者。例如，在学习完圣诞节之后。可以设计这样的课外作业：1.向父母介绍 Christmas（圣诞节）的来历及庆祝方式。2.比较中西方春节、圣诞节这两个传统节日在来历、庆祝方式等的异同并列出表格，于第二天上课时介绍。3. 春节来临，几个外国朋友要来你家做客，你将怎样做好一个东道主呢？请小组合作，编好一个短剧。这样的作业分别体现了重基础、重综合、重创造的层次设计，通过对学生学习水平的准确定位，使每个学生都能根据自己的能力，选择适合自己的作业以巩固所学知识。

第四个大标题是："设计创造性作业，让学生成为学习的创新者"。

陈老师说，创造性的作业，可以提高学生学习英语的兴趣和语言实践能力。根据教材和学生的实际情况，除了让学生抄写单词及对话外，也可以让学生进行一些模仿创造的练习。如教学完Book3 Lesson7后，可以让学生模仿课文，以"My father and mother's bedroom"为题，自编自创一段对话。再如教学完Book 2 Lesson 11后，为了让学生熟练掌握"What's this / that? What are these / those? "句型，陈老师布置了这样的作业：先设计两幅图，在近处和远处分别画上不同的物品，再给图配上对话。如此不着痕迹地检查了学生对远近、单复数的掌握情况。并且学生对此兴趣很浓，他们展开丰富的想象，画出了许多色彩缤纷的图画，而且图旁边的对话也写得格外工整。这样，不仅促进了学生英语能力的全面发展，而且有效地避免了作业的单调乏味，学生兴趣盎然地完成作业的同时，经历了一个自主创造的过程。

第五个大标题是："设计多元性作业，让学生成为学习的主体者"。

陈老师指出，《英语课程标准》强调，教学应该通过设计真实、复杂和具有挑战性的问题情境，诱发、驱动并支撑学习者的探索、思考与解决问题这种积极的学习活动，帮助学习者成为学习活动的主体。所以，教师要寻求作业创新，设计形式多样、多元化的作业。陈老师将过去单一的文本作业，尝试改进为包括自我选择性作业、人文性作业、操作性作业、趣味表演性作业、实践性作业等多种类型的作业。让学生在作业时以画图、剪报、查资料，甚至是手工制作等方式来完成；鼓励学生以看、听、摸和想象等多种感官感受知识的存在，进行学问的探讨，完成生动活泼、精彩纷呈的作业。例如，在教授《Halloween》一课时，让学生画一幅他们想象中的节日景象，想象各种花灯的颜色、人们的活动，并尽可能用英语表达。然后课后结合地方特点，让学生通过各种渠道收集有关家乡的知识、当地的名胜古迹，并用各种形式来展示，用英语做简单的描述或说明。第二天，学生有的做好了知识卡片，有的画出了美丽的图画，还有的剪出了美丽的剪纸……做这样的作业，学生兴奋，教师高兴。这样，作业就不仅是一个载体，而且是一个极好的凭借，它给学生一个起点、一个支点。由此，激发学生调动多方面的感官体验，调动学生的情绪活动，让学生在愉悦合理的情境中，利用生活和学习中熟悉的材料来挖掘和展示潜能，并与这些材料或环境不断产生互动，自然地显现出各自不同的智力类型和能力倾向。学生不仅获得了许多知识信息，锻炼了全面参与学习的能力，还得到了大量的愉快而难忘的体验，真正成为学习的主体。

最后，陈老师用一句话小结全文："英语课外作业的设计要面向全体学生，从培养学生的兴趣，发展学生的能力出发，为提高教学质量服务。"

三

关于小学英语教材的研究

（一）思路一：评价新教材的优缺点

一套新的教材发行后，或旧的教材出新的版本后，迅速写出相关的评价文章，发表的概率是比较高的。“评价”，当然是包括评价和介绍两方面的内容，新教材大家还不太熟悉，文章开始应客观地介绍几句，让大家有所了解。“评”的部分当然就带有主观成分了，自然是见仁见智。作为一线教师，最好是实实在在地说一说自己的使用心得。

作为一线教师，针对新教材写文章应该说是有优势的。例如江苏省张家港外国语学校葛文山老师就曾谈到，他所写的第一篇论文《浅谈课文教学中问题的设置》，就是谈新教材的。他说：

> 当时，我教授的是中英合编新教材SEFC。该套教材的课文阅读量大，话题广泛，信息量多，教学难度大，不同于自己读高中时使用的英语教材。带着这些困惑，我常去听老教师的课，参与集体教研，查阅相关文献，反思自己的教学实践，总结出设计质量高、针对性强的问题的方法，对学生的阅读过程加以科学引导、监控和检测。
>
> 文章一写好，我就抱着试试看的态度，把文章投递给中小学英语教学界的权威杂志《中小学外语教学》。时隔不久，我意外地收到稿件录用通知书和修改意见。根据编辑部的意见，我对文章的某些语言表达和文章结构作了修改和调整。该文发表于《中小学外语教学》2000年第3期上。这篇文章的成功发表一方面要感谢该编辑部“认稿不认人”、严肃认真的发稿原则，另一方面也得益于自己勤学善思、乐于动笔的科研精神。（《与青年英语教师谈如何写科研论文》，载《中小学外语教学·中学版》，2009年第9期）

（二）思路二：从教材的使用入手

山东省高唐县第三实验小学宋俊华老师《课本插图在小学英语教学中的运用》（原载《山东教育（小学）》2013年第11期）一文，专讲如何运用教材中的插图，文章不长但言之有物。宋老师首先写道：“课本插图是小学英语教材的有机组成部分，与文本信息紧密结合，是最直观最简便的教具和学具。形象直观的画面描绘了一定的情境、语境，概括了课文的主要情节，便于学生感知、认识、理解和记忆，同时为语言的学习创造了条件，为口语交际创设了真实的语境。”

下面分成五个大标题，实际是讲利用教材插图的五种方法：

其一，“利用插图导入新课”。

宋老师说，课前在学生不知道文本内容的事情况下，利用挂图或多媒体出示课文插图，让学生仔细观察，认真分析讨论，猜测发生了什么事，图中人物可能会说些什么，试着用学过的语汇描述其中的内容。然后再提出问题，引出课文情境，导入课题。例如在学外研版第六册Module Unit 1 We lived in a small house时，先出示Activity 3的两幅插图，请学生观察四年之前与现在生活有哪些不同，然后出示Amy与Lingling对话的插图以及电视上老夫人与记者对话的插图，让学生猜测一下对话的内容，再提出问题：想知道老夫人许多年以前和现在的生活有什么不同吗？由此导入新课的学习。

其二，“利用插图激发学生的学习兴趣”。

宋老师说，过去的教材一般都是文字描述，比较枯燥、单调，密密麻麻的，极易使人产生视觉疲劳，导致厌倦情绪。而内容丰富多彩的课文插图，符合小学生心理和年龄特点及认知规律，直观地反映教材的主题，从感官上俘获学生的注意力。将抽象的语言词句变成了形象有趣的图画，激发了学生对故事情节的想象力和求知欲，有效地降低了学生的学习难度，从而激发起学生的学习兴趣。

其三，“利用插图加深对文本的理解”。

宋老师说，利用插图很容易吸引学生的注意力，可使各种感官如眼、脑、耳、口、手共同活动，多角度、多层次地感知材料，领悟能力增强，记忆效果就会最好。同时教师应充分挖掘插图的内涵，根据教学需要恰如其分地利用好课文插图来辅助教学，提高教学的实效性。

其四，“利用插图进行句型操练”。

宋老师举例说，如在外研版第八册，学习Module 3 Unit 1 The sun is shining时，我就充分利用了Activity 1和Activity 3的课文插图，反复进行操练 be+动词ing表示正在发生的事情这一语言功能。最大限度地为学生提供了语言实践的机会，加大了口语交流的实践量，提高了学生的语言表达和运用能力，巩固和强化了本节课所学知识，提高了学习效率。

其五，“利用插图梳理和复述模块知识”。

宋老师最后说，如在外研版第七册，复习Module 2时，利用Unit1 Activity2 “Listen and say” 部分的插图和Unit2 Activity 1 “Look, listen and find” 中的六幅插图把美国的唐人街和中国的名胜运用there's和there're句型做了对比，同时充分利用Unit 1 Activity3 “Look and say” 中的插图操练there be句型，将本模块的知识进行梳理、复述。通过大量的实践，让学生自己总结本节课学到了些什么，什么时候用there is，什么时候用there are。以此培养学生的归纳总结能力。

江苏省如皋市实验小学叶培老师《如何创造性地使用小学英语教材》（原载《小学教学参考》2010年第3期）一文，则更宏观一些，全文分为三个大标题：第一个大标题是“教师应更好地把握教材的定义”第二个大标题是“教师应通过需求分析，更好地选择教材”，第三个大标题是“教师应通过自己的取舍和调整，更好地使用教材”。全文最长，也是最精彩的内容，在第三部分。其下又列有五个小标题：

1. 删减
2. 补充
3. 替换
4. 拓展
5. 调整和整合

每一小标题下，都说得比较具体。如“补充”下，叶老师写道：

补充相关话题的词汇、结构、语篇、文化背景知识等。如在《Colors》单元，教材出示了“white，black， green，red，orange，brown，yellow，blue”等常用颜色单词，我们可以通过这些颜色单词向学生渗透相关的英语国家文化的知识。如white在西方国家是“圣洁、高贵”的象征，而在中国则意味着“疾病、死亡”；不少颜色单词同时还是人的姓氏，像white（怀特）、Black（布莱克）、 Brown（布朗）、Green（格林）等。对教材内容补充时要注意以下几点：（1）补充的内容不宜过多，否则可能造成喧宾夺主的结果；（2）补充的内容不能过多地增加学生的学习负担；（3）不能单纯为了考试的目的而补充内容，尤其是不能补充大量的复习题和模拟考试题；（4）补充的内容最好与学生的现实生活有关；

（5）一般情况下，补充的内容不宜作为阶段性或期中考试的考查内容。

再如“调整和整合”下，叶老师写道：

根据学生的实际情况，如现有水平、接受能力等，对教材内容的顺序进行适当的调整，或提前或推后教学。另外，单元中不同的教学模块是开放的、灵活的，教师可以根据教学的实际需求在板块与板块之间进行移动重组，比如语音和对话、语法和课文、阅读和写作等。如《小学牛津英语》教材单元教学中“1. Read and say”“2. Look，read and learn”“3. Ask and answer”就可以先进行“2 . Look，read and learn”和“3. Ask and answer”的教学，在扫清了课文中基本生词和句型的基础上，再回到“1. Read and say”的课文部分，这就大大降低了学生对课文阅读理解的难度。

其实，这篇文章还不如就专门讲一线教师利用小英教材的方法，题目也可改为“小学英语教材利用法”一类。

（三）思路三：从教材史的角度入手

已经退出“现役”的教材，就成为了历史，但历史会拉开我们观察事物的角度，往往会有新的收获。目前这类文章往往集中在四个时间段：一是将新课标前的教材与新课标后的教材做比较，一是将民国时的教材与当下的教材做比较。

例如，徐炜炜老师《对苏教版两套小学一年级语文教材的生字问题的比较研究》（原载《上海教育科研》2007年第7期）一文，对新课标颁布前后出版的两套苏教版小学一年级语文教科书进行比较，从识字量的多少、常用字的选用、识字等级的分布等角度对这两套教科书进行了比较分析，认为新版教科书在识字量的确定上较老教材更为科学合理；但在字种的选择、字序的编排等方面仍存在明显不足。造成这一不足的两大原因在于新课标未对字种与字序进行一定的规约以及人们对字频研究结果的长期忽视。

又如，李德显、于立娜老师的《小学一年级下学期语文教材的对比分析——以课改前后人教社两版教材为例》（原载《教育理论与实践》

2007年第11期）一文，比较分析了课改前后人教社两版小学一年级下学期语文教科书，认为两版教科书在知识结构、教材内容、编排形式等方面都各具特点。概言之，与旧教科书相比，新教科书有以下优点：新教科书更注重教学内容的整体性和系统性；新教科书的编写由关注教师的“教”转向方便学生的“学”，由教本转向学本；新教科书强调同类知识的分散学习；新教科书的弹性更大。

（四）思路四：中外教材的比较研究

山东省单县二中孙东晖老师、北京师范大学孙迎辉老师合写的《国外英语教材的编写特色及设计思路评析》（原载《中小学外语教学（中学篇）》2007年第8期）一文，全文约5000字，分为以下几个大标题：

一、引言

二、国外英语教材的特点

三、国外英语教材的设计思路

四、国外英语教材评析

五、对国内英语教材编写的启示

文章一上来即为第一个大标题，作者指出：

教材是教师教学、学生学习的主要材料，同时也是课程体系及课程实施中的重要组成部分。正如Cunningsworth（2002）所言，教材对教学内容和教学性质产生的影响是其他因素所不能比拟的。目前，中国外语教学的发展日新月异，英语教材的编写也出现了前所未有的繁荣局面。在许多大、中、小学校中，除了国内一些知名出版社组织中国专家编写的各类英语教材外，不少国外教材也作为主要教材或辅助材料被广泛使用。国外英语教材的引进和使用不仅有力地促进了我国英语教学的发展，对我国英语教材的建设也起到了重要的借鉴和启示作用。

第二个大标题“国外英语教材的特点”下，作者首先介绍说：

多数国外英语教材不像国内教材那样分小学、初中、高中、大学和研究生教材，而是根据学习者的学习水平，分为入门级、初级、中级、中高级和高级等类型。在历年引进的各类国外英语教材中，不乏对中国学习者产生重大影响的教材，如*English 900*（《英语900句》），*New Concept English*（《新概念英语》），*English This Way*

（《这样学英语》），*New Active English*（《新活用英语》），*Access English*（《捷径英语》），*Situational English*（《情景英语》），*New Prince English*（《新王子英语》），*Follow Me*（《跟我学》），*First Certificate Course*（《剑桥英语第一证书》），*Handshake*（《握手》），*Cambridge English for Schools*（《剑桥英语学生用书》），*New Headway*（《新编前进英语》）等。这些教材深受同时代语言学及语言教学理论的影响，具有很强的时代性和社会性，与各个时期社会的发展和需求紧密相连。

二位作者指出，与早些年引进的英语教材相比，近年引进的国外教材编写思路更为灵活，突出交互性、任务型方式，话题贴近生活，文化背景知识丰富，信息量大，图片丰富，印制精美。

在第三个大标题下，作者具体介绍了英国牛津大学出版社出版的*New Head Way*教材的设计思路，在此从略。

在第四个大标题下，认为国外教材在这样几个方面十分突出：一是语言输入量大，远远高于国内教材；二是教材选材更多，编排合理；三是词汇量通常是国内教材的2～3倍，甚至有的达到4倍；四是比较重视趣味性和活动性，有不少具有挑战性，不少是需要去图书馆等查资料才能完成的。

在第五个大标题下，作者认为国外教材有许多值得借鉴的地方，指出“国内英语教材的编写者应注意吸收国外教材的优点，有步骤、有目的地增加词汇量及语言的真实度；在选材上，拓宽教材内容的范围，使学生积累广泛的语言知识；同时注意设计形式多样、内容丰富的教学活动，使学生积极地参与到语言实践中，真正提高他们的交际能力和语言应用能力”。

该文后注明了文章所分析的国内外教材的基本信息。

四

关于学生管理的研究

几乎每一位老师都从事过学生管理工作，比如班主任、学校团委辅导员等，可能也都主持过家长会，进行过家访。作为年轻教师，就更跑不了要兼任班主任工作了。所以，从自身做学生管理工作的经验体会出发，来写些文章，也是一线教师一个不错的选择，这方面的研究主要的写作思路有：

（一）思路一：从理论角度论述学生管理工作

例如上海市闵行区华坪小学陆敏老师《如何运用“问题意识”解决班级问题》（原载《班主任》2009年第5期）一文，指出班主任一定要提高自己的问题意识，抓住并解决班级存在的主要问题，从而提高学生管理工作的水平。又如广东省东莞市教师进修学校谭文绮老师《目标管理理论视野下的班级建设与管理》（原载《教学与管理（理论版）》2009年第5期）一文。将目标管理理论（MBO）引入学生管理，认为中学班级管理可分三步来进行：目标的确定、目标的实施、目标成果的评价，每一步均举有案例。

（二）思路二：讨论学生管理工作的地位、内容等

如果说“思路一”是将某一理论与学生管理工作交叉后所产生的思想火花，那么，“思路二”则是探讨学生管理工作的某一个方面，诸如历史、地位、内容等等。

山东省临沂八中王立华老师《中小学班主任工作改革三十年的回顾与展望》（原载《班主任之友（中学版）》2009年第1期）一文，是学生管理工作的历史方面的一篇力作。王立华老师将“文革”后三十年中小学班主任工作分为“制度构建”“理论探讨”和“实践架构”三个方面进行总结。从制度上看，国家1978年正式实施班主任津贴制度；1984年召开全国首届优秀班主任大会，2006年教育部接连出台文件，规定每个班必须配班主任等，标志着班主任制度逐步形成。从理论上看，王立华老师认为这三十年大致可划分为创建期、规范期和自主专业化期等几个阶段。从实践上看，1978年至1988年，为所谓“前范式时期”，1988年至2000年，是所谓“范式初建时期”，2006年至今，是所谓“范式转型时期”。最后，王立华老师认为：“班主任专业化，是班主任工作未

来的发展趋势。”

（三）思路三：关于学生管理工作的调查研究

以问卷调查为基础写作，是学生管理工作方面文章的常见思路。例如西华师范大学教育学院成云老师《普通高中班主任胜任力差异研究》（原载《教育研究与实验》2010年第1期）一文，选择四川、重庆、广东共28所普通高中班主任，采用自编问卷进行调研，并在问卷基础上进行结果分析，对不同学历、不同教龄、不同地区、不同性别等因素对班主任工作的影响，均有描述和分析，最后的结论是：“普通高中班主任胜任力结构中的专业素养特征在学历、教龄、地区、优秀与否上存在显著差异；其服务导向特征在性别上有显著差异；其问题技能特征在个体优秀与否方面差异显著；其协作意识特征在教龄和性别上存在显著差异。”

（四）思路四：有关管理者自身的探讨

管理者自身应具备怎样的素质、心态等，也是关于学生管理的热门话题。例如北京教育学院张红老师《关于班主任专业素质的思考》（原载《班主任》2009年第3期）一文，将班主任的专业素质概括为专业态度、专业思维方式和专业能力三个方面。认为：“班主任的日常工作行为可以简单地分为以事务管理为主的行政行为和以学生教育为主的专业行为。”“一般来说，用于行政行为的时间和精力越多，则其专业程度越低。”张红老师认为，班主任的专业行为包括领导行为、管理行为和教育行为。其中管理行为又可细化为常规管理、文化管理和危机管理。

（五）思路五：有关学生管理的具体做法

例如江苏省如皋师范学校附属小学孙小冬老师《我班的“民营”图书馆》（原载《班主任》2010年第7期）一文，记载了孙小冬老师让学生自己筹办图书馆，借阅图书每天2毛钱，所收费用75%归图书主人，25%归图书馆公有，效果很好。孙小冬老师说，这一举措之所以效果良好，是因为“他们在按自己喜欢的方式做自己想做的事情”。

又如江苏省东台市唐洋镇小学朱东沈老师《巧用“勤”字诀——农村小学住宿班级班主任工作初探》（原载《小学教学参考（综合）》2013年第15期）一文，从“勤中有爱”“勤中有细”“勤中有严”“勤中有放”四个方面，谈了自己的工作方法。每一方面都不是泛泛而谈，而是有实例。如“勤中有细”下朱老师写道：

> 细，即细节。住宿班级的管理应掌握细节、注意方法。因为每个学生都有自己住校的原因，有不同的家庭环境，融入集体的能力也都不同，所以，在这个学生身上适用的方法，不一定在另一个学生身上也能适用。初接手一个住宿的班级，我常常会先了解哪些学生家庭情况比较特殊，哪些学生是单亲家庭，哪些学生父母常年在外打工，哪些学生家庭较困难，哪些学生学习上有厌学心理等等，面对这些特殊的学生，我们往往更应注意方法。如我班的一位许同学，他是从其他乡镇的学校转入我校学习的。经过了解，发现他比我班的其他学生都大两岁，转校读书的原因是因为本身厌学，对学习甚至对原学校的老师产生了敌对心理。通过开学几天的观察，我发现他乐于为班级做事，劳动积极。于是，我在班里提议让他做劳动委员，安排班级的日常打扫。出乎意料的是，全班学生竟然没有一个人反对。几个星期下来，他将班级卫生管理得井井有条，就连每周的大扫除都帮我安排得有条不紊。我不失时机地将他找来，先肯定了他的工作，肯定了这段时间来他的表现，通过劳动委员的工作可以看出他是很有能力的；然后，我再鼓励他，学习上他同样也可以做得很好，作为全班同学的大哥哥，他应该给同学们树立一个榜样。渐渐的，他厌学的心理消除了，上课也能注意听讲了，成绩也有所进步了，偶尔在学习上有松懈的情况，只要稍微提醒，他就能做得很好。

又如福建省泉州市安溪八中学陈炳贵老师《我的座位安排法》（原载《班主任之友（中学版）》2010年第7期）一文，提出一个新的“概念”：座位分。座位分=学生月考成绩（10%）+平时表现量化分

（30%）+学习进步分（40%）+科任老师评价分（20%）。根据座位分由班干部组织学生自选座位。据陈炳贵老师讲，采用这种方法后，“班级的总体成绩有了很大的提高，学生学习积极性与竞争意识也有了很大的提高”。

（六）思路六：关于学生管理工作的杂感

例如中央教育科学研究所程方平老师《班主任的批评不可少》（原载《班主任》2010年第3期）一文，有感于目前舆论的一些偏向，认为班主任只会所谓“赏识”，是远远不能满足学生的成长需要的。批评是必不可缺的，当然，批评要讲究方式方法，也不能只会批评，不会赏识。

所谓“杂感”，写作起来也应该相对不拘一格。也可以写成“案例”形式。如江苏省南京外国语学校仙林分校吴丹丹老师《智慧点拨，向心而行——与家长沟通的小技巧》（原载《小学教学参考》2012年第24期）一文，其实文章主体就是一个案例。文章开头吴老师写道：“家校关系紧张，教师与家长之间缺乏沟通与信任，已经成为现今中国基础教育中的又一个难题。面对学生身后形形色色的家长，教师既需要真诚的交流和沟通，也需要智慧的激励和引导。笔者将通过自己接手一个新班后引导和激励家长的案例谈谈自身的感悟。”接下来是这案例：

> 班中有一个年级闻名的特殊学生小C，生活上没有条理，新文具使用绝对超不过一天，不是丢掉了就是拆坏了；独立学习能力差，自控力低，如果没人帮忙完成，作业基本等于没做。令人意想不到的是，小C的父母却是高级知识分子，一个是大学教师，一个是医生。
>
> 低年级刚入学时，小C的特殊性便让其父母成了教师办公室的常客，一训话就是一两个小时。到了中年级，小C的作业拖拉发展到了不可收拾的地步，教师的电话让小C妈妈的情绪也变得异常焦虑，无力管教，整个四年级小C的语文作业几乎没有写过……
>
> 得知这样的情况，我便给小C的妈妈打了电话，没想到小C妈妈一开始便陈述了小C许多的问题，无奈失望之情也透过

话筒传了过来，她希望我在以后能多多包容他。

我笑了笑说：“这些我之前都了解过，每个孩子都是不一样的，一个伟大的人物往往都有一个特殊的童年，爱因斯坦小时候数学还不及格呢。”说到这里，我们都笑了，我分明听到了小C妈妈笑声中的放松。

我接着说：“小C是有些特殊的地方，但我发现他很善良，平静的时候也能听进老师的话，能体谅老师的用心。我想他在家里也是这样的吧？”他妈妈激动得连声说是，一下子举了好几个例子。

我又说：“因为接触时间短。学习上其他的问题我还没怎么发现，但我发觉他很有思想，上课发言也非常积极，思考问题的角度与其他同学都不同，常常能说出很有价值的答案。”

“不瞒您说，我儿子上课就是喜欢举手，但说的答案往往离题万里，老师都受不了，我们现在对他上课的要求就是不举手，不说话，不打人，认真听。”

“这方面您不用要求他，在课堂上我会视情况而定，逐渐教他如何恰当地表达自己的观点。”

我们这通电话打了40多分钟，交流非常愉快。最后，我说小C的行为和习惯还有不少需要改善的地方，尤其是与同学相处的方式，还需要一起努力配合，他的妈妈欣然接受了。渐渐的，我几乎每天都能看到小C妈妈出现在教室外接孩子的身影。与她每天交流小C的情况就方便了许多针对小C的具体情况，我选择了“帮助”教育法。

首先帮助小C。他的抽屉和书包，我一定每天过问。另外，还找生活委每天帮助小C一起整理一次。指导作文时也让他一句一句地说，直到说通顺再下笔写……半学期后他的语文作业基本都能独立完成了。我在批改时，无论发现他错多少，都允许他擦掉，并在原题上再写一遍。这样，看去，本子上都是勾，都是A，他写作业的兴致也就越来越高了，还天天在同学面前炫耀……他的父母也很奇怪，到我这里看个究竟，当拿到儿子的作业本时，他们都不敢相信是儿子写的，而且次次都全对，作文篇篇都通顺。我告诉他们，这个学期开始，我中午从未休息过。当他们对我千恩万谢时对小C父母的“帮助”也开始了。

“小C的智力其实很不一般，他只是不像一般孩子那样循规蹈矩，他需要大人花更多的时间来陪伴他，他这半个学期来的努力成效是非常大的，你们也看到了。语文学习我来搞定，这样你们负担也轻了，帮他在数学和英语上多加把油吧！”

自那以后，小C的学习便进入了良性循环的状态，数学经常考97、98的高分，期末语文考了88分，英语也考到了90分。

学期结束时，小C的妈妈说：“从来没看他学习像这个学期这么轻松和开心过。语文在学校完成了，回家的时间空出了许多，数学是他乐意学的，还常常喊着要做思维题。我们只需要每天帮他巩固巩固英语课文，背背单词就行了，我们也轻松多了。谢谢老师！”

案例后是“反思”。这么一篇案例式的杂感就完成了。
下面我们小结一下，关于学生管理的研究，常见写作思路有：

思路一：从理论角度论述学生管理工作；
思路二：讨论学生管理工作的地位、内容等；
思路三：关于学生管理工作的调查研究；
思路四：有关管理者自身的探讨；
思路五：有关学生管理的具体做法；
思路六：关于学生管理工作的杂感。

从一线教师的角度看，上述几种思路中，“思路一”“思路二”“思路四”和“思路六”都不太好写，只有“思路三”“思路五”比较适合一线教师写作。

“思路一”往往是将某一理论（如所举例中的“问题解决”“目标管理”）与学生管理工作相结合，不熟悉理论或不了解实际，都不易写好。

“思路二”和“思路四”，目前已较难找到新的题目，容易炒冷饭，文章空洞无物。“思路六”看似好写，其实不然。如果所谈所感没有特别之处，是很难打动编辑，得以公开发表的。除非你是个名人、大腕，那么怎么想，怎么写都无不可。

“思路三”的关键，是问卷设计合理、科学，读写问卷的人也应尽量少一些，才具有代表性，进行分析时注意有多大的证据就说多大的结论，千万不要以偏概全，以少说多。至于“思路五”，应该说只有一线教师才能写好，不少一线教师管理学生的“点子”令人拍案叫绝。写时当注意越具体越好，一篇文章就写一件事，写清楚。

“思路五”不妨写写与学生沟通的新方法。如今这一代学生，有许多新的特点，一方面，固然要学习老一辈教师的方法；另一方面，也要积极探索与这一代学生沟通的新方法。

再如河南省柘城县皇集乡杨集小学张海洋老师《我们QQ上见》（原载《小学教学（语文版）》2013年第9期），讲的就是QQ这一与学生交往的经历。文章朴实无华但言之有物。文章不长，引用如下：

开学不久的一个课间，在回办公室的路上，几个男孩子拦住了我的去路。“老师，给我们整个你的电话号码呗。”我在他们的本子上写下手机号码后正要走，这些男孩又笑着请求：“老师，把你的QQ号也留下来吧！”我迟疑了一下，心想如果给他们留QQ，会不会有纵容他们上网的嫌疑？看着他们恳切的神情又想，不给他们QQ，他们就不上网了吗？一时没有拒绝的理由，我就在手机号码后面又写上了我的QQ号。

周末晚上，我一登上QQ，一个个请求添加的提示就“嘀嘀嘀”地跳了出来。我逐一打开，看着这些不知是什么字体的网名，在心里与课堂上那些端坐着的学生一一对号。待我添加完了，才发现班里将近一半的学生成了我的好友。我故意吓唬他们说：“你们加了我，以后上网玩游戏很容易被我抓到哦！”班长小文说：“我们只在双休日玩一会儿，平时只是查些资料，欢迎老师监督！”

这之后，为了不受干扰，我上网一般都是“隐身”状态。一天晚上，我一登上QQ就发现这些学生都在上面挂着呢。这还了得，我把隐身调整为在线，问他们是怎么回事。小文发来一个笑脸，然后回复道：“老师，同学们都在查资料呢，今天你讲的‘厄尔尼诺现象’，大家都没弄懂，又不好打断你讲课，所以就上网查查资料，交流一下。”原来是这么回事！“是这样，那就让我加入你们的讨论吧！”我有些愧疚地回复。从那以后，我就多了这个课堂反馈的新途径。QQ联通了课堂内外，让我和学生都有了意外的收获。

有天晚上因为改一篇稿子，我睡得很晚。忽然小军的 QQ头像跳了出来。“老师，你还没有睡啊？”“你怎么也没有睡？昨天在课堂上我看你没精打采的，是不是玩得太晚了？”我略带质问地回复道。“我这几天感冒发烧，白天没有精神，但一到晚上就没了睡意。”“哦，你用热水泡泡脚，然后找本喜欢的书来读，一会儿就瞌睡了！”“谢谢老师，我去试一下！”看着小军的头像暗了下去，我愉快地想，也许我的办法不能使他很快入睡，但是能让他感受到老师在课堂之外对他的真诚关怀，这样会不会使我们的心贴得更近了呢？

许多老师把学生上网聊天当作“洪水猛兽”，我和学生的这段经历却让我发现：其实事情并不像我们想象的那么严重。当我们放弃封堵，试着进入学生的世界去了解他们，给予他们关心和引导时，往往会有许多意想不到的收获。

请看，张老师用四个自然段讲了用QQ与学生交往的事实，最后用一个自然段表明自己态度，肯定这一方法。全文一共才五个自然段约1000字，但讲的是自己的实际做的事情，同样会予人启发。

五

教学管理的研究

不少一线教师相继走上了教研组长或校级领导的工作岗位。在新的工作岗位，他们肯定有新的思考，并形成新的研究思路。

先看与校长有关的思路：

（一）思路一：有关教育理念的探讨

校长的所作所为，可以说是其教育理念的实施与体现。故而探讨校长与教育理念的文章不少。如江苏省常州市湖塘桥中心小学奚亚英老师《“教育家办学”理念下校长应有的教育情怀》（原载《教书育人（校长参考）》2009年第5期）一文，认为：“校长应该努力使自己首先成为一个教育家，而不是一种职务。换言之，校长应努力使自己具备教育家的素质，达到教育家的人格境界。只有具备了这样一种素质，达到了这样一种境界，他才有可能成为一个好校长，一个在办学事业上获得真正成功的名校长。”文章接着引用国际21世纪教育委员会提出的“教育家办学，必要的乌托邦”一语，展开讨论了“还教育以独立的品格”“造就教育家成长的土壤”“赋学校以充足的引力”等话题。接下来探讨了校长应有的教育情怀：学者的情怀、人文的情怀、改革的情怀、原创的情怀、贴近地面的情怀和超越的情怀等。最后以一个比喻结束全文：“学校应该是提供教育服务产品的超市，教师应该是服务的生产者和叫卖者，学生和家长是产品的选择者、购买者、消费者，校长应该是这个教育服务超市的经营者、管理者”。

又如浙江宁波四眼碶中学郑如法老师《当前办学理念的常见问题》（原载《教学与管理》2009年第1期）一文，则批评了目前办学理念的一些偏差，如弃离本源，一任校长一个理念，一个学校一个理念，理念与实际相背离，等等。

（二）思路二：有关教育改革的探讨

这类文章实际上又有两类写法：一类是偏理论的探讨；一类是偏实例的分析。

《中国教育报》记者柯进、宋全政先生合写的《潍坊中小学校长摘“官帽”试验》（原载《中国教育报》2010年4月28日）显然属于偏实例的分析。文章叙述了山东潍坊市2004年开始的中小学校长取消行政级别的改革，指出改革6年来“校长们不似活动家，更像校长”了，改革总体来看是成功的。但取消行政级别也给校长的退休待遇、不同学校之间的人才流动等带来一些问题。

上海师范大学李霞老师《我国中小学校长公选的实践探索》（原载《上海教育科研》2009年第7期）一文，更多地偏向理论探讨。文章叙述了我国中小学校长公选的基本做法和成功经验，也谈到了各地中小学校长公选的地方特色。最后提出了自己的思考和建议：建立校长专业标准、成立校长选拔委员会，力争使校长公选制度化、公平化、专业化。

（三）思路三：校长与各方关系的讨论

作为管理者，校长难免与上下左右各种关系打交道，从而也引发了不少思考和讨论。如南京晓庄学院阎玉珍老师《校务委员会：界定、定位与职能》（原载《中小学管理》2010年第1期）一文，实际探讨了校长与校务委员会之间的关系。

（四）思路四：校长具体领导方法的探讨

不管是叫“领导力”也好，还是叫“领导艺术”也罢，其实说白了，都是关于校长具体领导方法的讨论。如《中国教育报》记者苏令、张以瑾先生合写的《班主任“行规”出台，校长如何出招》（原载2009年9月8日《中国教育报》）一文，以访谈形式，谈了教育部《中小学班主任工作规定》出台后校长应如何进行领导的问题。李汉云老师《我当校长所做的三件事》（原载《上海教育》2009年第6期）一文，谈了他当校长后做了三件事：一是抓了教职员的价值建设；二是抓了学校的课程建设；三是抓了学生的文化建设。指出要凝聚人心，经济手段可以维持一个短时期，行政手段只能达到浅层次，只有用价值建设的办法才能带来长治久安。

实际上，结合自己工作来写，或许更有优势。如广西桂平市南木镇中桥小学薛卓老师《小议“村小”管理》（原载《小学教学参考（综合）》2013年第10期），专讲农村村小的管理，因作者是做过几个“村小”校长的，有这个优势，这一优势别人是没有的。如文章中谈到“村小”学生留守儿童多，安全教育课就成为了“村小”校长管理的重要一环。

（五）思路五：有关校长自身的一些讨论

作为校长，应该具备什么样的素质，符合什么样的标准，接受什么样的培训，也是众多一线教师出身的校长经常思索的一类问题。如上海师范大学陈永明、许苏老师《中小学校长专业标准亟待建立》（原载《人民教育》2010年第2期），北京师范大学褚宏启等老师《中小学校长培训机构建设与培训制度改革》（原载《中国教育学刊》2009年第12期）等，均是这一写作思路的代表性文章。

（六）思路六：基于调查研究的分析报告

例如华东师范大学毕景艳、柏荣老师《高中生眼中的校长——学生与校长人际交往活动之调查研究》（原载《上海教育科研》2009年第10期）对上海交大、同济大学、华东师大一年级新生进行问卷调查。共回收有效问卷235份，并对其中20位新生进行了深入访谈，在此基础得出的结论是多数学生对校长总体印象良好；但感觉校长架子不小，职业道德水平不高、缺少沟通渠道的学生也不少，最后提出了几点改进性建议。北京师范大学刘景老师《北京市中小学校长任职资格调查》（原载《中小学校长》2010年第1期）一文，对北京市中小学校长的学历、教学经历、管理经历等均进行了调研，认为北京市校长任职资格低于校长的实际水平，有必要提高任职资格、完善任职制度。

（七）思路七：有关教研组长、教研室的探讨

这主要分两大类：做什么与怎么做。

例如江苏省常州市武进区湖塘桥中心小学庄惠芳老师《学校教研组的本真意义和价值实现》（原载《教书育人（校长参考）》2010年第2期）一文，认为如今的教研组越来越行动化而非专业化，而教研组顾名思义，本应是“首先应该关注教师的课堂行为，关注教师在课堂中生成的问题、真实情境中的问题”。一句话，教研组究竟应该做什么？

再如浙江衢州市兴华中学郑昕老师《以“梯度”为切入点开展教研组、备课组建设》（原载《教书育人（校长参考）》2009年第12期）一文，叙述了教研组为避免流于形式、低效低能，采取教研组规划、指

导、管理下分成不同备课组解决问题的工作模式，效果良好。

附带说一句，目前关于教研所、教研室的文章，大体也基本按“做什么”与“怎么做”这两大类写作思路展开，如李丽桦、张肇丰老师《新时期教研员专业发展问题的讨论》（原载《上海教育科研》2009年第8期）一文，以访谈形式，讨论了新形势下教研员应做些什么工作。江西省赣州市教科所谢泽源、李建老师合写的《县级教研室工作创新发展的困境与出路》（原载《基础教育参考》2010年第1期）一文，叙述了目前县级教研室面临的政策、职能、文化队伍、机制和经费方面的困境，认为除了国家应出台相应政策外，县级教研室教研员要放下架子，转换思维，走下“神坛”，采取典型引路，课题牵动、主动交流、专家指导等种种做法，来实现自身价值。

（八）思路八：比较研究

相比于语文学科某一具体课题的比较研究，学校管理这样偏宏观的课题，比较研究要活跃得多。相关文章大致有以下几类：

一是“人有我无”式。如东北师范大学王海英老师《美国〈学校领导标准〉的制定与启示：从1996到2008》（原载《外国教育研究》2009年第3期），分析研究了美国自1996年制定第一个《学校领导标准》，并至2008年不断修订完善的过程，对我国正在进行中的中小学校长专业标准的制定提供了有益的借鉴与启示。

二是“我有人优”式。如铜陵学院励骅、北京师范大学白华老师合写的《国外薄弱学校改进的有效举措探析》（原载《比较教育研究》2009年第6期）一文，指出国外在薄弱学校改进的过程中，采取的建立统一的鉴别标准、制定专门的改进方案（如英国的《教育行动区实施方案》《追求卓越的城市教育行动计划》、美国的《跃进学校计划》《农村教育成就项目》等）、提供资金和技术扶持，加强师资队伍建设、吸纳社会资源参与等为我国有所不及的举措，为我国加强薄弱校建设提供了有益的意见。

三是“互有优势”式。如江苏省连云港师专一附小张礼霞老师《常规教育当从小处、实处切入——中西方〈小学生守则〉比较研究给我们的启示》（原载《江苏教育》2009年第2期）一文，指出我国的《小学生守则》重合作、团队精神培养，朗朗上口，便于记忆，但也存在内容面面俱到、大而空的毛病；西方的《小学生守则》则小而实，如“上、放学时走规定路线”“任何缺勤或迟到，都要出示家长的请假条”等，文章认为二者各有优势，但我国《小学生守则》还是应学习西方，制定细则。

四是“研究综述”式。如广东药学院粟莉老师《英美两国教育领导研究的新进展及其启示》（原载《外国教育研究》2009年第9期）一文，梳理了近年英美两国权威期刊的论文，认为英美两国关于教育领导的研究，均显现出回归到教育本质等本真问题上的趋势。而我国目前则既强调教育领导的道德、价值等“虚”的一面，也注重教育领导的专业化、科学化等“实”的一面。

下面小结一下：关于教学管理的研究，大体有以下思路：

思路一：有关教育理念的探讨
思路二：有关教育改革的探讨
思路三：校长与各方关系的讨论
思路四：校长具体领导方法的探讨
思路五：有关校长自身的一些讨论
思路六：基于调查研究的分析报告
思路七：有关教研组长、教研室的探讨
思路八：比较研究

一般而言，如果是确有所感，“思路一”“思路二”“思路三”都应好写。但请注意，前提“确有所感”，否则很容易写空。同样的道理，只要是自己真正从工作中有所体悟，“思路四”“思路七”也应好写。相比之下，“思路五”已不太容易写出新意；“思路六”最好是在专业人员指导下设计问卷，进行调研，否则不易写好。至于“思路八”比较研究，要求作者本人有深厚的外文功底，如果外文好，这类文章应该不成问题。

本篇小结

套用我们熟悉的教学用语，本篇列举的热点议题就如同是一些重点例题，上面所列举的一些思路，就仿佛是一些“标准答案”和常见“解题思路”。不用问，“例题”远不止于此，“标准答案”也囊括不了所有思路。我们应该不断地自己去搜寻“例题”，不断地举一反三，寻找自己的独特思路。当然，前提是我们必须先认真研读本篇内列举的热点议题和常见思路。

后 记

在本书“写在前面”中我们说过，本书的编写是受日本学者山根幸夫先生《中国史研究入门》一书的启发。但实际上，本书又与《中国史研究入门》很不一样，是颇具“中国特色”和“实战”味道的。

《中国史研究入门》的体例，依照中译者田人隆先生的意见，是分为四个层次：“一是从历史发展线索的概述中使你了解中国历史上有哪些重大问题；二是说明以往研究的范围、课题及所达到的研究水平；三是告诉你研究这些课题需要阅读哪些典籍和资料；四是指点你到哪里或怎样查找这些书籍和资料。”（见所撰《中国史研究入门·前言》，中译本，社会科学文献出版社1994年出版）

如今我们要为中国的广大中小学一线教师编写一本“研究入门”，当然不能照搬《中国史研究入门》的体例，而是应符合中国国情和一线教师需求。故而我们经过反复考虑，多方求教，决定编为三篇，即方法篇、读书篇和论文篇。方法篇是理论与抽象的，读书篇和论文篇是实际与具体的。既有宏观，也有微观，相互区别而又相互联系。当然，重头戏还是在读书篇和论文篇，这也奠定了本书注重实用性和可操作性的基础。

所谓读书篇，就是依据教育科学的诸多二级学科来告诉读者一些最基本的、适合一线教师的相关读物。这里当然要涉及学术史、研究史，但又谈不上是系统全面的学术史、研究史。这也是和《中国史研究入门》不同的一个地方。据田人隆先生讲，“研究史”方面的内容占了该书“近一半的篇幅”（同前注）。因为那本书毕竟是给历史专业的人看的，而这里所推荐的读物，当然也要考虑学术水准，但更多的、第一位的还是要考虑适不适合一线教师阅读，所以用专业眼光来看有时或许会觉得奇怪，一些很有名的书没有推荐，一些很普通的书倒慎重介绍。但哪怕就是这样谈不上是多么全面和权威的回顾与点评，也同样会如林甘泉先生所言：“对于以往研究的总结和分析，常常会成为新的研究的出发点，也是提高研究水平的基础性工作。我相信，这种努力不会白费的。”（《中国史研究入门·序》，中译本，社会科学文献出版社1994年出版）

论文篇和《中国史研究入门》一样也可以分为四个层次，但内容又完全不同。第一个层次是都有哪些热点课题，比如“关于新课程改革的研究”“关于高考语文试卷的研究与评价”等；第二个层次是同一课题下大致有哪些写作思路，比如“关于高考语文试卷的研究与评价”下面，就列举了“全面评价某年高考语文卷”“全面评价某年某卷”“对某一类题做出评析”“对某一类题型的归纳总结”等十一种思路；第三个层次是每一思路下均列举一到两篇论文作为例子，可以从中看出作者写作的大体思路和文章的基本框架；第四个层次是对这些思路的点评，点评的首要标准不在学术性，而在可操作性，即对于一线教师而言，哪些好写，哪些不好写。说好写，是为什么；说不好写，又是为什么。写作时应该注意什么等，也均有所交代。

或许有人会问，阐述了一些基本的研究方法，推介了一些基本的教育书籍，点评了一些基本的写作思路，是不是就可以达到引导一线教师“入门”的目的呢？这个话谁也不敢说。唯一敢说的是，从可操作性来看，这本小书或许比某些皇皇大作更切合广大一线教师的需要。据冉乃彦先生讲，有关教育科研入门的书至少有三十本，“但是真正适合中小学教师读的寥寥无几”（见所著《中小学教师如何做研究·前言》人民教育出版社2006年出版）。分学科分年级的中小学教师科研入门丛书，更是未见。

或许有人还会问，就这么浅显的一些内容，能说是“科研入门”吗？这路数正不正，别误导啊。实际上，任何事情都有一个从简单到复杂，从低级到高级的发展过程，科研这个事自然也不能例外。科研方法不可能一天就能掌握，知识体系不可能一天就能形成，写作思路也不可能一天就能达到“思如泉涌”的程度，都需要时间和努力。而对自己感兴趣的领域有哪些基本书籍开始有所了解，对目前的热点议题有哪些基本思路开始有所涉猎，这不就是开始“入门”的表现吗？日前阅读李欧梵先生《我的哈佛岁月》一书，里面谈到他在哈佛大学给中国现代文学专业的研究生讲两门课："一是'中国现代文学史'，以历史的方法训练学生运用各种文学资料，并兼及本专业的各种学术著作；另一门则是'中国现代文学课题'。"（《我的哈佛岁月》，第95页，人民文学出版社2010年出版）从科研路数上讲，本书的"读书篇""论文篇"与之倒有几分相似，当然内容与水平是完全无法相比的。

在编写过程中，我们得到诸多领导和专家的支持和鼓励，要感谢首都师范大学校领导孟繁华老师，感谢首都师范大学出版社胡越社长和杨生平总编；感谢中国教育学会所属"中语会"、数学教育研究发展中心以及中国外语教育研究中心所属中小学英语教育研究中心；感谢《中国教育报》《语文报》《数理报》、搜狐、新浪、腾讯、人民网等媒体的朋友；感谢北京教育科学研究院、中国人民大学附属中学、清华大学附属中学、北京大学附属中学的领导和老师们，感谢书中每一引文的作者。还有不少朋友，功成不居，不愿提及。没有大家的支持与帮助，这套书是难以如期完成并问世的。

本丛书的"方法篇"及"写在前面"、各篇说明与小结等，均由丁晓山老师负责撰写。

最后还是让我们回到《中国史研究入门》上来，此书1983年由日本山川出版社初版，1991年出了增补版，据悉近期正在准备第3次修订，已然如同《工具书指南》（Guide to Reference Books）、《参考资料指南》（Guide to Reference Material）、《社会科学情报源》（Sources of Information in the Social Science：A Guide to the Literature）等科研指南类书一样，成了一部每隔若干年修订一次的品牌书。我们当然是希望这套"中小学教师科研入门"丛书能愈出愈精，最终也成为品牌书。这不仅是一点美好的期盼，也是当今中国基础教育的客观需要。正如郑金洲老师所指出的：

> 在今天看来，我们的研究逐渐步入到教师的日常生活中，逐渐成为学校的日常管理行为，由原先的一种间隔性、间歇性的行为转变为一种常态行为。这种常态的行为要求每一个教师以研究的眼光去看待自己的实践，把研究作为自己教学的命脉，作为自己职业生存方式的一个组成部分。（《教育的思

考与言说——一位教育学者的演讲录》，第45页，福建教育出版社2007年出版）

既然科研已经成为一线教师的“常态”，那么有关教育科研入门的书，是不是也理应成为老师们的案头书、常备书呢？

清华大学附属中学王梓夕柔承担了书稿部分工作。参加书稿工作的还有（排名不分先后）：张军立、滕军、张巍、熊巍、高科、张蕾等，一并致谢！

作者

2014年5月于首都师范大学